böhlau

Damit es nicht verlorengeht …

61

Begründet von Michael Mitterauer.
Herausgegeben vom Verein
„Dokumentation lebensgeschichtlicher Aufzeichnungen"
am Institut für Wirtschafts- und Sozialgeschichte
der Universität Wien

Elisabeth Amann

„Dieses bisschen Glück …"

Stationen einer rastlosen Kindheit und Jugend
1941–1955

Bearbeitet von Günter Müller

Mit einem Nachwort von Rita Garstenauer

BÖHLAU VERLAG WIEN · KÖLN · WEIMAR

Bildnachweis:

Titelbild: Familie Walcher (1941)

„Ich bin auf allen Fotos bei Mutter, manchmal zwischen meinen Eltern –
warum habe ich so lange Zeit gedacht, dass sie mich nicht mochten?"

Foto auf Buchrückseite: Abschied auf dem Bahnhof Pfarrwerfen (1956)
„Ich fahre wieder nach Vorarlberg; Mutter und Martha, die jüngere Schwester,
verabschieden mich."

Alle Fotos stammen aus dem Besitz der Autorin oder ihrer Angehörigen.

Bibliografische Information der Deutschen Nationalbibliothek
Die Deutsche Nationalbibliothek verzeichnet diese Publikation
in der Deutschen Nationalbibliografie; detaillierte bibliografische Daten
sind im Internet über http://dnb.d-nb.de abrufbar.

ISBN 978-3-205-78431-9

© 2009 by Böhlau Verlag Ges. m. b. H und Co. KG.,
Wien · Köln · Weimar
http://www.boehlau.at

Gedruckt auf umweltfreundlichem, chlor- und säurefrei gebleichtem Papier
Druck: Impress, SI-1295 Ivančna Gorica

Inhalt

St. Johann

Werfenweng/St. Johann

Pfarrwerfen/St. Johann

Vor-Bilder

Die Erinnerungen an meine Kinderzeit sind herb. Sie anzuschauen habe ich mir viele Jahre versagt – aus Angst, das Leid nicht auszuhalten. Nun aber bin ich versöhnt mit meinen Eltern, denen ich über viele Jahre Groll nachgetragen habe. Versöhnt bin ich, seit ich verstanden habe, dass sie aus ihrer Tradition heraus handelten und aus jenen Erkenntnissen, die ihnen damals zugänglich waren. Ich weiß nun, dass sie uns Kinder sehr geliebt haben, so wie ich meine Kinder liebe. Aber auch meine Kinder haben viel zu klagen – obwohl ich alles anders machen wollte als meine Mutter.

Meine Mutter

Am 20. Mai 1908 beginnt der Lebensweg meiner Mutter Katharina, geborene Kreidl; sie ist das fünfte von neun Kindern. Meine Großeltern sind zu diesem Zeitpunkt im fünften Jahr verheiratet; ihre Ehe wurde geschlossen, als die Braut das zweite Kind erwartete.

Mutters Vater, ein rothaariger Haudegen – groß, aufrecht, mit riesigem Schnurrbart und wildem, unerbittlichem Blick –, herrscht über seine Familie, wie es sich für seinen Stand als Bauer gehört. Ihre Mutter, eine zierliche, mandeläugige Schönheit, ist der Zeit gemäß dem Gatten eine willig Dienende.

Meine Mutter, ein hellhäutiges, quirliges Wesen mit weizenblonden Haaren – ihr Vater nennt sie „das weißkopferte Luder" – lebt die Freiheit und Wildheit eines Bergbauernkindes, das fünf Monate im Jahr barfuß in Stall und Feld in die Kuhfladen tritt. Sie ist ein Bergbauernkind von herbem Stolz, das umzugehen gelernt hat mit den unberechenbaren Elementen, mit Sturm und Sturzbächen, wenn es allein am Waldrand die Kühe hütet bei schwärzester Dunkelheit, ehe Blitz und Donner losbrechen. Es vertraut auf seinen Instinkt, weil es aus Erfahrung weiß, dass nach einer Gewitternacht, morgens, ehe die Sonne aufgeht, rotgoldene Schleier die Berggipfel krönen, und die Tautropfen glitzern, als wären sie aus Glas.

„Morgen werde ich wissen, wie es für mich heute ausgegangen ist", mit dieser Hoffnung übersteht sie die Stunden beim Kühehüten, wenn alle Wetter, die der Himmel gespeichert hat, mit brüllender Urkraft auf sie niederprasseln. „Wenn es donnert, kegelt im Himmel Petrus mit den Engeln", so wissen es die Eltern, die Großeltern, ja alle, die schon alt sind. „Wie weit die Hallen dort oben sein müssen, wo das himmlische Volk kegelt", denkt sich Katharina, weil das Rollen von einem Ende ihrer Welt bis zum anderen zu hören ist. Es hallt über den Himmelsbogen, es klingt einmal ganz nah, dann wieder sehr weit weg.

Sie darf die Kühe erst zum Hof treiben, wenn nach ihr gerufen wird. Es kümmert niemanden, dass sie sich ängstlich duckt, wenn ein Blitz die Dunkelheit zerreißt, und mit angehaltenem Atem das Losbrechen des Donners erwartet. In Minuten ist sie nass bis auf die Haut. Die Kühe stehen eng beisammen, und sie kauert sich zitternd an das dampfende Fell eines Tieres.

„Dein Schutzengel ist bei dir", tröstet sie dann meine Großmutter, weil sie die Angst, die ihr Kind ausgestanden hat, nachempfindet, weil sie selbst als Kind da draußen gekauert ist. Wenn Großmutter ihr nach überstandenem Abenteuer ein warmes Nachtmahl vorsetzt und den nassen Kittel, weil sie keinen zweiten besitzt, gegen das Sonntagskleid und ein Hemd von einem der Brüder getauscht hat, fühlt sie sich schon wieder geborgen, alle Angst ist vergessen. Am nächsten Morgen, wenn die Natur frisch gewaschen, friedlich und wie neu erstanden ist, ist ihr Mut es ebenso.

Welche Umstände haben der erwachsenen Katharina später jenes Urvertrauen ausgetrieben?

Zu Ende ihres Lebens – sie war zwei- oder dreiundachtzig Jahre alt – sagte sie zu mir: „Ich war ‚meiner Lebtag' eine Einlegerin*. Und jetzt bin ich halt noch da, weil es mir bestimmt ist, neunzig zu werden wie meine Mutter. Wie ein nutzloser Strumpf sitze ich an meinem Spinnrad. Den Haushalt und das Kochen hat *er* übernommen, seit er mit siebzig aufgehört hat zu arbeiten. Er geht selber einkaufen – das hab' ich immer gern getan, weil ich Leute getroffen hab', die mich gefragt haben, wie es mir geht. ‚Alte Ratschweiber!', hat er geschimpft, wenn ich nicht gleich heimgekommen bin. Jetzt komm' ich nicht mehr unter die Leut', außer es kommt jemand zu uns." – „Kommt oft jemand?", fragte ich sie. „Ja, meine Brüder und ihre Kinder, sie alle mögen mich – und Vater." Sie sagte das über ihren Mann so, als erstaunte sie die Tatsache, dass er von jemandem geschätzt wurde. „Aber tüchtig ist er. Er macht jede Arbeit, immer noch, und er hilft, wo sie ihn brauchen."

„Und du fühlst dich auf die Seite gedrängt, wenn er kocht?" – „Ja." – „Warum sagst du nicht, dass du lieber selbst einkaufen und kochen willst?" Sie sah mich schweigend aus großen, klaren Augen an: „Ja, weißt du nicht mehr, dass er immer alles besser kann als jeder andere Mensch?"

„Meine Freude sind die Briefe von dir, Kathi, die les' ich immer wieder, Tag um Tag les' ich sie, bis ich sie auswendig kann. Wenn du bloß nicht so weit weggegangen wärst!" Ich wusste, dass sie öfter um mich weinte, dass sie mich brauchte, und es tat mir weh.

Später, als sie nicht mehr war, habe ich mich oft gefragt: „Warum hast du sie nie in den Arm genommen? Warum?" Stattdessen fragte ich, ob sie weine, weil sie sich von Vater gedemütigt fühle. „Weinen, nein, seinetwegen bestimmt nicht! Aber manchmal wünsch' ich mir, dass ich erlöst wär' von ihm, dem alten Lotter."

Diese Härte erschreckte mich. Aufmerksam forschte ich in ihrem Gesicht. „Ich bin einfach zornig, zornig und traurig", sagte sie. Was habe ich darauf zu antworten gewusst? Wir hatten nicht gelernt, einander zu trösten. Ich fühlte mich mehr denn je schuldig. Wie hätte ich ihr zu Hilfe kommen können, wie ihrer Sicht gerecht werden? Auf welche Weise Vater anklagen, vor ein, wenn auch nur inneres Bußgericht zerren, den strahlenden, charmanten Mann, der mir als kleines Mädchen seine Zärtlichkeit geschenkt hatte?

Mutters „Dahoam"

Die Sommer dauern in Werfenweng, auf neunhundert Meter Seehöhe, zwar nicht fünf Monate, höchstens zweieinhalb, aber die kinderreiche Familie ist gezwungen, die Schuhe für die wirklich kalten Tage zu sparen. Von Mai bis Oktober müssen die Kinder barfuß gehen, auch wenn am Morgen Reif auf den Wiesen liegt. Die Kälte macht sich als beißender Schmerz auf den Fußsohlen bemerkbar.

Seit Menschengedenken ist es Brauch, dass der Bauer Leder beim Gerber kauft und im Winter einen Störschuster* bestellt, der die Schuhe anfertigt. Er stellt die Kinder, die in diesem Jahr neue Schuhe bekommen sollen, auf ein Blatt Packpapier und zeichnet ihre Füße nach. Er schneidet das Leder um ein paar Nummern größer, damit das Schuhwerk einige Jahre getragen werden kann, bis die bockharten, ausgetretenen Schuhe an ein kleineres Geschwister vererbt werden. Auf diese Weise haben die älteren Geschwister einen Vorteil: Sie bekommen neue Schuhe, obwohl die neu angefertigten Schuhe auch nicht bequem sind. Aber in neuen Schuhen zu gehen hat mit Würde zu tun, in ausgetretenen „Böcken" fühlt sich jedes Kind gedemütigt, die Kinderseele wird schief getreten wie es die übertragenen Schuhe sind.

Wer fragt danach, ob dem Kind die Schuhe passen, ob es im Schuh nach vorn oder nach hinten rutscht, ob eine Stelle im Schuh drückt oder nicht? Die groben, dicken, aus selbst gesponnener Schafwolle gestrickten Strümpfe haben einen Vorteil – sie füllen den Schuh wunderbar wie ein Moospolster aus.

Meine Mutter hielt noch jahrelang am alten Brauch mit den selbst gestrickten Strümpfen fest. Bis nach dem Krieg zwang sie uns, diese dicken, einige Zentimeter über das Knie reichenden Ungetüme anzuziehen. Sie wurden von einem breiten Gummiband gehalten, das die Oberschenkel abschnürte. Die langen Baumwollunterhosen, bis fast zu den Knien, wärmten aber nur dürftig die nackte Haut, weil sie sehr weit geschnitten waren. Wie schämte ich mich im Turnunterricht mit meinen viel zu großen Unterhosen! Alle anderen besaßen richtige Turnhosen aus schwarzem Stoff. Wenn wir laufen mussten, rutschten meine langen Beinkleider, die ich unermüdlich hinaufzurollen versuchte, wieder hinunter.

Meine jüngere Schwester Monika, die sich zu sagen traute, was sie dachte, schrie: „Pfui Teufel, diese ‚Reibeisen' zerkratzen meine Wadeln!" Sie brachte es fertig, ehe sie zur Schule ging, heimlich hinter Mutters Rücken Garnstrümpfe aus der Kommode zu nehmen und unter die „Reibeisen" anzuziehen.

Meine Mutter sprach von diesen Sachen, von Handgewebtem und Selbstgestricktem, als wären sie das Wertvollste, das man sich denken konnte – vor allem, weil unendlich viel Fleiß für diese Arbeiten nötig war. „Mutter und wir Mädchen saßen an den Abenden am Spinnrad oder wir strickten", erzählte sie, „die Brüder flochten Körbe aus Weidenruten, oder sie flickten das Zaumzeug für das Ochsengespann. Wir arbeiteten, bis es fast finster war, und weil man beim Petroleumlicht nicht genug sah, durften wir aufhören. Dann erzählten die Brüder Geistergeschichten oder sangen Lieder, bis Vater sagte, dass es Zeit sei zum Schlafengehen. Das Singen war Brauch bei uns, einer summte eine Melodie, und die anderen stimmten ein. Es war so schön, so schön! Aber mir hat Mutter verboten mitzusingen, weil es bei mir falsch klingt, sagte sie. Drei von meinen Brüdern haben Zither gespielt!"

Monika fragte, warum die Frauen bis spät in den Abend hinein, bis sie bei der Petroleumfunzel fast nichts mehr sahen, warteten, dass Großvater erlaubte, mit der Arbeit aufzuhören. „Warum hat Großmutter nicht gesagt, wann es genug ist?" – „Das war halt so. Eine Frau hat sich gegen das Familienoberhaupt nicht aufgelehnt, und unsere Mutter war sowieso ein Vorbild an Geduld und Aufopferung. Ich habe sie dafür immer verehrt.

Vater aber liebe ich, mehr als jeden anderen Menschen, ich war immer seine Lieblingstochter!"

Als Schulkinder müssen Mutter und ihre Geschwister auch im Winter um halb sieben aus dem Haus. Auf dem Schulweg sinken sie im meterhohen Schnee ein, die Wege sind nicht geräumt. Sie kämpfen sich Schritt für Schritt durch die Schneewechten, um immer wieder bis über die Knie einzusinken. Strümpfe und Kittel sind gefroren, auch die Kinder selbst sind steif vor Kälte, bis sie in der Schule ankommen. In der einklassigen Schule gibt ein Kachelofen angenehme Wärme. Das Klassenzimmer ist klein, die Bänke sind eng, die Schüler von der fünften bis zur achten Klasse sitzen dicht nebeneinander. Die kleineren Schüler von der ersten bis zur vierten Schulstufe lösen am Nachmittag die Großen ab. Nur wenige Schüler wohnen im Dorf, die meisten haben einen ebenso weiten Weg und sind ebenso blau gefroren.

„Wenn die Strümpfe und Kittel aufgetaut sind, haben die Schenkel in der Wärme zu kribbeln angefangen. Wir waren vom weiten Weg so müde, dass wir oft im Unterricht eingeschlafen sind. Aber krank geworden ist nie eines von uns!", beteuerte Mutter gerne am Ende ihrer Erzählungen.

Oft sprach sie wie zu sich selbst, mit abwesendem Blick, anklagend, weil früher alles gut war und jetzt nur noch „himmeltraurig", seit sie eine verheiratete Frau war, verheiratet mit unserem Vater, der immer ein Haderlump gewesen sei, der sie betrogen, belogen und verkauft habe. Dagegen war ihr eigener Vater gerecht, ehrlich. Er habe seine Kinder nie zur Arbeit gezwungen, nur mit den Worten „Laufts, laufts!" zur Eile angehalten. Geschlagen habe er nur die Buben und die Mutter. Freilich, die Tiere auch, die hätten ihr dann schon erbarmt, weil sie angekettet waren.

Wenn ich fragte, warum er meine Großmutter geschlagen habe, antwortete sie: „Das weiß ich nicht, es war einfach so. Aber wir Kinder hätten uns nie getraut, ihr zu helfen, auch nicht, als wir erwachsen waren."

Die Großeltern

Ein gewisser Stolz – der Wunsch, Bauer zu werden und nicht Knecht zu bleiben – hat Hans Kreidl, einen weichenden* Bergbauernsohn, bewogen, auf Schulden eine kleine Landwirtschaft mit Waldbestand zu erwerben. Er würde sich in den Wintermonaten als Holzknecht oder als Arbeiter in einem Sägewerk verdingen. Und wenn man im Jahr ein oder zwei Kälber verkaufen könnte, müsste es möglich sein, den Besitz abzuzahlen.

Gewagt ist das Unterfangen, seine Brüder haben ihm abgeraten, sein Vater ist dafür, dass er sich auf diese Weise eine Existenz aufbaut. Auch Katharina ist seiner Meinung. Sie heiratet lieber einen Bauern, sagt sie lachend, sie will lieber Bäuerin werden, als Magd zu bleiben.

Hans und Katharina sind im Jahr 1878 geboren, sie heiraten im Jahr 1903, als Katharina das zweite Kind erwartet. Auch sie ist ein Bergbauernkind, das ohne Erbe von daheim gehen muss. Sie hat einundzwanzig Geschwister. Die Aussichten, ein Brautgut zu bekommen, sind gering. Sie und ihr Hans werden sich gegenseitig unterstützen, werden sparen, sparen und das Schicksal zwingen, auf ihrer Seite zu sein! Sie werden Glück haben, das erhoffen sie. Angst vor Viehseuchen, vor Unfall oder Hagelwetter haben junge Leute nicht.

Hans hat von seinen Eltern ein Kalb, Katharina von ihrer Mutter eine kleine Brauttruhe mit linnener Bettwäsche und Kochgeschirr zur Hochzeit bekommen. Der Taufpate hat zwei Ferkel als Hochzeitsgabe gebracht, eine Kuh kauft der Jungbauer auf Kredit. Ihr Stolz, ihre Träume vom selbständigen Bauernleben sind das Startkapital.

Das alte Bauernhaus, das sie erstanden haben, ist verlottert, aber geräumig. Breit hingeduckt mit einem Schindeldach wirkt es solid und einladend. Die fünf Kammern im Obergeschoß haben niedrige Decken. Im Erdgeschoß ist eine große Wohnstube mit einem Kachelofen, den man von der Küche aus beheizt. Der Kachelofen ist fast neu, er wertet den Besitz auf und rechtfertigt den Kaufpreis des Anwesens. In der Küche steht ein großer, runder Holztisch mit einer Tischplatte, die so alt ist, dass sie wie eine Schiefertafel schimmert.

Die Geschwister von Hans und Katharina haben an vielen Abenden geholfen, die Schindeldächer zu reparieren, sie haben die Quelle im Wald neu gefasst und die Wasserleitung aus Holzrohren zum Haus neu verlegt.

In der Kammer neben der Stube schlafen die Eltern. Der Kachelofen wärmt alle Räume im Erdgeschoß mit, während es im Obergeschoß eiskalt ist. In die Holzdecke der Stube hat man Luken gesägt, damit ein wenig Wärme in die Kammern aufsteigt. Katharina wird im Backrohr Ziegel anwärmen, wie schon ihre Mutter dies für ihre Kinder getan hat. Die Ziegel werden mit einem Tuch umwickelt und an das Fußende der Betten gelegt.

Nach zehn Jahren Ehe erwartet Katharina das siebente Kind. Sie ist untergewichtig, am meisten spart sie bei sich selbst, arbeitet fast Tag und Nacht. Als Bäuerin und Mutter ist sie ist für die Bekleidung der Kinder, für das Spinnen der Wolle, das Stricken der Strümpfe und Janker zuständig und für den Anbau von Flachs, um das Leinen selbst herzustellen. Gekauft wird nichts, sie sind im wahrsten Sinn des Wortes Selbstversorger. Noch sind die Töchter keine Hilfe, außer dass sie auf die Kleineren aufpassen. Katharina strickt und spinnt die halben Nächte, und wenn sie in die Kammer kommt, verlangt er sein Recht als Mann. Es hat keinen Sinn, ihm zu sagen, dass sie müde ist. „Was haben wir sonst vom Leben als dieses bisschen Glück?", sagt er und zwingt sie herrisch in seine Arme.

An einem Sonntag läuft sie seit dem frühen Nachmittag im langen Leinenkittel und barfuß von Kammer zu Kammer, ein Kind unter dem Herzen. Jeden Sonntag kommt er am späten Nachmittag vom Wirtshaus zurück, angetrunken und fuchsteufelswild, weil er gar nicht in die Kirche geht, sondern gleich einkehrt beim Pfarrwirt, wo die Männerrunde schon auf ihn wartet. Sie politisieren und kritisieren und reden sich in Zorn über die Ungerechtigkeit, über die Obrigkeit und über die Armut, die sie fast erwürgt.

„Mein Gott, Vater kommt!", ruft sie, als sie ihn, mit den Armen fuchtelnd und die Fäuste in die Luft stoßend, den Weg heraufkommen sieht. Die Haustür wird heftig aufgestoßen, die Kinder flüchten in den Herrgottswinkel, halten den Atem an. Eines klammert sich an das andere, sie zucken bei jedem Schrei ihrer Mutter zusammen; sein Fluchen, das Klatschen seiner Hände, es dauert Ewigkeiten, und niemand getraut sich, dagegen aufzubegehren.

Später poltert er in die Stube. „Gibt es denn hier nichts zu essen?", schreit er. Wawi*, die Älteste, selbst noch ein Kind, steht auf, ihr schlottern die Knie, Hass auf den Vater lodert in ihr. Sie stochert im Feuer, entfacht es neu und bringt das Essen auf den Tisch. Schmatzend verschlingt er das Mahl, wischt zufrieden den Schnurrbart, legt sich auf die Ofenbank und schläft ein.

Katharina, die Kleinere, geht lautlos an ihm vorbei, um die Mutter zu suchen. Mutter ist auf den Söller* geflüchtet, sie kauert am Geländer, die Hände um die Knie geschlungen. „Mutter!", ruft sie, „komm herein!" – „Schläft er?", fragt Mutter. – „Ja" – „Gott sei Dank!", sagt sie und lässt sich von der Kleinen an die Hand nehmen. Ein Faustschlag hat sie im Gesicht getroffen, sie sieht kaum aus den Augen. „Wenn es nur dem Kleinen nicht schadet", so betet sie.

Sie weiß es schon, und die Angst davor macht das Atmen schwer; auch dieses Mal wird es nicht anders sein. Wenn das Neugeborene schreit und nicht sofort beruhigt werden kann, wird er aufstehen, fluchend den Korb mit dem Säugling in die Höhe heben und mit großer Kraft hinaus auf den Gang schleudern. Der Säugling bekommt erst keine Luft vor Schrecken, aber dann brüllt er los, dass die Geschwister sich seufzend im Schlaf zur Seite drehen. Dann flüchtet sie, wie immer, aus der Kammer, froh, wenn er zu müde ist, um zu schlagen. Sie kauert mit dem Kind in der Stube auf der Ofenbank und gibt dem Kleinen die Brust. Meist schläft sie vor Erschöpfung bald ein und kann später nicht sagen, ob sie das Kind gestillt hat oder nicht. Ihre Körperwärme hat es beruhigt, und es ist süß, den Atem des Kleinen auf der Haut zu spüren.

Alle sind froh, wenn er am Morgen ohne Gruß in den Stall geht, um die Tiere zu füttern. Der Älteste muss den Mist hinausbringen, der Bauer melkt die Kühe; später sitzen alle schweigend um die große Pfanne mit in Butterschmalz gebackenem Mus*. Die Kinder halten den Blick gesenkt, sie möchten keinen Anlass geben für einen Wutausbruch.

Die Großeltern haben sparsam gewirtschaftet und in Stall und Feld Glück gehabt; es stehen sechs Kühe im Stall, Katharina erzeugt Butter, Käse, Schotten* und Topfen. Sie brauchen nicht zu hungern.

Zweimal im Jahr besuchten uns Mutters Eltern, meist an einem Sonntagnachmittag. Wir alle spazierten ihnen entgegen, es war ein richtiges Fest!

Sie gingen zu Fuß von ihrem Hof zur Bahnstation Pöham und fuhren mit dem Zug nach Radstadt. Das war ein weiter Weg. Sie waren alt, aber es machte ihnen keine Mühe, denn weite Wege zu gehen waren sie gewohnt.

Sie kamen um die Kurve: Großvater mager, aufrecht, weiße Haare mit einem riesigen Schnurrbart, der noch, wie in seiner Jugend, rot war. Er trug eine Knickerbockerhose aus Loden, einen Janker mit grünen Aufschlägen und Hirschhornknöpfen und derbe, grob genagelte Schuhe; Großmutter war ein kleines, gebücktes Weiblein, mit einem schwarzen, langen Rock und einer Seidenschürze darüber, das wirkte festlich. Die schwarzen Haare hatte sie in der Mitte gescheitelt und tausend Runzeln im Gesicht. „Sie sind zweiundsechzig", sagte Mutter, „achtet alte Leute!"

Die Großeltern hatten viel geleistet, gearbeitet und gespart. Jetzt waren sie „Austragbauern", das heißt, ein Bruder meiner Mutter hatte den Hof übernommen, dafür hatten die Eltern eine große Stube mit Kachelofen für sich. Das gekochte Essen brachte die Schwiegertochter oder ein Enkelkind dreimal am Tag zu ihnen in die Stube. Laut Vertrag gab es jedes Jahr ein Paar Schuhe und ein Kleidungsstück, sonst brauchten sie nicht viel. Großvater ein paar Pfennige für Schnupftabak, Großmutter hatte wahrscheinlich gar keine Wünsche, außer einmal die

Woche ein paar Eier, etwas Zucker und Mehl, weil sie für ihre Besuche Biskuitkuchen buk.

Ich hatte immer ein bisschen Magenflimmern, denn ich wollte vor den Großeltern keine Fehler machen. Wenn wir in der Küche gemütlich um unseren Tisch saßen, Mutter Karo-Kaffee* aufgetragen hatte und einen Gitterkuchen dazu, durften wir Kinder der Reihe nach von uns erzählen. Die Großeltern hörten ganz genau zu und stellten Fragen wie: „Tuats wohl brav beten zum Schutzengel und zum Jesuskind?" Jedes Kind wurde gelobt, wie gescheit und tüchtig es sei, und wir bekamen zu hören, dass sie sich freuten, so brave Enkel zu haben.

Die Großeltern sprachen sich gegenseitig nie mit „du" an, auch meine Mutter sagte immer „ös" und „enk", also „Ihr" und „Euch". Das gehörte sich so, der Respekt voreinander war groß. „Heute ist alles anders", seufzte Mutter, wenn ich sie darauf ansprach. „Aber er hat sie doch geschlagen?", fragte ich weiter. „Das hat damit nichts zu tun, du Siebenmalgescheite", sagte Mutter, und ihre Stimme klang wie immer unduldsam.

Ich erinnere mich, dass ich als Kind zwischen den zwei Vätern schwankte, zwischen Vater, dem „Haderlump", und Großvater, dem „grundehrlichen Mann", so wie Mutter sie charakterisierte. Mir Großvater als Vater zu wünschen war in meiner Fantasie keine Schwierigkeit. Ich kniff die Augen zu und verwandelte meinen Vater. Ich dachte ihm einen Schnurrbart unter die Nase, seine Gestalt wurde klobig, die Hände sehr breit und derb. Aber wenn ich beim Schlagen der Großmutter und der Tiere angelangt war, machte ich die Augen auf und war froh, dass mein Vater mein Vater war.

Untertauern / Radstadt

Immer in Mutters Nähe

Im Oktober 1932 wurde unser Bruder Ernst geboren, er ist im April 1935 ertrunken. Im selben Jahr, im September, wurde Günther geboren, elf Monate später kam ich zur Welt. Meine Eltern nannten mich Katharina, ich bekam den gleichen Namen wie Großmutter und Mutter. Ich war stolz, in der Ahnenreihe die Dritte mit dem gleichen Namen zu sein. 1938 sind wir nach Radstadt gezogen, dort kam Monika zur Welt. Durch meine gesamte Kindheit begleiteten mich die Erzählungen der Mutter von dem armen, gescheiten, toten Brüderchen.

In den Jahren 1938 bis 1945 arbeitete mein Vater in der Nähe Salzburgs, in Hof. Wir hatten an den Wochentagen keinen Vater, trotzdem bekamen wir nicht weniger oft Schläge als andere Kinder, denn unsere Mutter nahm das Erziehen sehr genau. Sie schwang schnell die Rute, wenn sie zornig war. Da der Weg von Radstadt nach Salzburg mit dem Zug weit und umständlich war, fuhr Vater am Montag sehr früh weg und kam am Samstag erst gegen Abend wieder heim.

Es war Krieg. Wir wohnten mit fünf weiteren Mietparteien in einem schönen Holzhaus. Der Besitzer des Hauses, Herr Windhofer, hatte einen großen Erbhof in nächster Nähe, den Taxerhof. Erbhof und Mietshaus waren eingebettet in weitläufige Wiesen, der angrenzende Wald reichte bis zu einem Moor, und ein kleiner See gehörte dazu.

Auf unserem Stockwerk gegenüber war die Wohnung der Familie Ruf. Vom langen Gang führte eine Tür auf einen Balkon, und von dort aus kam man zum Plumpsklo, das von beiden Parteien benutzt wurde. Die Rufs hatten zwei Kinder, Gottfried und Thea. Gottfried war siebzehn, als er sich 1942 freiwillig zur Waffen-SS* meldete, Thea war zehn Jahre alt. Sie war sehr groß, eine Schülerin, die mir und meiner Schwester Monika von der Schule erzählte. Sie brachte uns auch Lieder bei, die wir gemeinsam sangen, wenn wir uns auf dem Anger trafen. Wenn wir drei Mädchen sangen, hielten die Frauen bei ihrer Strickarbeit inne.

Schon wenige Wochen nach seiner freiwilligen Meldung zum Waffendienst, kurz vor seinem achtzehnten Geburtstag, fiel Gottfried. „So einen ehrenhaften Heldentod kann nur ein junger Soldat sterben", sagte Thea.

Die meisten Mitbewohner taten so, als wüssten sie von diesem furchtbaren Schicksalsschlag der Familie Ruf nichts, sie schwiegen. Meine Mutter weinte, als sie Frau Ruf auf dem Gang traf, und wollte ihre Hand ergreifen. Doch Frau Ruf zog ihre Hände zurück und sagte mit fester Stimme: „Ich brauche kein Mitleid, ich bin stolz, dass mein Sohn die Ehre hatte, den Heldentod für Führer und Vaterland zu sterben!"

Mutter und ich hatten das Gefühl, etwas Unrechtes getan zu haben, wir schlichen wie betäubt in unsere Küche. Auch Thea sprach nicht mehr von ihrem großen Bruder, der ein Held geworden war.

Im Hause Höggen Nr. 8 war es nicht üblich, dass die Familien einander in den Wohnungen besuchten, man begegnete sich auf dem Gang oder in den Sommermonaten auf dem Anger. Dann saßen die Frauen wie aufgefädelt auf der Hausbank, mit glatt gescheitelten Frisuren, langen Kitteln und schwarzen Kleiderschürzen*. Sie strickten, häkelten oder stopften Strümpfe und erzählten Geschichten; wir Kinder spielten Fangen oder Verstecken.

Vor dem Haus war der Gemüsegarten. Jede der Parteien bepflanzte ein paar Beete, die vom Bauern zugeteilt waren. Im Sommer eigenes Gemüse, Salat und Beeren zu haben, das war eine willkommene Aufbesserung des kargen Speiseplans. Wochentags, bei schönem Wetter, ging Mutter mit uns in den Wald. Sie zog den Handleiterwagen, Monika setzte sich ungefragt hinein und wurde in den Wald gezogen. Das ärgerte mich, und wenn ich sagte: „Das möchte ich auch", sagte Mutter: „Gib nach, du bist die Größere!"

Wir sammelten Kleinholz, dürre Äste, dicke Prügel und Fichtenzapfen. Das Holz war umsonst, der Waldbesitzer war froh, dass bedürftige Leute den Waldboden von Kleinholz säuberten. Wir hatten den ganzen Sommer genug Brennmaterial zum Kochen und für heißes Wasser.

Es gab in den Vierzigerjahren in unserer Gegend keinen elektrischen Strom, keine Zentralheizungen, und selten war in einem Haus ein Bad. Badezimmer gab es nur in Herrschaftshäusern. Meine Eltern stellten zum Baden einen Holzbottich in die Küche. Das Wasser wurde in einem großen Topf auf dem Herd und im eingebauten Wasserbehälter, dem „Schiff", erhitzt.

Holz sammeln war für uns Kinder eine ungeliebte Arbeit, die wir nicht immer freiwillig verrichteten. Wenn wir uns unbeobachtet fühlten, bauten wir aus Rinde und Fichtenzapfen einen Bauernhof. Der größte Zapfen war der Stier, für Kühe und Kälber suchten wir kleinere Zapfen. Nachdem wir eine Weile gespielt hatten, mahnte Mutter zur Eile: „Spielen könnt ihr daheim!"

Im Spätsommer, wenn die Schwarzbeeren* reif waren, bekam jedes von uns eine Kanne, und wir halfen Beeren brocken. Mutter gab uns nach einem Tag im Wald das Gefühl, dass wir tüchtig gewesen waren, aber nur, wenn wir die Beeren in der Kanne wirklich nach Hause getragen und nicht zu viele vorher gegessen hatten. Es wurde verglichen, wer fleißig war und wer nicht. „Über solche Dinge ist dein Schutzengel traurig, er passt dann nicht mehr auf dich auf, wirst schon sehen!", hieß es dann zum Beispiel.

Einmal hatte ich alle Beeren aufgegessen, ehe wir daheim ankamen. Deswegen bekam ich kein Nachtmahl und wurde in den Keller gesperrt. Im Keller war es dunkel, ein Spalt in der Wand ließ wenig Licht herein und machte die Gegenstände schemenhaft und gespenstisch. Manch Schattenwesen schwebte von einer Ecke in die andere und fuhr mit kalten Fingern über mein Gesicht. Ich bin vor Angst fast gestorben. Es dauerte Ewigkeiten, bis Günther kam, um mich zu holen.

Mutter machte aus Schwarzbeeren Marmelade auf Vorrat. Dafür kochte sie die Beeren in einem großen Topf mehr als eine halbe Stunde lang, dann gab sie Zucker dazu und ließ das Ganze nochmals brodelnd aufkochen. Inzwischen hatte sie Gläser ausgewaschen, kurz mit kochend heißem Wasser gefüllt und wieder ausgeleert. Danach stellte sie die Gläser auf ein Tuch und füllte in jedes Glas erst nur einen Schöpfer von dem siedenden Gebräu; auf diese Weise sprangen die Gläser nicht. Rasch füllte sie dann Glas um Glas bis zum Rand, putzte mit einem kleinen Leinenfleck den Glasrand sorgfältig ab, legte den ausgekochten Gummiring darauf und verschloss sie.

In langen Reihen standen im Keller auf dem Regal Marmeladegläser; auf den Etiketten war in Mutters schöner Schrift geschrieben, welche Sorte Beeren sie verarbeitet hatte. Sie war sehr stolz auf ihren Vorrat. Ich sah ihr genau zu bei ihren raschen Handgriffen und fühlte mich wohl in der Nähe ihrer Geschäftigkeit.

Mutter verstand es auch, aus Mehl, einem Ei und Beeren oder Äpfeln feine Nocken zuzubereiten, die sie in Fett briet. Das war ein Festessen, das nichts kostete und an dem man sich satt essen durfte.

Unsere Mutter kannte im Wald jeden Vogel, jede Vogelstimme und machte uns aufmerksam: „Hört, hört, eine Amsel!", oder: „Hört, da singt jetzt ein Gimpel!" Ein Käfer durfte nicht zertreten werden, denn der musste eilig heim zu seinen Kindern. Meine Schwester fragte, ob der Käfer ihr das erzählt hätte. „Aber ja", sagte sie mit ernster Miene. Im Wald war sie heiter und sang manchmal eine Melodie. Dann sagte sie: „Ach, ich kann nicht singen. Aber meine Brüder und Vater und Mutter – die haben gesungen, so schön, so schön!" Und schon erzählte sie wieder, wie schön es im „Schwarzbeermoas"* bei ihnen daheim gewesen sei.

Dann erfuhren wir wieder und wieder, dass drei ihrer Brüder im Krieg seien, ausgerechnet diese drei, die Zither spielten. „Hoffentlich kommen sie wieder heim vom Krieg, denn meine Mutter würde das nicht überleben", sagte sie mehr zu sich selbst.

Ich war stets in Mutters Nähe und hoffte unverdrossen, sie möge einmal etwas Lustiges erzählen. Vielleicht vergaß sie den

„verstorbenen Ernst", wenn ich sie fragte und unermüdlich fragte nach Dingen, die ich gern gewusst hätte.

Ich sah ihr zu, wenn sie am Morgen in der Waschschüssel ihr Gesicht wusch, wie sie sich abtrocknete – ritsch, ratsch –, alles ging sehr schnell. Ihre langen Zöpfe löste sie, fuhr mit der Haarbürste durch das gewellte Haar, dass die Ringellocken vor der Bürste herliefen. Schon hoffte ich, dass sie danach gerade Haare hätte wie ich, aber sie kringelten sich sofort wieder, und ich stand mit meinen „geraden Fransen", wie Mutter meine Frisur nannte, allein da. Nur Vater hatte ebenso dünne Haare wie ich, aber bei ihm war das kein Fehler.

Mein Bruder Günther hatte rötliche Locken, Monika hellblonde, dicke Zöpfe, die kaum zu bändigen waren. Mutter flocht ihre langen Haare zu Zöpfen und wand sie dreimal um den Kopf; den ganzen Tag war sie nie zottig, während meine Haare bald nach dem Kämmen wieder in alle Richtungen standen. „Wie bei meiner Schwester Wawi, die war auch den ganzen Tag zottig und immer schlampig", sagte sie öfter, wenn sie mich musterte.

Ich sah Mutter gerne zu, wenn sie – einen Kübel mit heißer Lauge neben sich – auf einem groben Tuch auf dem Fußboden kniete, um diesen zu schrubben. Dabei saß ich auf einem Schemel, auf den sie mich oft verbannte, wenn ich bei ihr sein wollte, sie mich aber gerade nicht brauchen konnte.

Auf dem Herd stand der große Topf mit Wasser, denn zum Bodenputzen brauchte man Aschenlauge, die meine Mutter selbst machte. Sobald das Wasser kochte, schüttete sie es in einen Bottich, den sie von der Waschküche heraufgetragen hatte. Über den Bottich hatte sie ein Tuch gespannt, das mit Wäscheklammern an den Rändern festgemacht war. Auf das Tuch kam die Asche aus dem Aschenschuber, darüber goss sie das siedend heiße Wasser. Sie nahm die Wäscheklammern ab, band das Tuch zusammen und hängte es in das heiße Wasser. Die Lauge war so scharf, dass Mutter offene Fingerknöchel und raue, rissige Hände davon bekam. Jetzt schöpfte sie etwas von der Lauge in den Kübel und begann eine Prozedur, die ich nicht verstand.

Ein Stück des Bodens um sich, das sie kniend mit den Armen erreichen konnte, machte sie mit dem Putztuch klatschnass und bürstete es mit einer Bürste schnell in allen Richtungen. Dann machte sie das viereckige Stück Boden noch einmal nass, um danach das Tuch auszuwringen und den Boden möglichst gut damit zu trocknen. So ging es Viereck um Viereck. Nach jedem zweiten Viereck leerte sie die schmutzige Lauge in den Abort und schöpfte wieder neue Lauge aus dem Bottich, bis der ganze Küchenboden feucht war und man sich nicht von der Stelle rühren durfte.

Während ich Mutter zusah, bohrte ich mit Fragen: „Warum machst du den Boden so nass, wenn du ihn dann wieder trocknen musst?" Sie gab keine Antwort. „Warum, Mutter, ist Krieg, und warum kommt Vetter Xander nie mehr zu uns? Warum ist er im Krieg gefallen? Und wieso hat unsere Großmutter das überlebt, obwohl er nie mehr heimkommt?" Dann sagte sie meist: „Kind, ich bin so müde, lass mich endlich in Ruhe mit der Fragerei!"

Vater, der lächelnde Handwerker

Wenn Vater heimkam, sagte er nie, dass er zu müde sei, das freute mich sehr. Ich war voll freudiger Erwartung, wenn Mutter an Samstagen sagte: „Geht eurem Vater entgegen, er wird jetzt beim ‚Höggen' sein!" Günther, Monika und ich liefen um die Wette, jedes wollte ihn zuerst entdecken, um von ihm als Erstes emporgehoben zu werden.

Dieses Mal war Vater nicht beim Höggen, einem Gasthof in der Nähe unseres Hauses. Wir warteten eine Weile, ehe wir enttäuscht nach Hause gingen. „Der Zug wird Verspätung haben", tröstete Mutter, „vielleicht war in Salzburg Fliegeralarm, und der Zug durfte nicht fahren." Wir Kinder saßen still im Herrgottswinkel hinter dem Tisch und horchten auf seine Schritte im Stiegenhaus. Mutter schürte das Feuer und legte Scheite nach, um das Essen warm zu halten.

„Ihr müsst jetzt essen und nachher ins Bett, es ist schon spät." Sie setzte schweigend jedem einen Teller mit Grießkoch vor, mit Kakao, Zucker und einer Messerspitze Butter drauf. Für Vater hatte sie Knödel gekocht, davon hätte ich auch gerne gehabt, aber: „Esst und gebt jetzt Ruhe, ja!"

Die Butter machte im Kakao ein kleines Bächlein, das ergab ein Muster, das ich nicht zerstören wollte. Mutter aß meistens nichts, sie kratzte für sich den Rest vom Pfannenboden und sah uns beim Essen zu. „Mutter, isst du nichts?", fragte ich. „Ich brauche nichts", sagte sie. Ich aber dachte, dass sie zum Essen zu traurig wäre.

Sie nahm die Petroleumlampe vom Haken an der Wand, nahm den Zylinder ab, drehte den Docht ein wenig höher und zündete ihn an. Ich sah, dass ihre Hände zitterten. „Mama, hast du Angst um unseren Vater?", fragte ich. Sie sah kurz von ihrer Tätigkeit auf und seufzte.

Endlich kamen die ersehnten Schritte über die Treppe, Vater öffnete die Tür, er legte den Finger auf seinen Mund: „Psst, schaut her, ich habe etwas mitgebracht!" Er stellte seinen Rucksack auf die Bank, schnürte ihn auf und legte mehrere Stücke Schweinefleisch auf den Tisch. Mutter erschrak: „Woher hast du das?" – „Ich bin gestern am Abend nach Altenmarkt gefahren und habe beim Schweighofbauern ein Schwein abgestochen. Die Schweighofbäuerin hat mir extra schöne Stücke mitgegeben, wir müssen das noch heute verarbeiten. Morgen gibt es einen feinen Braten, Kinder. Aber ihr dürft niemandem etwas davon sagen, sonst erschießen die Soldaten den Schweighofer und mich, denn das hier ist verboten!"

Mutter schob Scheite in den Herd, holte mit einer Taschenlampe Gläser aus dem Keller, während Vater das Fleisch zerteilte, mit Kümmel, Knoblauch und Salz würzte und in der großen Eisenpfanne scharf anbriet. Sie legten die gebratenen Fleischstücke in Gläser und gossen den Bratensaft darüber. Die Gläser wurden gut verschlossen in den großen Topf gestellt, und zwar so, dass sie sich nicht berührten, sonst konnten sie in der Hitze zerspringen. Eine Hand breit Wasser kam auf den Boden des Topfes, jetzt musste das Kochgut eine Stunde lang unter Dampf „gerext" werden, um haltbar zu sein. Die Eltern waren froh über den wertvollen Vorrat.

Vater holte mit einer Taschenlampe Wasser vom Brunnen vor dem Haus. Er musste vorsichtig sein, durfte nicht gesehen werden, es wäre verdächtig gewesen, in der Nacht Wasser zu holen.

In ihrem Eifer hatten die Eltern vergessen, dass wir Kinder neugierig und müde noch hinter dem Tisch saßen. „Geht jetzt schlafen!" Ich vermisste die Begrüßung durch Vater und war darüber beunruhigt, was er tat, und dass er erschossen würde, wenn das „auffliegt".

Vater und Mutter sprachen draußen in der Küche leise miteinander, alles war gut. Wie freute ich mich auf das gute Essen am nächsten Tag!

Ich dachte an Großvater, von dem Mutter oft erzählte, dass er im Ersten Weltkrieg, als sie auch nichts zu essen hatten, gewildert hätte. Großvater pirschte in den Nächten, wenn kein Mond am Himmel war, mit rußgeschwärztem Gesicht gegen vier Uhr früh im Wald. Er wusste, wo das Wild aufzustöbern war. Das war illegal, denn der Wald gehörte ihm nicht, und er wusste, dass ein Jäger ihn erschießen durfte, wenn er ihn erwischte und er sich nicht stellte. Wenn er sich aber stellte, sperrten sie ihn ein. Damals war meine Mutter so alt wie ich jetzt.

Auch mein Vater tut etwas, das verboten ist: Er fährt in der Nacht von Salzburg nach Altenmarkt, heimlich, niemand darf etwas wissen, sonst wird er erschossen, und er schlachtet ein Schwein, obwohl er schon müde ist. Aber ich hatte gesehen, wie er sich gefreut hatte und dass seine eigene Angst vergaß, um uns etwas mitzubringen.

Diese Geschichten vom Wildern und vom Schlachten wurden nachts lebendig: In kalter, grauer Nebellandschaft schlich ein Jäger gefährlich nahe hinter meinem Großvater, sein Gewehr in Anschlag. Als Großvater auf ein Reh zielte, das aufgescheucht zu fliehen versuchte, legte der Jäger auf Großvater an, dieser auf das Reh, und ich hielt mir aus Angst vor dem Doppelknall die Ohren zu.

Dann wetzte mein Vater das große Messer, um damit dem Schwein, dem man die Füße zusammengebunden hatte und das fürchterlich schrie, die Kehle durchzuschneiden. Ich nahm die Todesangst der Tiere wahr, aber auch die Angst der Menschen vor dem Hunger und die Angst vor dem Tod. Ich fürchtete mich sehr, sah, dass Tiere wie Menschen vor ihren Jägern davonliefen, aber plötzlich hatte keiner der Männer ein Gewehr, und Vater stand lächelnd vor meinem Bett. „Aufstehen, Kathi, es gibt Zopf* zum Frühstück!" Endlich begrüßte er uns, und er freute sich, als hätte er kein dunkles, gefährliches Geheimnis.

Mutter sang manchmal Lieder vom Wildern, wie geheimnisvoll und gefährlich das war. Der Wildschütz, ein „schneidiger Bua", sein Schatz war eine „saubere Sennerin". Es klang für mich so, als ob Verbotenes zu tun eine Heldentat sei. Aber es ging in den Liedern nicht immer gut aus; manchmal wurde ein Wilderer oder sogar der Jäger erschossen. Dann gab sich auch der Wilderer die Kugel, und die Sennerin starb an „Herzeleid". Ich sah die schöne Maid hinsinken, um aus Treue zu ihrem Geliebten zu sterben. In mir lebten ständig tausend Bilder, und ich wusste oft nicht, wie ich mit ihnen fertigwerden sollte.

Mutter sang mit ihrer warmen Stimme, die mich tief berührte, aber wenn ich sah, dass Tränen über ihre Wangen rannen, wäre mir lieber gewesen, sie hätte nicht mehr gesungen. „Aufm Tauern tuats schauern, im Tal geht der Wind, das Dirndl tuat trauern, weil sein Schatz nimma kimb." Ihr Schatz, das war der verstorbene Ernst, das ahnte ich, obwohl ich es nicht genau wusste.

Vater erzählte gerne von seinen Fahrten: Radstadt – Bischofshofen – Salzburg. „Radstadt", ruft der Schaffner, die Dampflokomotive kreischt, die Bremsen quietschen, dann bleibt der Zug stehen. Die Lokomotive entlässt den Dampf in einer großen Wolke. „Alles aussteigen!" Oder in Salzburg: „Reisende, bitte einzusteigen und Platz zu nehmen!" In Bischofshofen ruft er: „Reisende ins Selzthal, bitte rasch umsteigen!" Dabei veränderte Vater seine Stimme, dass es zum Lachen war.

Wir saßen dicht gedrängt bei ihm, während Mutter unsere Vergehen der vergangenen Woche schilderte. Darauf meinte er: „Ich schlage meine Kinder nicht, du wirst schon selber mit ihnen fertigwerden!"

Auch wenn Vater uns badete, sang er oder erzählte etwas dabei. Mutter hatte das Wasser zum Baden in einem großen Topf erhitzt. Sie gab fast nie Antwort, ließ ihn einfach reden. Vielleicht wusste er, dass ich genau zuhörte, und das genügte ihm.

Er setzte uns in ein Holzschaff, das er auf die Küchenbank gestellt hatte. Das Badewasser wurde sparsam verwendet, weil man es vom Brunnen, der vor dem Haus stand und Tag und Nacht sprudelte, heraufholen und auch wieder hinuntertragen musste.

Als Erste wurde Monika in das warme Wasser gesetzt. Wenn sie gebadet war, schüttete Mutter ein paar Schöpfer warmes Wasser nach, dann kam ich an die Reihe, zum Schluss mein Bruder. Er wollte auch einmal als Erster gebadet werden, aber da ließ sich nichts machen: „Immer zuerst die Kleinsten!"

Wenn unsere Gesichter vor Sauberkeit glänzten, wenn wir neue Unterwäsche, Strümpfe und frische Kleider angezogen hatten, ging Vater mit uns spazieren. Er besuchte die Nachbarn, während Mutter das Sonntagessen zubereitete.

Einmal hatte sie extra zum Sonntagsbraten ein Glas eingelegte Kirschen aufgemacht. Sie verteilte sie in vier grüne Glasschüsseln, für sich selbst nahm sie nichts. „Wieso isst du keine Kirschen?", fragte Vater. „Ich brauche das nicht." Vater sah sie lange nachdenklich an, sagte aber nichts. Mir schmeckten die Kirschen jetzt auch nicht mehr. Ich bot ihr ein Löffelchen von meiner Portion an. Sie nahm an, und ich sah Tränen in ihren Augen. „Noch einen Löffel", bat ich, aber sie weigerte sich.

Mutter hatte immer ernste Augen, die, auch wenn ihr Mund lachte, nie mitlachten, während in Vaters Gesicht immer ein Grinsen war. Ich kam nicht dahinter, wo der Mann war, der unsere Mutter „belogen, betrogen und verkauft" hatte.

Jedes von uns Kindern besaß ein Paar Schuhe, das unser Vater selbst gemacht hatte. Vater kannte einen Bauern, der das Fell von geschlachteten Ziegen gerben ließ und das Leder verkaufte.

Vater hatte von unseren Fußsohlen Zeichnungen angefertigt, der Schustermeister schnitt das Leder nach den Maßen zu und lieh Vater auch noch die richtigen Leisten, auf die das Leder gespannt werden musste, um genäht zu werden. Ich sah meinem

Vater bei dieser Arbeit gerne zu, wie er die Ahle mit dem Doppelfaden durch die vorgestanzten Löcher führte, wenn er die Sohle an das Oberteil nähte. Er hatte immer ein Lächeln in seinem Gesicht; man spürte, dass ihn jede Arbeit freute und dass er auf sein Können stolz war.

Vater machte nicht nur Schuhe, er schnitt auch den Stoff zu, wenn Mutter aus einem alten, verblichenen Kleid, das sie aufgetrennt und gewaschen hatte, noch etwas für Monika und mich schneidern wollte. Während sie noch nachdachte, wie sie den Stoff gut nützen konnte, nahm er ihr schon die Schere aus der Hand und sagte: „Gib her, das kannst du nicht!" Mutter nähte die Teile dann so zusammen, wie Vater es ihr gezeigt hatte. Die Kinderkleidchen sahen fast wie neu aus, weil Mutter den Stoff wendete und am Halsausschnitt und am Saum neue Borten aufnähte. Auch Mutter war stolz auf ihre Werke, aber sie lächelte nicht wie Vater.

In den Nächten kämpften meine Eltern. Zuerst flüsterte und schmeichelte Vater. Mutter aber schimpfte, bis auch er fluchte: „Du sturer Aigenhofschädel!" Dann schluchzte Mutter, und ich konnte nicht einschlafen. Wieso mussten sie im Bett reden und streiten oder seufzen und lachen? Dachten sie, dass wir Kinder bei diesen aufregenden Geräuschen schliefen? Ich machte mich bemerkbar, sagte, dass ich auf den Topf müsse. Mutter zündete eine Kerze an und kam zu mir ans Bett, hielt mir das Nachtgeschirr unter und wartete, bis ich fertig war. Nachts ging niemand von uns über den langen Gang und den Balkon, wo es dunkel und kalt war, bis zum Plumpsklo. Alle benutzten den Nachttopf, und der blieb die ganze Nacht im Zimmer stehen.

Wenn ich dann endlich eingeschlafen war, wuchsen aus den Stäben meines Gitterbettes Hundebeine, die mich bedrohten. Sie kamen immer näher, bis ich vor Angst gellend schrie. „Dummes Dirndl", sagte dann Mutter, „es sind keine Hunde im Zimmer, schlaf weiter!"

Ich überlegte, ob es eine Sünde sei, froh zu sein, dass Vater nur samstags und sonntags daheim war, denn wenn er nicht da war, war Ruhe im Schlafzimmer.

Vater kugelte mit uns auf dem Boden, er ließ sich frisieren, er kitzelte uns, bis wir kreischten. Dann sagte er in gespieltem Ernst: „In welche Brut bin ich da hineingeraten?" Erst erschrak ich über das Schimpfwort „Brut", weil man es zu Leuten sagte, die nirgends dazugehörten, aber weil er dabei lachte, wusste ich, dass er sich doch über seine Kinder freute.

Unser Vater, der nicht wie Großvater Menschen und Tiere schlug, der mit uns auf dem Boden lag, lachte und schmuste – ein Haderlump? Vielleicht hatte Vater den Haderlumpen wie einen Mantel im Zug liegen gelassen? Aber wer war er, wenn er im Bett mit Mutter schimpfte, bis sie weinte? Mutters Weinen machte mir genauso Herzklopfen wie Vaters Zärtlichkeiten.

„Die Zigeuner sind da" – und die Juden?

Hinter dem Anwesen unseres Hausherrn, in Richtung Untertauern, war die „Au", ein feuchtes Gelände mit hohen Bäumen. Dort rauschte ein Bächlein durch den Baumbestand, und ehe es in die Taurach mündete, lief es in vielen Armen auseinander. Es bildete einen Teich, in dem Frösche wohnten, die in den Nächten quakten und einen Höllenlärm machten, den man hie und da bis zu unserem Haus hörte.

In den ersten Kriegsjahren lagerten auf der Au manchmal Menschen mit dunkler Haut, schwarzen Haaren und funkelnden Augen. „Die Zigeuner sind da!", riefen die Leute, und wir stürmten zur Au, „Zigeuner schauen". Sie hatten Pferde vor ihre Planwagen gespannt, die anders aussahen als die Ackergäule, die bei uns Heufuder oder Pflüge zogen.

Zigeunerfrauen mit glänzenden, schwarzen Haaren und in bunten Röcken holten Pfannen und Töpfe aus ihren Wagen. Sie machten Feuer in einer Mulde auf dem Boden, stellten einen Dreifuß aus Gusseisen über das Feuer und hängten Kessel darüber, in denen sie rührten. „Passt auf", sagten die Leute und wollten uns Angst machen, „Zigeuner fangen Kinder und kochen sie im Kessel, dann werden sie gegessen!" Wenn Rauch zum Himmel stieg und Dampf aus den Kesseln quoll, stellte ich mir ein blondes Mädchen vor, das von den Zigeunern gefangen und in einen Kessel gesteckt worden war. Ich sah sogar, wie eine kleine Hand aus dem quellenden Dampf winkte. Schnell rührte die Zigeunerfrau um, das Händchen verschwand wieder.

„Sperrt eure Haustüren zu, die Zigeuner sind da!", so hörte man es von Mund zu Mund. Mich schauderte, aber dieser Schauer zog mich magisch in ihre Nähe.

Eine junge Zigeunerin mit langen, dicken Zöpfen und goldenen Ohrringen kam auf das Haus zu, ich lief ihr entgegen und begleitete sie bis zu unserer Wohnungstür. Der Geruch von Rauch und scharfen Gewürzen hing in ihren Kleidern. Sie bot Schmuck aus Holzperlen zum Kauf an. Mutter schlug heftig die Tür zu. „Alles gestohlen!", sagte sie. „Wieso weißt du das?", fragte ich. Sie antwortete: „Das sagen alle Leute. Erst gestern wollten sie beim Schoberbauern eine Henne stehlen, doch der Bauer hat sie erwischt, als sie bei der Stalltür hineinwollten."

Manchmal waren die Zigeuner über Nacht fort, so wie sie über Nacht plötzlich da waren. Man wusste nicht, woher sie gekommen, und nicht, wohin sie verschwunden waren.

Als Vater heimkam, sagte Mutter: „Die Zigeuner waren da." – „Das müsst ihr melden. Die sollen schauen, dass sie dahin gehen, wo sie hingehören!" – „Wohin gehören sie?", wollte ich wissen. „Nirgends, dorthin sollen sie gehen!"

Vater konnte stundenlang erzählen, und Mutter sagte öfter, er sei ein „Aufschneider". „Immer übertreibst du!", war ihr Kommentar zu seinen Geschichten, die in mein Gemüt einbrachen und in meinen Träumen aufstanden wie riesige Schatten. Wie zum Beispiel mein Vetter Xander, der geweint hatte wie ein Kind, als er in den Zug einsteigen musste, der ihn an die Front brachte. Da war er erst siebzehn. Ich saß dann auf Vaters Schoß, er hielt mit einer Hand meine beiden Hände, ich schmiegte mich an seine Brust und hörte sein Herz klopfen.

„In Schloss Fuschl bei Salzburg wohnt unser Außenminister Ribbentrop*", sagte Vater. „Das ist nicht unser Außenminister", entgegnete Mutter, „denn er ist ein Hitleranhänger, fanatisch wie er!" Vater ging auf ihren Einwand nicht ein. „Wenn er mich sieht, fragt er mich, ob ich ihn am Abend besuche." Der Außenminister habe ihm anvertraut, dass sie begonnen hätten, die Juden in Viehwaggons in Lager zu bringen, um sie dann zu vergasen.

„Er vertraut mir restlos, sonst hätte er mir diese Geschichte nicht erzählt", fuhr er fort, „,Die Öffentlichkeit darf nichts davon erfahren', sagt der Herr Außenminister." Mutter sagte: „Das glaube ich dir nicht!" – „Weil du zu dumm bist dafür", antwortete Vater.

Ich rutschte von seinem Schoß, setze mich auf den Schemel unter dem Tisch und dachte an die Juden. Ich wusste nicht, wer die Juden waren, aber dass es Menschen waren, konnte ich mir schon vorstellen. Ich bekam aber Zweifel, ob Vater nicht doch Geschichten erfand, die es einfach nicht gab.

Mutter brachte uns Kinder ins Bett. Ich war froh, denn es regte mich auf, wenn Vater nicht auf Mutter hörte und sie nicht auf ihn.

Unsere Gitterbetten standen im Schlafzimmer an den Wänden, das Doppelbett der Eltern an der Stirnwand des Zimmers. „Vater hat alle unsere Möbel selbst gemacht, bevor wir geheiratet haben", sagte Mutter einmal. Mutter gab mir Rätsel auf, denn ein andermal sagte sie wieder über ihn: „Ein Haderlump ist ein Mensch, der andere listig hintergeht und sich nachher über sie lustig macht." Aber warum hatte mein Vater neben seinem anstrengenden Beruf als Zimmermann, in der Nacht, wenn er schon müde war, Möbel für eine Frau gemacht, damit sie ihn heiratete?

An jenem Abend ließ mir die Vorstellung von den Juden keine Ruhe. „Hitler will sie ausrotten", hatte Ribbentrop zu meinem Vater gesagt, „weil sie auf der ganzen Welt nur Unheil anrichten und ehrliche Menschen um ihr Geld betrügen." – „Ausrotten" und „vergasen" – wie machte der Hitler das? Ich betete zum Jesuskind: „Bitte nicht die Juden vernichten lassen! Bitte nein!"

Mit diesen Gedanken musste ich eingeschlafen sein, und ich war sicher, wenn ich oft genug betete, würde Hitler aufhören, die Juden zu vernichten. Dann waren alle wieder da, so wie die Buchstaben auf Günthers Schiefertafel, die er mit dem nassen Schwamm wegwischte und wieder neu schrieb.

Hat nicht Mutter uns beigebracht, dass Gott im Himmel alles sieht? Weiß der Hitler das nicht? Ich hatte Angst, von Gott gesehen zu werden, wenn ich ein Stück Würfelzucker aus der Zuckerdose nahm, was nicht erlaubt war. Wenn mein Bruder mich dabei erwischte, lief er zu Mutter, und sie griff sofort zur Rute und ließ sie auf meinen Popo sausen; vorher zog sie mir noch die Hose aus. Der Hintern brannte nachher noch lange, aber mit einem warmen Popo schläft man gut. Bevor ich einschlief, fragte ich Gott: „Lieber Gott, hast du das gesehen? Ist die Strafe für den Zucker jetzt genug, oder strafst du mich später auch noch in der Hölle für das Stehlen?"

Wie Mutter das Lachen verlernte

„Als Kind habe ich den ganzen Tag gelacht, bin mit den Brüdern auf Bäume geklettert, wir haben Eichkätzchen gejagt und erschlagen", erzählte Mutter. „Wenn Vater uns suchte und mich mit den Brüdern auf den Bäumen entdeckte, sagte er meistens: ‚Das weißkopferte Luder ist überall dabei!' An seinem Gesichtsausdruck merkte ich aber, dass er eigentlich stolz war, dass ich als Dirndl auf Bäume kraxelte."

Ich aber stellte mir vor, wie das Eichkätzchen um sein Leben bettelte und wie es plötzlich tot auf dem Boden lag. Dieses Bild brachte mich jedes Mal zum Weinen, so sehr ich mich bemühte, das Schluchzen zu unterdrücken. Dann sagte Mutter ungehalten: „Du bist aber ein weich g'sottenes Dirndl! Was wirst du im Leben einmal anfangen, wenn du wegen solcher Kleinigkeiten weinst! Das Eichkätzchen ist nur ein Tier."

Ich habe sie in Erinnerung, wie sie in der blitzblank geputzten Küche auf dem Diwan sitzt, einen Henkelkorb mit großen Wollknäueln zu ihren Füßen, und Reihe um Reihe an einem Janker strickt. Oft strickte sie auch Strümpfe für uns oder für Vater Stutzen mit Zopf- und Rautenmuster. Ich beobachtete, wie die Wollknäuel sich langsam bewegten, wenn Mutter Masche für Masche von einer Nadel auf die andere hob, und wie das Strickzeug langsam wuchs, während der Wollknäuel kleiner wurde; wie sie den Faden, mit dem Zeigefinger dirigierend, zu sich heran und auf die Nadel zog und so den Knäuel abwickelte, bis er aufgebraucht war. Oder sie saß an ihrem Spinnrad, das sie von ihren Eltern zur Hochzeit bekommen hatte. Das gleichmäßige Surren des Rades machte mich schläfrig, während Mutter die Wolle in ihren Handteller gleiten ließ und sie mit einer raschen Drehbewegung ein wenig in die Länge zog, bis ein dünner Faden sich wie von selbst auf die Spule drehte.

Ich habe nie erlebt, dass Mutter einfach da gewesen wäre, ohne zu arbeiten, dass sie gelacht oder gesungen hätte, dass sie Geschichten erzählt hätte, ohne dabei zu stricken oder Wolle zu spinnen. „Wann werde ich groß genug sein, um diese Arbeiten auch machen zu können? Ich bin so neugierig, Mutter!", sagte ich öfter zu ihr. „Ach, Dirndl, sei froh, dass du noch klein bist! Du wirst es schon erwarten, dir wird auch nichts erspart bleiben, wie mir." Ich wusste, was jetzt kam, wagte aber nicht aufzustehen und nach draußen zu gehen, um mir diese traurigen Geschichten nicht immer wieder von vorne anhören zu müssen.

„Meinen Ersten, den Lois, durfte ich nicht behalten, weil ich noch daheim im Dienst war und ledig, als ich ihn bekam. Nein, wir durften nicht heiraten, das hätte mein Vater nie erlaubt, denn der Kindsvater war ein armer Schlucker, selbst ein lediges Kind ohne Zuhause und ohne Zukunft." – „Was ist ein Kindsvater?", fragte ich. „Das ist der Vater von meinem Lois, den ich nicht heiraten durfte." – „Der Kindsvater war nicht unser Vater?", wollte ich wissen. Schon hoffte ich, *er* wäre der Haderlump, aber das stellte Mutter richtig: „Er war ein grundehrlicher Mensch. Mir geschah schon recht, weil ich ihn verlassen habe, als ich eurem Vater begegnet bin, diesem Haderlump!"

„Ich hoffte damals, mit neunzehn, die Schwangerschaft vor meinen Eltern möglichst lange verbergen zu können, aber Mutter hat meinen Zustand bemerkt, als ich mich nach einem Melkeimer bückte. ,Dirndl', hat sie gerufen, ,was ist mit dir?' – ,Ja, Mutter', habe ich mit schwacher Stimme geantwortet, zu mehr war ich nicht im Stande. ,Hättest es früher gesagt!' Das habe ich nicht getan, weil ich wusste, dass sie öfter einer ledigen Mutter dabei half, ein Kind wegzumachen. ,Das hätte ich nicht wollen', sagte ich nur, und sie: ‚Bist du aber dumm.' In diesem Moment kam Vater in die Küche. Er hatte die letzten Worte gehört und kam drohend auf mich zu: ‚Diese Schande kommt mir am zweiten Tag aus dem Haus!' Ich habe mich nicht getraut, etwas dagegen zu sagen oder mich zu weigern. Vater nahm den Lois aus der Wiege, als er zwei Tage alt war, und trug ihn zu einer Ziehmutter."

Ich weinte schon wieder, der Schmerz um meinen Bruder wand sich stoßweise aus meiner Brust. „Was wirst du einmal tun im späteren Leben, wenn du immer gleich weinst? Vielleicht wäre es besser, du könntest früh sterben."

Nach diesen Worten war mir alles egal. Ich wusste nicht, wie ich es anstellen sollte, bei traurigen Geschichten nicht zu weinen, ich wusste nicht, wie es war, als Kind zu sterben. Warum aber erzählte sie jeden Tag vom „verstorbenen Ernst", diesem Wunderkind, das mit zweieinhalb Jahren ertrunken war, wenn sie mir jetzt das gleiche Schicksal wünschte? Vielleicht hätte ich mehr davon, wenn sie um mich weinen könnte, weil ich nicht mehr da wäre? Ich würde es ihr gönnen, wenn sie nach mir Sehnsucht hätte!

Dann wüsste ich auch, wie das mit Vater ist, mit dem Haderlumpen, der für seine Familie das ganze Geld, das er verdient, heimbringt, ohne für sich einen Pfennig zu behalten. Der die Kinder nicht schlagen will, während Großvater, der „grundehrliche Mann", zu dem man nicht „du" sagen durfte, die Söhne, seine Frau und die Tiere geschlagen hat.

Ich stellte mir das Gestorbensein gut vor, denn im Himmel würde ich meinen Bruder Ernst treffen; wir könnten gemeinsam beraten, wie wir Mutter von ihrer Traurigkeit befreien.

Vom Schulgehen und Gescheitwerden

Es war Sommer. Günther hatte die erste Klasse hinter sich, für ihn war es ein mühevolles Jahr gewesen. Alle Schüler hatten Schiefertafeln, und Günther schrieb schwerfällig mit dem Griffel Buchstaben und Zahlen auf die Tafel. Alles, was nicht schön geschrieben oder falsch gerechnet war, löschte Mutter oder die Lehrerin mit einem feuchten Schwamm weg. Dann musste er wieder von vorne beginnen. Dabei hatte er einen roten Kopf, manchmal weinte er.

Mein Bruder tat sich auch schwer beim Lesen, er sah meistens unglücklich aus, er erbarmte mir. Ich saß nahe bei ihm, wenn er Buchstaben um Buchstaben auf seine Tafel schrieb, dann jagte er mich mit einem Stoß seines Ellbogens weg, doch ich war nicht zu verscheuchen.

Mit fünf Jahren las ich längst alle Texte aus dem Lesebuch und aus Zeitungen, die Vater mitbrachte. Ich freute mich riesig, dass ich im Herbst endlich in die Schule gehen durfte, weil ich dann sechs Jahre alt war. Der Schulweg von Untertauern nach Radstadt war vier Kilometer lang, das war eine Stunde Gehzeit. Wir mussten um sechs Uhr aufstehen und um sieben Uhr losgehen, aber das machte mir nichts aus. Ich wollte in der Schule zeigen, dass ich schon lesen und schreiben konnte. Ich hungerte nach Mutters Lob, sie aber sah an mir vorbei, egal, wie oft ich aus dem Lesebuch Seite um Seite vorlas.

Am ersten Schultag ging Mutter, Monika an der Hand, mit mir mit. Stolz trug ich einen grünen Rucksack aus Leinen auf dem Rücken, von Mutter gefärbt und selbst genäht. Von Untertauern aus gingen viele Kinder in die Schule nach Radstadt, ein Rudel von Buben und Mädchen aller Altersklassen.

Voll Freude setzte ich mich, ohne zu fragen, in die erste Bank, damit die Lehrerin mich nicht übersah. Sie aber verscheuchte mich in die letzte Bank, obwohl ich eines der kleinsten Kinder der Klasse war. Nachdem jedes Kind seinen Namen gesagt hatte, durften sich die Mütter verabschieden. Dann wurde nach dem Beruf der Väter gefragt. Als ich an der Reihe war, sagte ich laut, deutlich und stolz: „Zimmermann", und wollte eine Geschichte über meinen tollen Vater erzählen. Die Lehrerin aber sagte nur kurz: „Die Nächste …"

Heute lernen wir das „I", sagte das Fräulein und malte ein kleines I in Lateinschrift auf die Tafel. Ich war enttäuscht, dass sie nicht das Kurrent-I schrieb, das Günther als Erstes gelernt hatte. Deshalb ignorierte ich den Lateinbuchstaben und malte mit meinem I in Windeseile die ganze Tafel voll. Zufrieden grinste ich vor mich hin und freute mich auf das Staunen des Fräuleins. Sie kam auf mich zu, besah sich meine Schiefertafel, nahm den nassen Schwamm und wischte die schönen Buchstaben einfach weg. „Ein I habe ich gesagt", sagte sie finster und ließ mich mit meinem Entsetzen allein. Wütend malte ich das Latein-I – auch damit hatte ich keine Mühe –, und schnell war wieder die ganze Tafel voll. Von da an würdigte ich sie keines Blickes mehr.

Auf dem Heimweg sagte ich mir laut vor, dass ich nie mehr in diese blöde Schule gehen würde, in der man mich genauso übersah, wie Mutter dies tat. Mutter meinte, da könne sie nichts machen, ich müsse schon tun, was die Lehrerin verlange.

Vom ersten Schultag an mochten wir uns nicht, die Lehrerin und ich. „Jesuskindlein, komm zu mir, mach ein frommes Kind aus mir …", betete Mutter jeden Abend mit uns. So sehr ich mir wünschte, ein frommes Kind zu werden, es gelang mir nicht, weil man alle Menschen lieb haben musste, und wenn nicht, wurde man bestraft, mit Fegefeuer oder Hölle.

Jesus hat mich schließlich erhört, denn unser Fräulein war eines Tages nicht mehr da. Auf ihrem Platz stand eine alte Frau, die seit Jahren in Pension war; sie war bereit, die junge Kollegin zu vertreten. In ihrem langen Kleid, darüber eine schwarze Schürze um ihren dicken Leib, wirkte sie gutmütig und freundlich. Ich hatte sie sofort ins Herz geschlossen, ich hing an ihren Lippen, wenn sie redete, und ahmte ihre Gesten nach. Als ich merkte, dass sie mich dabei beobachtete, wurde ich rot und versuchte, sie nicht mehr anzusehen.

Frau Frick war über achtzig Jahre alt, ganz genau wusste man das nicht. Für mich zählte, dass sie mich so liebte wie ich sie. Sie lobte mich für alles, was ich sagte, das gefiel mir. Ich war mit meinen Antworten immer die Schnellste. Mutter sagte, dass die junge Lehrerin in eine Waffenfabrik zwangsverpflichtet worden sei. Sie tat mir nur ein kleines bisschen leid, und ich hatte sie bald vergessen.

Auf dem Schulweg bildeten sich Gruppen. Buben und Mädchen gingen den Weg getrennt, weil die Buben meistens miteinander rauften und wir Mädchen uns vor ihnen fürchteten. Meine Freundin, die Schober-Wetti, und ich waren unzertrennlich. Einmal begleitete sie mich über die Wiesen bis zu mir nach Hause – wir wohnten auf der linken Seite der Taurach –, ein andermal wieder ging ich mit ihr der Straße entlang bis zu ihrem Hof. Ihre Eltern besaßen den Schoberhof am rechten Taurachufer. Man musste über eine Brücke gehen, und Mutter mahnte mich immer wieder, auf der Brücke Acht zu geben: „Fallt nicht ins Wasser, geht vom Geländer weg!"

Eines Tages ging die Lehrerin mit einem Heft durch die Bankreihen und fragte jedes Kind: „Religionszugehörigkeit?" Ich antwortete, ohne zu zögern: „Römisch-katholisch."

Meine Freundin Wetti fragte mich aufgeregt: „Was bin ich?" – „Weiß ich nicht!", sagte ich schnippisch, obwohl ich mir denken konnte, dass sie wie ich römisch-katholisch war. „Was bin ich?", jammerte sie. „Römisch-katholisch", sagte ich, und sie wiederholte diese zwei Worte vor der Lehrerin, die sich mit der Antwort zufrieden gab.

„Wieso weißt du das?", fragte mich Mutter, als ich ihr von der Frage der Lehrerin erzählte. „Ich weiß es nicht, hab' es mir ausgedacht", war meine siebenmalgescheite Antwort.

Es war nicht mehr lange bis Weihnachten, zwei oder drei Wochen davor, als ich bemerkte, dass Mutter sich verändert hatte. Sie war wie immer mit ihren Gedanken nicht ganz bei uns, aber sie war froher als sonst. Hatte sie endlich ihr verstorbenes Kind vergessen? Die Augen, das Gesicht waren nicht mehr so verschlossen. Auch waren meine Eltern seit einiger Zeit friedlich miteinander; im Bett schimpfte Vater nicht, Mutter weinte nicht mehr.

Wenn sie Holzscheite in den Herd schob, wenn sie in den Pfannen rührte, stand sie weit weg vom Herd. Ich hatte das vorher nie bemerkt, dass ihr Bauch über die Messingstange bis fast auf die Herdplatte ragte. Ich hatte Angst, dass ihre Schürze Feuer fangen könnte, wenn sie die Herdringe mit dem Schürhaken öffnete, um eine Pfanne tiefer ins Feuer zu stellen. Deswegen fragte ich: „Mami, warum hast du einen so großen Bauch?" – „Das verstehst du nicht", sagte sie, aber ich hörte, wie sie Vater von meiner Frage erzählte. Beide blickten mich lange an und schmunzelten ein wenig. Vater nahm mich lachend in die Arme und sagte: „Unser gescheites Dirndl!"

Seine Feststellung löste bei mir große, sehr große Freude aus, und deshalb versuchte ich immer öfter, in jeder erdenklichen Weise „gescheit" zu sein. Zwar sagten sie, dass es für ein Dirndl nicht gut wäre, wenn es so viel denke, und dass ein Dirndl lieber die Arbeit lernen sollte, um einen Mann zu bekommen. Das sagten auch Großmutter und Großvater, dass das für ein Dirndl das Wichtigste überhaupt sei.

Dezember – eine geheimnisvolle Zeit

Ich mochte es, wenn es bitterkalt war, wenn Eisblumen auf den Fensterscheiben blühten. Dann zeichnete ich die Tiergestalten, Farne, Sterne und Monde auf den Scheiben mit den Fingern nach. Die Eisblumen an den Fensterscheiben zerflossen, sobald es in der Küche warm wurde.

In den Wochen vor Weihnachten saßen wir nach dem Abendessen meist länger als sonst um den Tisch, im Backrohr brutzelten Bratäpfel, und Vater erzählte Geschichten. Mitten im Gespräch fragte er: „Hat jetzt ein Glöcklein gebimmelt?" – „Vielleicht fliegt das Christkind vorbei …", ergänzte Mutter, „oder die Habergeiß* ist mit ihrem Buckelkorb* unterwegs, die sammelt schlimme Kinder ein." Ich hatte die Habergeiß nie gesehen, aber angeblich war sie eine Geiß mit weißem Fell, die aufrecht ging wie ein Mensch, mit einem Korb auf dem Rücken. Man musste sehr brav sein, damit man von ihr nicht mitgenommen wurde!

Ich fürchtete mich schon, wenn ich eine Kette rasseln hörte, obwohl wir nie den Nikolaus oder Krampus zu sehen bekommen hatten. Bei uns legte der Nikolaus am Abend des 5. Dezember für jedes Kind ein Säckchen vor die Küchentür. Dann mussten wir nicht gleich ins Bett, sondern durften von Lebkuchen oder Nüssen essen. Günther sparte seine Lebkuchen auf; ich wollte nur ein bisschen kosten, aber ich kostete und kostete, bis nichts mehr übrig war.

„Jetzt gehen die Perchten wieder um", sagte Mutter. „Man darf nicht faul sein, denn Scheunen und Söller müssen sauber gekehrt sein, im Stall das Vieh muss genug Streu haben, sonst reden die Tiere in den Rauchnächten über den Bauern, und das gibt Unglück. In den Rauchnächten darf auch keine nasse Wäsche am Dachboden hängen, sonst stirbt jemand im Haus." – „Wie sieht denn die Percht aus?", wollte Monika wissen. „Das ist eine große, menschliche Gestalt mit einem ‚schiachen' Gesicht und Fetzenkleidern am Leib. Sie trägt einen Buckelkorb, in den sie schlimme Kinder und sogar Erwachsene steckt, und erst nach einem Jahr dürfen sie zur Familie zurück!"

Mutter konnte sich an eine Erzählung erinnern, dass vor hundert Jahren einmal ein Mann mitgenommen und erst nach einem Jahr zurückgebracht worden sei; danach sei er „nicht mehr richtig im Kopf" gewesen. Das war gruselig anzuhören, deshalb wickelte ich mich ein in mein Bettzeug und war froh, meine Geschwister im Schlaf atmen und seufzen zu hören.

In den Wochen vor Weihnachten backte Mutter Kekse, es roch nach Zimt und Kakao. Wenn ein Keks nicht gelungen war – ein bisschen zu dunkel gebacken oder nicht schön geformt –, durften wir ihn essen. Das Backrohr war hinten und vorne nicht gleich heiß. Es kam darauf an, dass man die Glut im Herd gleichmäßig verteilte und nicht vergaß, nach der halben Backzeit das Backblech umzudrehen; nur dann wurde das Backgut überall gleich braun.

Der 24. Dezember war für mich ein trauriger Tag. Die Eltern hielten sich stundenlang im Schlafzimmer auf, man hörte Rascheln und Flüstern. Günther behauptete, dass Vater einen Baum ins Schlafzimmer getragen hätte. Ich musste den Boden der Küche kehren und verlangte von Monika, dass sie die Kehrschaufel hielt. Sie wollte nicht, und wir stritten so lange, bis Mutter kam und uns mit dem Kehrwisch auf den Hintern schlug. Günther saß am Tisch und malte; er hatte ja keinen Bruder, der ihn hänselte, wie meine Schwester mich. Ich ging immer wieder auf den Gang, legte mein Ohr an die Schlafzimmertür und wollte durch das Schlüsselloch spähen. Ich war das traurigste und einsamste Kind der Welt.

Plötzlich machte Vater die Türe auf: „Das Christkind ist am Fenster vorbeigeflogen!" Ich spürte noch den Luftzug seiner Flügel. Langsam wurde es draußen dunkel, Mutter zündete den Docht der Petroleumlampe an, Vater holte die alte Eisenpfanne aus dem Keller. Er nahm glühende Holzstücke aus dem Herd, die er in der Pfanne schwenkte, damit die Glut noch einmal aufflackerte. Dann legte er ein paar Weihrauchkörner darauf und forderte uns auf, mit ihm durch das Haus zu gehen. Wir klopften an die Wohnungen unserer Nachbarn, und Vater räucherte in jeder Wohnung Küche und Zimmer. Die Nachbarn dankten ihm und wünschten uns frohe Weihnachten. Zum Schluss räucherten wir unsere Wohnung, dann stellte Vater die Eisenpfanne mit den Kohlestücken auf den Balkon, ein dünner Rauch stieg auf, dann erlosch die Glut. Die Zeit verging an diesem Tag viel zu langsam.

Wir aßen am Heiligen Abend Sauerkraut und Bratwürstel und tranken Tee, mit Nelken gewürzt. Nach dem Essen sangen Monika und ich „Stille Nacht", Vater verließ die Küche, bevor das Lied zu Ende war. Endlich bimmelte das silberne Glöckchen, die Tür zum Schlafzimmer stand offen, die Wunderkerzen* gaben dem Raum etwas Himmlisches. Als sie heruntergebrannt waren, reichten die Eltern jedem ein Geschenk, schön verpackt mit buntem Papier. Günther bekam einen Setzkasten mit Holzwürfeln, die man zu Märchenbildern zusammenstellen konnte, Monika und ich Gliederpuppen. Die eine Puppe hatte schwarze Haare, die zweite goldene Locken; sie trugen weiße Kleider mit Rüschen und rosa Bändern, wie Prinzessinnen. Wir spielten mit unseren Puppen, zogen ihnen die Prinzessinnenkleider aus und wieder an, und Vater half uns, ungewöhnliche Namen für sie zu finden.

Günther spielte mit dem Baukasten, aber plötzlich verbarg er seinen Kopf in Mutters Schoß. „Ich möchte auch lieber eine Puppe", sagte er. Vater tat geheimnisvoll: „Da muss ich schauen, ob das Christkind mit sich reden lässt." Günther hatte Glück, das Christkind hatte extra für ihn eine Stoffpuppe dagelassen. Eine Puppe mit hübschen, bunten Kleidern, einem lachenden Stoffgesicht, dem Augen, Nase und Mund mit Wollfäden aufgenäht waren, und mit roten Haaren, ebenfalls aus

Wollfäden. Er durfte seine Puppe mit ins Bett nehmen, während unsere Puppen in ihrem kostbaren Himmelbett bleiben mussten, weil sie zerbrechlich waren. Wenn man die Prinzessinnen fallen ließ, zersprang der Puppenkopf aus Porzellan.

Neues Leben im Haus

Eines Nachts wurde mein Bett in die Höhe gehoben. Vater und noch eine Gestalt, die ich nicht genau sehen konnte, trugen mein Bett aus dem Schlafzimmer. Die Tür zur Küche war offen, drinnen brannte die Petroleumlampe. Ich konnte erkennen, dass mein Bett im Gang stand. Ehe ich schreien konnte, war ich wieder eingeschlafen. Dann trappelten Pferdehufe, über die man Vaters Pantoffel gezogen hatte, über den Gang. Dieses Geräusch beruhigte mich, deswegen bemühte ich mich nicht mehr, die Augen zu öffnen, um zu sehen, was sich ereignete. Schlurfende Pferdehufe, flüsternde Stimmen, Laute, als ob jemand den Ofen heizte. Die quietschende Ofentür schlug zu, dann stürzte ein Wasserfall neben mir nieder, und immer wieder trugen mich Wogen von Schwindel in den Schlaf.

Es war schon Tag, als Vater vor meinem Bett stand. Er hatte eine weiße Schürze umgebunden, lachte und sagte: „Kinder aufstehen, der Storch hat uns in der Nacht ein Mädchen gebracht!"

Eilig kugelten wir aus unseren Betten. Wir durften in das Schlafzimmer, um das neue Schwesterchen zu sehen. Ein wilder Schmerz bohrte sich in mein Gemüt, denn Mutter hielt ein kleines, hässliches, rotes Kind im Arm, das in einem weißen Steckkissen lag. Sie streichelte lächelnd das kleine Gesicht. Mein Bruder gab mir einen Stoß, er wollte näher zu Mutter, Vater nahm Monika auf den Arm, um ihr das Schwesterchen zu zeigen, da ging ich enttäuscht in die Küche.

Jetzt hatten wir noch eine „Kleine" mehr, als ob es nicht genug wäre, immer auf Monika, die um zwei Jahre Jüngere, Rücksicht nehmen zu müssen! „Sei gescheiter, gib nach!", mahnte Mutter den ganzen Tag, „sie ist die Kleinere!" Einmal musste man „die Gescheitere" sein, musste der Kleinen den Vortritt lassen, ihr ja nicht wehtun! Dann wieder war es „nicht gut", wenn ein Mädchen „zu gescheit" war.

Dieses neue Kind hatte rote Haare wie Großvater, die Eltern gaben ihm den Namen Martha.

Jetzt kam zu uns jeden Tag eine „Arbeitsmaid" aus dem BDM-Lager*, um Mutter bei der Arbeit zu helfen. Käthe, unsere Maid, war aus Köln, sie war lustig und sehr tüchtig. Sie nahm sich viel Zeit für uns Kinder, lachte über unser kindliches Geplapper und übersetzte manches in ihren Kölner Dialekt.

Nachmittags, sobald die Küche aufgeräumt und die Windeln gewaschen waren, gingen wir zum Ziegler einkaufen; in dieser Zeit konnte Mutter sich erholen. Käthe nahm Monika und mich mit, hielt uns an der Hand, und wir erzählten uns abwechselnd Geschichten. Nie sagte sie zu mir, dass ich aufhören sollte zu fragen, weil sie müde sei.

Käthe lebte im BDM-Lager. In den Kriegsjahren 1939 bis 1945 waren junge Frauen im gesamten Deutschen Reich zum Arbeitsdienst* verpflichtet; ihren Dienst leisteten sie bei kinderreichen Familien oder bei Bauern. Trotz dieser Dienstverpflichtung und obwohl sie von daheim keine Hausarbeit gewohnt war, verrichtete Käthe jede Arbeit mit Freude und zur Zufriedenheit meiner Eltern. Als Lohn bekam sie täglich fünfzig Pfennig und das Essen gratis. Die Maiden gaben in den Gastfamilien die Lebensmittelmarken ab, auf denen die „Zuteilung" der fünf Wochentage ersichtlich war.

Das Arbeitslager lag am rechten Ufer der Taurach und bestand aus Baracken. Morgens machten die Maiden „Körperertüchtigung" im Freien. An Samstagabenden hörte man Tanzmusik aus dem Festsaal. Die Maiden luden Männer ein – Vater sagte, es seien Offiziere von der SS –, und wenn man am Lager vorbeiging, hörte man Musik und Lachen. Die Maiden spielten Theater und luden die Bevölkerung dazu ein.

An Sonntagen marschierten sie singend, in Reih und Glied, nach Radstadt. Sie trugen braune Kostüme* und eine braune Krawatte. Das sah fesch und schneidig aus, junge deutsche Mädchen mit langen, blonden Zöpfen, wie Hitler das mochte.

An Wochentagen hatten sie hellblaue Kleider aus Leinen an, um die Mitte einen Gürtel; am Ausschnitt zierte eine Brosche, auf der „BDM" eingraviert war, das schlichte Kleid. Eine dunkelblaue Strickweste gehörte zu dieser Ausstattung. Vorschrift war, dass die Maiden wöchentlich ihren Arbeitsplatz wechselten, Käthe verstand es jedoch, immer wieder zu uns eingeteilt zu werden.

Eine kulinarische Tauffeier

Die Taufe von Martha wurde geplant. Unsere Patin Lisi, die uns alle zur Taufe getragen hat, sagte, sie komme in Begleitung ihrer Mutter. Auch Mutters Eltern und der Vater meines Vaters – er war seit vielen Jahren verwitwet – waren eingeladen.

Vater, Käthe und Mutter berieten, wie man die ganze Familie verköstigen konnte, ohne dass jemand hungrig vom Tisch gehen müsse. In dieser Zeit musste man von dem Wenigen leben, das man auf Lebensmittelkarten bekam. Der Kaufmann durfte nur verkaufen, was von Amts wegen zugeteilt war. Das waren für Kinder ein paar Gramm Butter, Mehl oder Hülsenfrüchte mehr als für Erwachsene. Wir waren jetzt vier Kinder, deswegen bezogen wir vier rosarote „große" Lebensmittelkarten. Zur Geburt Marthas bekamen wir eine Dose „Nestlé-Kindernahrung" und ein Stück milde Seife als Geschenk.

Vater wurde von seinen Arbeitgebern verköstigt, deshalb waren wir besser dran als unsere Nachbarn. Durch Vaters Ration war ein bisschen mehr in der Einkaufstasche. Trotzdem war die Pfanne in der Mitte des Tisches, aus der wir alle aßen, schnell leer, und ich hatte nie das Gefühl, satt zu sein. Mutter wartete meistens, bis wir den Löffel aus der Hand legten, dann kratzte sie die Kruste vom Boden der Pfanne. „Gut", sagte sie, „ist das gut! Das Beste ist auf dem Pfannenboden!"

Der Bruder meines Vaters, Onkel Adam, war Bauer auf dem Hof, von dem mein Vater stammte. Seine Frau Veronika war eine freundliche Frau. „Wenn ihr wieder einmal gar nichts habt", so sagte sie, „dann kommt einfach!" Wenn wir zu Besuch waren und uns an ihrem Tisch satt gegessen hatten, an dem schon acht Kinder, Onkel, Tante und Großvater genug bekommen mussten, gab sie uns noch ein Stück Butter, ein paar Eier oder eine Kanne Milch mit nach Hause und einen halben Brotlaib, selbst gebacken im Steinofen vor dem Haus.

Sie zeigte uns im Stall die große Muttersau, um die rosig und quirlig die Ferkel kugelten. Die Sau lag auf dem Stroh, ihre Kleinen stießen sich gegenseitig und rauften um die Milchquelle, um die Zitzen. „Eines oder zwei davon werden wir bei der Zählung verstecken, dann bekommt ihr wieder ein Stück Fleisch oder Speck", versprach sie. Sie steckte ein Glas Honig in Mutters Tasche und zwinkerte mit den Augen, was bedeutete: „Ist schon gut!" Tante Veronika liebte ich sehr, obwohl sie immer ein nasses Kinn hatte und Pickel drauf.

Auf dem Heimweg erzählte Mutter von der Familie, aus der unser Vater stammte: „Da waren sieben Brüder und sechs Schwestern. Onkel Adam war der Älteste, er hat den Hof geerbt. Als eure Großmutter starb, waren ihre Kinder zwar schon erwachsen, aber eine Mutter stirbt immer zu früh. Sie hat nicht mehr gelebt, als ich euren Vater kennengelernt habe. Sie soll eine sehr stolze Frau gewesen sein, so erzählen die Leute. Sie hätte sicher nicht erlaubt, dass euer Vater mich armes Dirndl heiratet", sprach sie mehr zu sich selbst. „Aber warum", fragte ich, „sie waren doch auch arm?" – „Ja, das schon, aber euer Großvater war ein Handwerker, und es durften alle seine Söhne ein Handwerk lernen, darauf sind sie stolz. Meine Brüder sind nur Bauernknechte oder Waldarbeiter und meine Schwestern und ich nur Dienstboten."

Um die Taufe auszurichten, brauchte Vater nicht bei seinen Verwandten um Lebensmittel zu bitten, denn Käthe hatte eine Idee: „In Köln gibt es sogar in feinen Restaurants Froschschenkel zu essen." Vater war sofort begeistert. Ein Sumpf, wo hunderte Frösche quakten, war in der Au, ganz in der Nähe. „Wie macht man die Froschschenkel?", fragte Mutter. „Man zieht ihnen die Haut ab und paniert sie", sagte Käthe.

Am Samstag gingen Günther, Monika und ich mit Vater zum Teich. Vater trug eine Hacke und einen großen Sack, und ich war neugierig, was nun geschehen sollte. „Günther, fang die Frösche und gib sie mir her!", rief Vater. Er suchte einen Baumstumpf, auf dem er den zappelnden Tieren zuerst den Kopf und dann die Beine abhackte. Die Froschschenkel kamen in den Sack, der Kopf blieb liegen. „Bist du gemein!", schrie ich. „Die Viecher spüren nichts, ich hacke ihnen zuerst den Kopf ab", rief Vater. Ich nahm mir vor, von dieser Schlachterei keinen Bissen zu essen.

In der Nacht hüpften die glitschigen Froschköpfe mit den glotzenden Augen zu mir auf die Bettdecke, sahen mich flehend an und belagerten mein Bett; immer mehr Augen bewegten sich auf mich zu, bis ich gellend aus dem Schlaf fuhr. „Unsere Kathi macht mir Sorgen", sagte Mutter, nachdem sie mir versichert hatte, dass die toten Frösche sich bestimmt nicht mehr rührten. „Dieses Geschrei jede Nacht, jede Kleinigkeit regt sie so auf, dass sie davon träumt und schreit."

Käthe ersuchte die Lagerleiterin, ob sie am Sonntag bei uns Dienst machen dürfe, weil sie zur Tauffeier kochen müsse. Sie hatte schon am Samstag die Froschschenkel kurz in kochendes Wasser gelegt; so ließ sich die Haut abziehen. Mutter wälzte sie in Ei und Brösel und legte sie in eine große Schüssel. Die Taxerbäuerin spendierte ein paar Kilo Kartoffeln und einen Tiegel Schweineschmalz.

Voll Freude erwartete ich den Besuch, vor allem freute ich mich auf Patin Lisi und ihre Mutter. Sie hatten versprochen, dass sie zum Fest eine Torte backen würden. Eine Torte! Wir kannten eine Torte nur von Bildern. Mutter machte höchstens einen Zopf oder einen Gitterkuchen, und der war so trocken, dass man ihn in Milch tunken musste, um davon abbeißen zu können, weil man mit Butter sparen musste.

Ein langer Vormittag war endlich vorüber, die Taufgesellschaft kam aus der Kirche zurück. Vater, Godn* Lisi mit Martha im Arm, Lisis Mutter, die Großeltern und der Walcher-Großvater. Der Taxerbauer, hatte sie im Pferdegespann von der Kirche abgeholt, damit die alten Leute den weiten Weg nicht zu Fuß gehen mussten. Feierlich und mit Glückwünschen für das Kind legte Godn Lisi das Bündel im weißen Steckkissen meiner Mutter in die Arme.

Ich war schon um das Gepäck herumgeschlichen und hatte mich gefragt, wo sie die Torte aufbewahrt haben könnte, vielleicht in einer Schachtel? Mehr und mehr war ich einverstanden mit der Anwesenheit unseres neuen Kindes, das meine Mutter mit seinem Geschrei auf Trab hielt, weil es zur Taufe Torte und gutes Essen gab.

Käthe und Vater backten in der Küche die panierten Froschschenkel in Schmalz heraus, und damit den Gästen die Zeit nicht zu lang wurde, forderten diese mich auf, etwas vorzulesen. Vater hatte verraten, dass ich schon lesen konnte, obwohl ich erst im Herbst in die Schule kam. Das ließ ich mir nicht zweimal sagen. Ich schlug das Lesebuch meines Bruders auf und las Seite um Seite, von vorne bis hinten, wo nicht nur Buchstaben, sondern richtige, lange Geschichten geschrieben waren.

Am Tauftag von Martha lobten mich die Verwandten pausenlos, ich war der Mittelpunkt und beinahe hätte ich auf Torte und gutes Essen vergessen, so unersättlich war ich auf das Staunen, auf die „Oh!" und „Ah!" der Verwandten oder auf ein „Ist das ein g'scheites Dirndl!" aus.

Mutter deckte den Tisch, ich legte das Besteck auf, hocherfreut nahmen alle Platz. Jetzt war auch Günther wieder da, auf ihn hatte ich ganz vergessen.

„Was gibt es Gutes?", fragte Großmutter. „Wird nicht verraten", rief Vater. Er hatte vor Freude und Anstrengung ein rotes Gesicht. Das Rätselraten hörte nicht auf, und niemand kam dahinter, was berghoch und resch gebacken in der großen Schüssel aufgeschichtet war, bis Vater, als alle sich zufrieden die Münder abgewischt hatten, rief: „Das waren panierte Froschschenkel!" Dann musste Käthe erzählen, woher sie kam, und dass dieses Gericht in Köln sogar in feinen Lokalen angeboten wurde.

Ich aber hatte beim Essen gar nicht mehr daran gedacht, was ich aß – so wunderbar war es, fettes, üppiges Essen zu haben und so satt zu sein, wie schon lange nicht mehr.

Die Erwachsenen hatten sich viel zu erzählen, wir Kinder wurden völlig vergessen, weshalb ich meinen Bruder überredete, mit mir in den Keller zu gehen, um nachzuschauen, ob dort vielleicht die Torte aufbewahrt war. Allein getraute ich mich nicht in den dunklen Keller, überall konnten Gespenster, Mäuse oder Ratten auf kleine Kinder lauern.

Günther hatte aus Vaters „Nachtkastl" eine Taschenlampe organisiert. Wir leuchteten den Keller aus, vom Lehmboden bis zu den Gewölben; das Licht der Taschenlampe wanderte an den gemauerten Wänden auf und ab, aber eine Schachtel mit Torte fanden wir nicht.

Gerade, als wir in die Küche kamen, erzählte die Mutter unserer Patin, diese schöne, alte Frau in schwarzer Bauerntracht mit gelber Seidenschürze, dass sie zwar eine Torte gebacken, dabei aber leider Salz statt Zucker „erwischt" hätte.

Alle lächelten verlegen. Uns war schon das Wasser im Mund zusammengelaufen, Mutter aber hatte das Kunststück zuwege gebracht, einen Milchzopf zu backen, den sie jetzt auftischte. Milch und zwei Eier hatte sie von der Sonneggbäuerin bekommen. Als die Besucher weg waren, sagte Mutter: „Dieser alten Hexe habe ich sowieso nicht getraut, dazu kenne ich sie schon zu lange. Sie ist viel zu geizig, eine Torte zu spendieren."

Kinderängste und Todessehnsucht

Bald nach der Taufe wurde Käthe krank, und Mutter war für die ganze Arbeit wieder allein zuständig. Die BDM-Einsatzleitung teilte uns mit, dass sie keinen Ersatz für Käthe habe. Deswegen schickte Mutter mich wieder früh am Morgen, noch bei Dunkelheit, nach Radstadt zum Einkaufen, wenn es einen „Aufruf"* für gewisse Lebensmittel gab.

Kein Mensch wusste, welche Ängste ich auf dem Weg auszustehen hatte. Hinter jedem Baum, hinter jedem Heustadel sah ich Schemen, drohende Gestalten, die auf mich warteten, um mich zu erschrecken. Mein Herz klopfte zum Zerspringen, manchmal dachte ich daran, umzukehren, aber das war ausgeschlossen – wir hätten nichts zu essen gehabt.

Einmal sah ich in der Dämmerung eine Gestalt hinter einem Stadel hocken, die Hosen heruntergelassen. Ich verlangsamte

meinen Schritt, spähte, sah nur Umrisse. Schon wollte ich fort-
laufen, den Weg über die Wiesen nehmen, aber in den Wiesen
liefen Drainagegräben, die ich mich nicht zu überspringen
traute. Zögernd ging ich weiter, die Gestalt löste sich auf.

Später meinte ich, Schritte zu hören, mir wurde heiß und
kalt. Hinter mir kam eine Frau, die ebenfalls zum Krämer ging.
Schlimm war es, wenn ein Hund des Weges kam, denn vor
Hunden hatte ich panische Angst. Meistens beachteten mich die
Tiere gar nicht, ich aber lief zitternd weiter.

Wenn ich beim Ziegler – so hieß unser Krämer in Radstadt
– angekommen war, stand schon eine Schlange Wartender vor
der Tür. Ich stellte mich als Letzte in die Reihe, aber immer wieder drängten sich später gekommene Frauen vor. „Ein Kind
hat Zeit zu warten", sagten sie, ohne daran zu denken, dass ich
schon eine Stunde Fußmarsch hinter mir hatte. Die ausgestan-
dene Angst dehnte diese Zeit, als wäre ich viele Stunden weg
von daheim. Wenn Martha schlief, kam Mutter, um mich beim
Ziegler abzuholen. Meist hatte ich mich bis nach vorne durch-
gekämpft, und sie musste nicht mehr lange warten, bis wir an
der Reihe waren. Für mich war es eine Auszeichnung, wenn wir
zwei im Eilschritt heimwärts liefen. Ich sah mich als die große
Tochter, Mutters große Stütze, und alle Angst war vergessen.

Wenn wir dann zu Mittag aßen, und Mutter uns zuschaute,
wie gut es uns schmeckte, fing sie wieder mit der Geschichte
vom verstorbenen Bruder an: „Wenn ich nur draußen gesessen
wäre", klagte sie. Ich hoffte vergebens, dass sie einmal merken
würde, wie sehr ich unter ihrer Trauer litt.

Mir verging der Hunger, aber meist blieb ich in ihrer Nähe,
und sie spann die Geschichte weiter: „Ernst hat vor dem Haus
mit den Nachbarkindern gespielt, ich hab' sie lachen und
schreien gehört. Für ihn und mich hab' ich fünf kleine Knödel gekocht. Dann hätt ich ihn zum Essen hereinholen wollen,
aber draußen war's auf einmal still. Es war Frühling, die Kalk-
grube war voll Schneewasser. Meine Ahnung hat mich nicht
getäuscht. Ich hab' einen Stecken aus dem Zaun gerissen und
damit im Schneewasser gerudert. Der Stecken hat sich an seinen
Hosenträgern verfangen, ich hab' den Buben zu mir hergezogen

und herausgehoben. Er war schon tot!" „Wenn ich nur draußen gesessen wär'", wiederholte sie, „ich hab' nichts zu tun gehabt, hab' nur gestrickt."

Das tote Brüderchen mit blonden Locken und hellen Augen, das so gescheit gewesen war, das mit zwei Jahren das Vaterunser beten konnte. Vielleicht sollte ich Jesus bitten, dass er mich holt und das tote Kind wieder zurückgibt. Ob sie sich dann wieder freuen könnte?

Bald nach Kriegsbeginn wurde der Religionsunterricht in der Schule verboten. Deshalb kam unser Pfarrer, ein alter, freundlicher Herr, in der Pause ins Klassenzimmer und fragte: „Wer geht in die Kirche zum Religionsunterricht mit?" Ich wollte gerne von Jesus hören und meldete mich, meine Freundin Wetti kam ebenfalls mit. Wir waren eine kleine Gruppe von Kindern, die der Pfarrer im Katechismus unterrichtete.

Himmel und Hölle – wie mir das imponierte, und wie sehr ich „die Sünde" fürchtete. Es durfte mir nicht passieren, dass ich so große Fehler machte, dass Gott mich verdammte. Der freundliche, alte Herr erzählte aber auch von Jesus, und wie sehr dieser uns Kinder liebt. Weil sich der Herr Pfarrer meine Geschichten anhörte, erzählte ich von daheim: dass wir eine rothaarige Martha haben, dass unser Ernst ertrunken ist und dass ich für meine Mutter einkaufen gehe. Dann lobte er mich und stellte mich als Beispiel hin. In seinem Wohlwollen war meine kindliche Seele wie Wachs.

Käthe war nun schon seit Wochen krank; niemand wusste, was ihr fehlte. Wieder einmal ging ich allein von der Schule heim und versuchte mir das tote Brüderchen vorzustellen, um das Mutter jeden Tag klagte.

Ich war traurig – über Mutters Trauer und über meine Verlorenheit –, ich ging, ohne auf den Weg zu achten, bis ich merkte, dass ich vor dem Arbeitslager stand. Jetzt wollte ich nicht mehr nach Hause, weil ich viel zu spät dran war. Bestimmt würde ich zur Strafe nichts mehr zu essen bekommen. Ich beschloss, den Abend und die Nacht in der Nähe des Lagers zu bleiben, in der Nähe von Käthe – da trat sie aus dem Tor.

Sie umarmte mich, sagte, sie gehe jetzt zu meiner Mama, um ihr mitzuteilen, dass sie ab sofort wieder arbeiten könne. „Aber warum bist du so spät am Nachmittag nicht zu Hause, kommst du erst jetzt von der Schule?" – „Ich wollte zu dir." Mehr zu sagen war mir nicht möglich.

Als Mutter Käthe sah, war sie hocherfreut, sie vergaß, mich zu schimpfen, fragte nur, warum ich zu Käthe ins Lager statt heim gegangen sei. „Ich habe gewusst, dass Käthe wieder gesund ist." – „Aber wieso hast du das gewusst?", fragte Mutter. „Einfach so." – „Sie ist ein besonderes Kind", sagte Käthe.

Wenn Martha in ihrem Körbchen schrie, musste ich sie beruhigen. Das Körbchen stand auf dem Diwan, ich hatte es leicht zu bewegen. Auf diese Weise beruhigte sich der Fratz meistens und schlief ein. Oft aber dauerte mir das Geschrei viel zu lange. Als ich einmal nachsehen wollte, ob sie sich endlich beruhigt hatte, zog ich den Korb näher heran, da war das Kind verschwunden. Ich war so überrascht, dass ich kurz dachte: „Endlich ist der Fratz nicht mehr da", als Martha, auf dem Boden liegend, laut zu brüllen anfing. Ich hatte den Korb so schräg gestellt, dass sie in ihrem Kissen über den Rand hinausgerollt und auf den Boden gefallen war.

Mutter hob sie auf, tastete das Köpfchen ab. Sie war außer sich und schrie: „Wenn das Kind ein Idiot wird, bist du verantwortlich, dann kannst du dein Leben lang für Martha arbeiten!" Günther und Monika standen mit großen Augen dabei, als Mutter die Rute holte, mich auszog und auf mich einschlug, dass mein Körper brannte wie Feuer. Statt des Abendessens stieß sie mich vor sich her ins Zimmer. Entsetzt über meine Tat und über die Härte der Strafe wünschte ich, in dieser Nacht zu sterben. Ich bat das Jesuskind, mich zu meinem Bruder Ernst in den Himmel zu holen.

Um mich zu strafen, sprach Mutter einige Tage nicht mit mir. Ich hatte keinen Namen, hieß einfach „du". Sie erwiderte meinen Gruß nicht, sagte nur mit harter Stimme: „Du gehst heute einkaufen, und dass du sofort heimkommst!"

Ich fühlte mich Martha gegenüber schuldig und wollte für meine Schuld leiden. Wie viele Gespenster mir auch begegneten, mir konnte nichts passieren, was mir mehr Angst machte als meine Schuld an Martha, die vielleicht schon ein Idiot war und für die ich ein Leben lang arbeiten würde. Immer wieder forschte ich in Marthas Gesicht, ob man schon sehen könne, dass sie ein Idiot geworden sei. Sie aber war vergnügt und gab drollige Laute von sich, bis alle lachten.

Als Vater am Samstag von der Arbeit kam, war mein Vergehen an meiner Schwester das Hauptthema. Vater nahm Martha aus dem Körbchen, spielte mit ihr, und sie jauchzte vor Vergnügen. Vater sagte: „Bei dem Sturz aus dem Körbchen ist der Kleinen nichts geschehen. Ein kleines Kind fällt weich wie eine Katze, und einen Schutzengel hat es obendrein. Du brauchst keine Angst zu haben, Kathi, dass sie ein Idiot wird."

Woher kommen die kleinen Kinder?

Thea fragte mich, ob ich wisse, dass Elisabeth, die verheiratete Tochter unseres Hausherrn, ein Kind im Bauch habe und wie das Kind in den Bauch hineingekommen sei. „Vom Storch", vermutete ich. „Bist du dumm", sagte sie, „ich sage es dir: Sie und ihr Mann liegen im Bett ganz nah beieinander, manchmal liegt er sogar oben drauf. Das machen sie jede Nacht, und jetzt wächst ein Kind in ihrem Bauch." Auf meine ungläubige Frage „Woher weißt du das?", ergänzte sie: „Der Karli hat ihnen zugeschaut."

Das musste ich sofort meiner Schwester Monika erzählen. Dieses Geheimnis war aufregend, und die Erwachsenen sollten nicht denken, dass wir kleine Kinder waren, die das Märchen vom Storch noch länger glaubten! Wir durften aber Karli nicht verraten, deswegen spielten wir weiter die unwissenden Kinder.

Einen großen Schreck bekam ich, als ich sah, dass Mutter wieder einen großen Bauch vor sich hertrug, der fast bis auf die Herdplatte reichte. „Warum hatte ich nicht gemerkt, dass auch meine Eltern so nahe beisammenliegen?", fragte ich mich. „Ich sollte besser aufpassen statt zu träumen und im Schlaf zu schreien. Schon wieder ein kleines Kind, das Tag und Nacht die

Zeit unserer Familie für sich allein verbraucht. Ich muss dann wieder früh um sechs im Dunkeln zum Ziegler, weil Mutter die kleinen Fratzen nicht allein lassen kann."

Der einzige Vorteil war, dass wir Käthe noch lange behalten durften, weil Mutter allein den Haushalt nicht schaffte. Ich verbiss mir diesmal die Frage, warum ihr Bauch so weit über die Messingstange bis auf die Herdplatte reichte, ich wäre bei meiner Frage rot geworden, und sie hätte gefragt, warum ich rot werde.

Karli war ein sehr großer, dicker Bub, er hatte keinen Vater und keine Mutter, er wohnte mit seiner alten Großmutter im selben Haus wie wir. Die alte Frau war nicht seine echte Großmutter, sie hatte ihn nur bei sich aufgenommen. In ihrer Wohnung standen viele schöne Dinge: kleine Glasschränke mit zierlichen Vasen; Puppen in alten Kleidern saßen auf dem Sofa, auf der Kommode; es gab echte ausgestopfte Tiere, Hasen und Marder. Sie ließ uns Kinder in ihre Wohnung, und wir durften alles, was da stand und lag, in die Hände nehmen. Ab und zu schenkte sie uns ein Stück Zucker.

Karli war vierzehn, er besuchte die fünfte Volksschulklasse, weiter war er nicht gekommen. Er sagte: „Ich melde mich freiwillig in den Krieg, sobald sie mich nehmen."

Als Monika und ich einmal auf dem Anger spielten, kam er auf uns zu, tat geheimnisvoll und sagte, er und Thea wollten uns Kleinen etwas zeigen. Günther ging auch mit. Karli führte uns zur Scheune hinter dem Stallgebäude, wo auch Rechen, Schaufeln und Harken aufbewahrt wurden.

Thea lag auf dem Heu, sie ließ sich von Karli das Höschen ausziehen. Sie lagen ganz nah beisammen, auch Karli hatte seine Hose ausgezogen. Thea schloss die Augen, Karli grinste. Ich rechnete nach, wie viele Jahre es noch dauerte, bis ich eine Frau sein würde, und eine Welle der Freude schlug über mir zusammen. Wellen liefen durch meinen Körper, als wäre ich ein Fluss, geheimnisvoll, bewegend und gut, mein Herz klopfte zum Zerspringen. Da bemerkte ich durch ein Astloch im Gebälk, dass Mitzi, die älteste Tochter unseres Hausherrn, sich der Scheune näherte.

Sie sah uns argwöhnisch an: „Warum habt ihr das Tor verriegelt?", fragte sie und dirigierte uns vor unsere Mütter, um uns der gerechten Strafe zuzuführen. Mir schien es, als wäre sie glücklich, uns überführt zu haben, obwohl sie nicht wissen konnte, was wir getan hatten.

Bestimmt glaubte keine der Mütter die hastig hingeworfenen Schilderungen, die wir stotternd zum Besten gaben, hatten wir doch alle vor Verlegenheit und Aufregung rote Gesichter und konnten ihnen nicht in die Augen schauen. Karlis Großmutter war nicht zu Hause. Er machte sich, schlau wie er war, aus dem Staub.

Mutter sprach den ganzen Abend nicht mit uns, sie war sehr ernst und nachdenklich, wir mussten ungewöhnlich früh ins Bett. Nach einiger Zeit kam sie zu mir, um mit leiser Stimme zu fragen, was wir im Stadel getan hätten. Ich war froh, dass es im Zimmer fast dunkel war, so fiel mir das Leugnen leichter: „Mama, der Karli hat uns sein Pipi gezeigt, aber das habe ich schon bei Günther gesehen." – „Sonst nichts?" – „Nein."

Mutters Bauch wurde schnell größer, sie war oft müde und traurig. Zum Glück gab es Käthe, die Eimer voll frischem Wasser vom Brunnen herauf- und das gebrauchte Wasser wieder hinausschleppte, die zum Ziegler eilte, der nie etwas zu viel wurde. Sie war immer guter Laune, lachte mit uns und lehrte uns deutsche Gedichte und Lieder.

Es war an einem Sonntag im März 1943. Wir Kinder wurden von Vater geweckt, dann saßen wir in der Küche. Er hatte Frühstück gemacht, ging glücklich lächelnd und leise zwischen Küche und Schlafzimmer hin und her und sagte, der Storch habe uns heute ein Brüderchen gebracht. Wieder einmal hatte ich so wichtige Dinge verschlafen! Warum hatte Vater uns dieses Mal nicht mitsamt dem Bett aus dem Zimmer getragen?

Wie ein Gong erklang vom Stiegenhaus her Gesang, ein Lied erfüllte das ganze Haus. Vierzig Arbeitsmaiden waren lautlos die Treppe heraufgehuscht, hatten sich im Gang aufgestellt und ein Wiegenlied angestimmt. „Guten Abend, gut' Nacht, von Englein bewacht …"

Die Schlafzimmertür stand offen, Mutter lag im Bett, sie hatte das Brüderchen im Arm und lächelte. Käthe bat, ob sie das Neugeborene sehen dürfe. Vater legte es ihr in den Arm, und dann wollten alle Maiden das Kind in den Armen halten, es bestaunen und liebkosen. Aus Rührung und Freude stimmte der BDM-Chor noch einmal ein Lied an; es war wunderschön anzuhören. Die anderen Hausbewohner standen in den Gängen und auf der Stiege, riefen, klatschten und freuten sich, ich fühlte mich festlich und froh, so als ob es nie mehr etwas anderes als Freude geben könnte.

Die Eltern waren vor Glück und Stolz außer sich, Vater schenkte den Maiden „ein Schnapserl" ein. Dann waren, schwupp, die vierzig Mädchen wieder weg, lautlos, als wären sie hinuntergeschwebt wie Engel.

Dieses Feiertagsgefühl hielt noch an, denn Vater bekam zur Geburt seines Sohnes einen freien Tag. Er musste das Kind auf dem Standesamt anmelden, deshalb begleitete er Günther und mich zur Schule. Aber gegen Abend musste er wieder zu seiner Dienststelle nach Salzburg fahren.

Unser kleiner Bruder hieß Manfred. Mutter hätte ihn lieber Johann getauft, wie seine beiden Großväter, aber Vater sagte, er wolle nicht so einen altmodischen Namen.

Mutter stand nach wenigen Tagen auf, obwohl es die Hebamme nicht erlaubt hatte. Sie sagte, dass sie im Bett nur schwächer werde, und außerdem: Eine Geburt sei keine Krankheit! Ich sah ihr zu, wie sie sich die langen Zöpfe flocht und wieder um den Kopf wickelte. Da bemerkte ich, dass sie im Stehen zitterte, sie musste sich setzen. Sie war sehr mager, das Kleid hing an ihr wie an einer Stange.

Käthe hatte etwas Rahm organisiert. Sie kochte eine kräftigende Suppe, holte ein Rexglas mit Fleisch aus dem Keller und zauberte eine gute Mahlzeit auf den Tisch, aber Mutter aß nur wenig. Käthe sagte, dass Mutter sehr oft gehungert habe, damit die Kinder genug bekamen; deswegen war sie untergewichtig und sehr schwach. Sie konnte das Kind nicht stillen, saß teilnahmslos mit dem Kleinen im Arm bei Käthe in der Küche. „Ich werde aufpassen müssen auf sie", dachte ich und nahm mir vor, sie zu zwingen, dass sie mit mir die Essensrationen teilte. Ich wollte auf die Hälfte meiner Mahlzeiten verzichten, wenn nur Mutter wieder gesund würde.

Überraschend kam Vater am Mittwochabend heim. Käthe hatte ihn benachrichtigen lassen. Er war sehr besorgt, denn Mutter saß nur da und weinte, sie konnte nicht sagen, warum. Auch die Hebamme, die die Wöchnerin betreute, wusste keinen Rat.

Ich wollte ihr eine Freude machen und wusste auch schon, womit. Ich fragte Käthe, ob sie mir dreißig Pfennig schenke, mit dem Geld ging ich zum Gasthaus Höggen und kaufte eine Flasche Bier.

Den Flaschenverschluss öffnete Günther für mich, dann pflückte ich Gänseblümchen und steckte sie in die Flaschenöffnung. Voll Stolz über meine Idee stellte ich mich vor Mutter hin, Günther stand stramm und ebenso stolz neben mir, und wir sagten wie aus einem Mund: „Mama, bitte werde wieder gesund!"

Mutter war sehr gerührt und umarmte uns, sie schien sich sehr zu freuen. „Aber wie kommst du auf die Idee, eine Flasche Bier zu kaufen?", fragte sie. „Weil ich einmal von Vater gehört habe, dass man von Bier Kraft kriegt", antwortete ich. Als Vater heimkam, erzählte sie ihm, dass sie von uns Bier und Gänseblümchen bekommen habe und dass sie deshalb ganz schnell wieder gesund würde.

„Jetzt bekommst du von unserem Führer das Mutterkreuz", sagte Käthe, „für fünf Kinder das silberne." – „Ich brauche kein Mutterkreuz!", sagte Mutter aufgebracht, aber sie musste zu dieser Feier gehen, bei der ein Vertreter von Hitler die Mütter, die ihm Soldaten gebaren, ehrte. Als sie heimkam, riss sie sich das Kreuz mitsamt Kette vom Hals und schleuderte es fluchend auf den Boden. Käthe sah sie besorgt an. „Von mir aus kannst du das melden", sagte Mutter, immer noch erbost. Eine Zeit lang fürchtete ich, immer wenn sich eine Gestalt unserem Haus näherte, es könnte ein Soldat sein, der unsere Mutter abholte.

Dann brachte der Briefträger einen Brief, den Vater persönlich zu unterschreiben hätte. Mutter musste sich vor Aufregung setzen. Sie sagte, dass er in Salzburg arbeite und den Brief unmöglich an einem Wochentag zu den Schalterstunden abholen könne. Der Briefträger sah sie ernst an und fragte, ob sie die Unterschrift von Vater nachmachen könne. „Ja, warum nicht", entgegnete sie.

Dann öffnete sie den Brief und weinte. „Das ist ein Einberufungsbefehl", sagte sie tonlos. „Was ist ein Einberufungsbefehl", fragte ich. „Dass euer Vater in den Krieg muss. Wenn ich aber den Brief verschwinden lasse, dann bleibt er daheim ..." Käthe meinte, das solle sie lieber bleiben lassen, denn man würde die Unterschrift prüfen, und das könnte für sie und für den Briefträger schlimme Folgen haben.

Vater blieb gelassen, als er den Einberufungsbefehl gelesen hatte. „Mach dir nichts draus", sagte er, „zuerst komme ich für sechs Wochen zur Ausbildung nach Schwaz, dann sehen wir weiter. Außerdem muss ich erst im Spätherbst zur Ausbildung. Vielleicht kann Bertsch für mich etwas tun."

Zwei Schwestern: Wer ist gerecht?

Noch eine Folge hatte unser Familienzuwachs: Vater fragte den Hausbesitzer, ob wir das leerstehende Zimmer im Dachgeschoß als Kinderzimmer benutzen dürften. Dann bestellte er beim Tischler drei Betten, und wir drei Großen – Günther, Monika und ich – bekamen ein eigenes Zimmer und einen neuen Nachttopf.

Ich fragte Günther, was ich tun solle, falls ich mich wieder im Traum fürchtete; Mutter würde mich dann nicht schreien hören. Mein Bruder sagte kurz angebunden wie immer: „Jetzt bist du kein kleines Kind mehr. Wir haben ein neues Zimmer und sind schon groß."

Etwa um dieselbe Zeit kam überraschend Tante Klara zu uns auf Besuch. Sie war fast dreißig Jahre alt und noch unverheiratet. Sie redete und redete, dazwischen wurde sie von Weinkrämpfen geschüttelt, wahrscheinlich erzählte sie traurige Geschichten: „Sieben Mal bin ich ‚so' aus dem Spital entlassen worden." Schon wollte ich fragen: „Wie denn, Tante Klara?", als Mutter uns Kinder zum Spielen auf den Anger schickte.

Von diesem Tag an blieb Tante Klara bei uns; wir brauchten Käthe nicht mehr. Sie schlief, wenn Vater in Salzburg war, bei Mutter im Schlafzimmer und versorgte Tag und Nacht die zwei Kleinen, damit Mutter sich erholen konnte. Wenn Vater daheim war, kam Martha wieder ins Elternschlafzimmer, in ein Gitterbett, und Tante Klara schlief bei uns Großen im Dachzimmer.

Ich vermisste Käthe eine Zeit lang, aber Tante Klara liebte mich auch, das spürte ich, denn sooft meine Mutter sagte: „Schaut, wie schöne Haare Monika und Günther haben", entgegnete sie: „Aber die Kathi hat seidig glänzendes, feines Haar." Die Verzückung, die Mutter für Monikas und Günthers Haarpracht äußerte, übertrumpfte Tante Klara mit noch mehr Entzücken für mich. Auch musste ich nie mehr im Morgengrauen zum Ziegler einkaufen gehen.

Mutter war wieder bei Kräften, sie konnte ihre gewohnte Arbeit aufnehmen. Sie spann Wolle oder strickte Janker, die von Bekannten bestellt waren, und tauschte dafür Lebensmittel wie Butter, Schmalz oder Fleisch ein. Tante Klara kochte und putzte, trug das Wasser vom Brunnen herauf und kümmerte sich in der Nacht noch immer um die zwei Kleinen. Wenn sie Zeit hatte, strickte auch sie auf Bestellung. Sie und Mutter saßen beieinander, und ich passte genau auf, worüber sie redeten.

Über Dinge, die ich nicht verstand, grübelte ich nach, und oft konnte ich mir ein wenig später zusammenreimen, was gemeint war. So erfuhr ich aus ihren Gesprächen, dass Tante Klara einmal einen „Schatz" hatte, der reich war, in dessen Familie sie die Dienstmagd gewesen war. Er wollte sie heiraten, aber seine Mutter erlaubte es nicht, und Tante Klara wurde aus dem Dienstverhältnis entlassen. Ehe sie das Haus verließ, habe sie laut geschrieen: „Dir soll dein Geizkragen zuwachsen!" Seitdem sah ich mir Hemdkrägen, Blusenkrägen oder Mantelkrägen genau an, aber „Geizkragen" entdeckte ich keinen und getraute mich auch nicht, jemanden danach zu fragen.

Eine meiner Ahnungen wurde von der Tante selbst bestätigt, als sie eines Tages davon erfuhr, dass die reiche Dame an Speiseröhrenkrebs gestorben war. „Sie ist buchstäblich bei vollen Schüsseln verhungert, das ist Gottes gerechte Strafe!", erklärte sie. Jetzt war mir klar, warum man einen Geizkragen nicht sehen konnte – weil er innen war. Ich schluckte und schluckte, um zu probieren, ob es bei mir noch funktionierte.

Ab sofort teilte ich mein Jausenbrot in der Schule mit Kindern, die kein Brot hatten, ich gab meiner Schwester Monika die Hälfte meiner Semmel, wenn sie dies verlangte, obwohl wir selten Semmeln bekamen – bis Günther mich von meiner Angst befreite, dass mir mein Geizkragen zuwachsen könnte. Er sagte: „Kathi, du bist dumm! Du bist bestimmt kein Geizkragen, außerdem bist du keine Dame." Daraufhin schmeckte mir meine Semmel wieder über alle Maßen.

Wenn Tante Klara und Mutter von ihren Eltern redeten, hörte ich besonders genau zu, tat aber so, als ob ich mit meiner Puppe spielte oder Hausaufgaben machte.

„Unser Vater war immer gerecht", sagte Mutter. Tante Klara wurde sofort böse: „Weißt du nimmer, wie er unsere Mutter jeden Sonntag geprügelt hat, wenn er, voll mit Schnaps, vom Wirtshaus heimkam und seine Wut an ihr ausgelassen hat?"

„Früher haben die Männer geschlagen", entgegnete meine Mutter, „in allen Familien. Unser Vater ist verändert vom Weltkrieg heimgekommen, verändert und verbittert. So zornig, dass er hat schlagen müssen. Er hat auch die Tiere im Stall geschlagen." – „Du hast wohl vergessen, dass er mich einmal halb totgeschlagen hat, nur, weil ich bei der Nachbarin aus dem Kammerfenster geschaut habe, ich war damals erst vier Jahre alt. Wütend hat er geschrien, dass ich auf der Stelle kommen soll, ich hätt' in einer fremden Kammer nichts verloren. Die Nachbarin hat seinen Jähzorn gekannt und mich begleitet, aber er hat den Riemen schon in der Hand gehabt. Die Frau hat noch erklären wollen, dass *sie* mich in die Kammer mitgenommen hatte. Er hat ihr gar nicht zugehört, sondern hat mich so lange geschlagen, bis ich halb tot in Mutters Armen gelegen bin. Weißt du das alles nicht mehr?" – „Ich weiß das, aber bedenk doch: Unsere Mutter war schwanger, als er weg hat müssen, in den Krieg, und als er heimgekommen ist, warst du vier Jahre. Er hat vielleicht Zweifel gehabt, ob du sein Kind bist." – „Was kann ich dafür, wann ich geboren bin?" Tante Klara hob ihre Stimme: „Mutter hat ihn bestimmt nie betrogen, so wie er sie!"

„Das nicht, aber unsere Mutter war noch ungerechter", verteidigte meine Mutter ihren Vater: „Sie hat die ledigen Kinder unserer Brüder aufgezogen, aber mir hat man meinen Lois am zweiten Tag nach seiner Geburt weggenommen." – „Wer hat für dein Kind eine Pflegemutter gesucht und es am zweiten Tag nach der Geburt weggetragen? Wer? *Er* hat gesagt: ‚Diese Schand' kommt mir am zweiten Tag aus dem Haus!' Gegen ihn war unsere Mutter machtlos!", erwiderte die jüngere der Schwestern und blieb bei ihrer Ansicht, dass ihr Vater „ein Verbrecher" sei.

Wenn mir von diesen Ungeheuerlichkeiten schwindlig wurde, sagte ich, dass ich auf den Anger gehe zu den anderen Kindern. Aber dann hielt ich das Gelächter und Geschrei auf dem Anger nicht aus und setzte mich in einen Winkel auf der Tenne. Ich stellte mir Großvater und Großmutter vor, ihre guten alten Gesichter, und hörte ihre Frage: „Tuats wohl immer brav beten zum Jesuskind?"

Allein bei der Erstkommunion

Mit großem Eifer ging ich mit unserem Herrn Pfarrer zur Kirche, wenn er uns von der Schule zum Religionsunterricht abholte. Am „Weißen Sonntag"* sollten wir Schüler aus der zweiten Klasse die erste heilige Kommunion empfangen. Wir mussten aus dem Katechismus lange Abschnitte auswendig lernen. Man musste sich die Gnade, dass Jesus sich uns ganz schenkte, zuerst verdienen. Ich versuchte jetzt, ganz brav und „demütig" zu sein, auch Unrecht hinzunehmen, ohne böse Gedanken zu haben.

Viel zu langsam für meine Ungeduld kam Ostern und eine Woche später der große Festtag. Mutter hatte für mich ein weißes Kleid organisiert und in einem Geschäft einen weißen Kranz gekauft.

Man musste beim Empfang der Hostie nüchtern sein, davor durfte nichts gegessen oder getrunken werden. Dieses Opfer nahm ich gerne auf mich, allerdings ohne nachzudenken, wie es sein würde, wenn man eine Stunde zur Kirche ging, die Messfeier eine Stunde oder mehr dauerte und der Heimweg dann wieder eine Stunde. Es würde weit nach Mittag sein, bis ich etwas zu essen bekam. Meine Freundin Wetti sagte, so streng müsse man dieses Gebot nicht halten, sie würde in der Früh vor dem Kirchgang auf alle Fälle eine Tasse heißer Milch trinken. Ich aber, ich würde heroisch sein, solche Verführung zur Sünde focht mich nicht an. Jesus sollte seine Freude an mir haben!

Aber schon am Vorabend war mir schlecht vor Aufregung, Mutter wusch mir die Haare und flocht mir hundert kleine Zöpfe, denn wir Mädchen trugen an diesem Tag die Haare offen, und sie sollten nicht glatt herabhängen, sondern in Locken. Zum Flechten nahm sie Zuckerwasser, netzte damit die Haarsträhnen und flocht sie zu festen, kleinen Zöpfen. Ich zappelte vor Aufregung, denn die Kopfhaut spannte, und es tat sehr weh. Deshalb schlief ich kaum. Am Morgen löste sie die vielen Zöpfe, zog mir das weiße Kleid über, und Vater sagte: „Schön bist, Kathi!"

Da es aber am Weißen Sonntag winterlich kalt war, musste ich über das schöne weiße Kleid den grauen Wolljanker anziehen, den ich auch an Werktagen trug. Mutter gab mir aus dicker, weißer Schafwolle gestrickte Strümpfe, denn man konnte bei Schnee nicht die Sommerschuhe, die zum dünnen Kleidchen gepasst hätten, anziehen. Ich spürte, dass Strümpfe, Schuhe und Janker nicht zu diesem Festtag und schon gar nicht zum dünnen weißen Kleid passten, aber ich hatte Jesus versprochen, brav zu sein.

Auf dem Weg durch tiefen Schnee erinnerte ich mich an meine erste Beichte bei unserem gütigen Herrn Pfarrer. Ich hatte eine schwere Sünde begangen, die ich im Beichtstuhl bekennen musste. Vor Entsetzen über meine grauenvolle Tat bekam ich beim Sprechen keine Luft. „Ich habe einmal auf dem Schulweg, weil die Buben das verlangten, ein Vogelnest ausgeraubt und die junge Brut, die Vögel waren noch nackt, in den Abort geworfen." Ich duckte mich im Beichtstuhl, weil ich erwartete, dass der Herr Pfarrer vor Gram über meine Todsünde die Lossprechung verweigern würde. Dann wäre mir der Nachlass meiner Sünden verwehrt, so stand es im Katechismus. Ich war erleichtert und überrascht, als er sagte, dass es keinen Menschen gibt, der nie schuldig würde. Ich solle in Zukunft daran denken, dass es heißt: „Du sollst nicht töten!" In meiner großen Erleichterung hätte ich alles getan, was er verlangt hätte.

In der Kirche war ich wieder einmal die Erste, nur einzelne alte Frauen in Sonntagstracht saßen in den Bänken. Heute sollte sich die Kirche mit Erstkommunikanten und ihren Familien füllen. Ich setze mich in die erste Bank, und mir wurde schwarz vor Augen. Tapfer unterdrückte ich den Hunger, schluckte, um mich nicht zu übergeben.

Die Glocken läuteten schon, es kamen immer mehr Menschen herein, aber wo blieben meine Kameraden? Die Orgel begann mit einer feierlichen Melodie, ich drehte mich um und sah, dass meine Klassenkameraden paarweise, begleitet vom Herrn Pfarrer und vielen Ministranten, langsam und feierlich einzogen. „Wieso hast du dich nicht im Pfarrheim aufgestellt?", fragte Wetti, „wir haben extra auf dich gewartet. Sind deine Eltern nicht da?" Alle Kinder wurden von Eltern und Geschwistern begleitet, nur ich nicht. Wetti setzte sich zu mir, und ich wurde ruhiger.

Als wir aber in Zweierreihen zur Kommunionbank schritten, wurde mir vom Weihrauch erneut übel, ich empfing noch die Hostie – dann weiß ich nichts mehr.

Ich erwachte in der Sakristei, Wettis Mutter beugte sich über mich, fragte, ob ich wieder stehen könne und lud mich ein, mit in das Bräugasthaus zu gehen; dort sei das Essen bestellt. Ich sagte, dass mir meine Eltern kein Geld mitgegeben hätten, und dafür schämte ich mich so, dass ich am liebsten im Boden versunken wäre. „Das erledigen wir", sagte Wettis Vater, „du bist eine liebe Freundin unserer Tochter, wir freuen uns, wenn du mit uns gehst."

„Jetzt ist die Farbe wieder in dein Gesicht gekommen", sagte Wetti, als wir die Suppe gegessen hatten. Dann gab es eine Sem-

mel und ein Paar Würstchen. „Hast du heute in der Früh nichts
gegessen?", fragte Wettis Mutter. Sie hielt meine Hand und
sagte, dass es keine Sünde sei, wenn man vor der Kommunion
ein Glas heißer Milch trinkt.

Nach dem Essen fuhren wir in der Kutsche nach Hause, der
Vater meiner Freundin machte meinetwegen einen Umweg, um
mich persönlich meinen Eltern zu übergeben.

Mutter empfing mich mit den Worten: „Dirndl, wo bleibst du
denn so lange?" Sie grüßte und zog die Tür hinter uns zu. Die
zwei Väter standen noch lange vor dem Haus und unterhielten
sich.

Die Erwachsenen und der Krieg: Begegnungen und Abschiede

Im Krieg mussten Frauen ihre Männer hergeben, Mütter ihre
Söhne, Kinder ihre Väter. Aber es war noch nicht genug. Hitler
forderte das Volk auf, Kupfer und Gold abzuliefern.

In unserer Küche, neben dem Herd an der Wand, hing eine
Etagere mit drei Borden. Darauf standen Gefäße aus Porzellan,
schön verziert mit Blumenmustern. Mit verschnörkelter Schrift
stand auf den einzelnen Gefäßen: Mehl, Grieß, Kaffee, Polenta,
Gerste. In der unteren Reihe waren kleinere Gefäße für Ge-
würze wie Anis, Zimt, Koriander, Muskatnuss, Kardamom. Zu-
unterst hingen rechts und links an Nägeln Behälter für Zucker
und Salz.

Neben der Etagere hingen an einem Kupferdraht sechs
Schöpfer aus Messing und ein Kupferkessel. In dem Kupferkessel schlug Mutter Eiklar zu Schnee, oder sie rührte Teig darin.
Jetzt stand sie mit dem Fleischklopfer in der Hand vor der Etagere, warf den Kupferkessel auf den Boden und schlug mit dem
Fleischklopfer drauf. Sie war wütend, schimpfte und fluchte gegen „das Schwein". Ich fragte, was sie im Sinn hätte. „Wir müssen das Kupfer abliefern, Hitler braucht es." – „Und wenn du
es versteckst?" – „Das traue ich mich nicht, denn wir werden

in den nächsten Tagen kontrolliert, die Gestapo würde uns alle mitnehmen." Ich wusste nicht, was die „Gestapo" war, aber es hörte sich an wie „Gefahr".

Monika und ich begleiteten Mutter, die den Kinderwagen schob, in die Stadt. Immer mehr Frauen kamen hier zusammen. Beim Gemeindehaus hinter einem Holzverschlag lag schon ein großer Haufen. Sie leerten ihre Rucksäcke aus, dann ging jede mit gesenktem Kopf davon. Keiner kam ein Gruß über die Lippen.

Seit Tante Klara bei uns wohnte, war es an Sonntagen lebhafter als sonst; wir hatten Besuch von Silvester, dem Sohn vom Sonnegghof. Er hatte nur ein richtiges Bein, das zweite war aus Holz. Wir Kinder durften daran klopfen, das war gruselig und lustig zugleich. „Im Krieg weggeschossen", sagte er, „aber der Fuß, der nicht mehr da ist, macht manchmal höllische Schmerzen." Das konnte ich mir nicht vorstellen, aber vielleicht kam ich ja noch dahinter, was Silvester damit meinte.

Vater erzählte von Ereignissen, von denen er durch Ribbentrop erfahren habe: Enteignung der Juden und Deportation in Lager. Silvester stimmte dem zu, obwohl er nicht für den Krieg war, weil er durch ihn zum Krüppel geworden und seine Brüder gefallen waren. „Aber den Juden, denen geschieht recht!", fügte er hinzu.

Mutter und Tante wollten dagegen etwas sagen, doch Vater erklärte ungewöhnlich heftig, dass sie, die Weibspersonen, davon nichts verstünden. Wenn ich von solchen Dingen hörte, ging ich in eine Kapelle, die zum nahe gelegenen Schoberhof gehörte. Es zog mich einfach dorthin, um mit Jesus zu reden. Ich war traurig und wusste nicht warum.

Manchmal suchte mich Mutter, und wenn sie mich kniend vor dem Altar in der Kapelle fand, sagte sie: „Unsere Kathi wird einmal eine Heilige." Sie nahm mich an der Hand und ging mit mir heim. Ich war so froh, wenn sie meine Hand hielt und mir auf meine Fragen antwortete.

Wenige Wochen nach Schulanfang packte Vater einen Koffer und nahm Abschied, denn er musste nach Schwaz zur Ausbildung; danach würde er wie alle Soldaten an die Front geschickt werden. Nein, während der Ausbildung komme er bestimmt nicht heim, sagte Vater. Da dürfe keiner weg, aber er versprach, dass er uns schreiben werde.

„An die Front" – bei diesen Worten erinnerte ich mich an Gemälde vom Krieg, auf denen sich Männer in Uniformen reihenweise mit einer Lanze gegenseitig in den Bauch stachen. Mein Vater konnte wohl Kühen oder Schweinen in den Bauch stechen, aber anderen Menschen? Ich fragte Günther, ob Vater im Krieg die Feinde mit der Lanze absticht. Günther antwortete verächtlich: „Wie dumm bist du? Die Soldaten haben keine Lanzen oder Säbel wie früher, sie haben ein Gewehr. Sie erschießen sich gegenseitig." – „Tut Erschießen weh?", wollte ich wissen. „Bist du blöd!", wiederholte er, und mit dieser Bemerkung ließ er mich stehen. Ich war schon dahintergekommen, dass Günther nicht so gut lesen und schreiben konnte wie ich, aber andere Dinge konnte ich ihn fragen, da wusste er besser Bescheid.

Mutter sagte viele Male am Tag: „Diesen Menschen sehe ich nie mehr! In meinem Leben sehe ich diesen Menschen nie mehr", und dabei war ihr Blick weit weg. Ich fragte, ob sie mit „diesen Menschen" unseren Vater meine, da sagte sie: „Aber nein, Kind, wo denkst du hin?" Ich blieb mehr als sonst in Mutters Nähe.

Ich fragte, ob unser Vater jetzt auch wie Vetter Xander und wie Gottfried im Krieg fallen würde. Ich fragte es, obwohl ich nicht genau wusste, was „fallen" bedeutete, aber dass die Gefallenen nie mehr heimkommen, war mir klar. „Vater ist vielleicht schon an der Front, ich weiß es nicht, er hat nicht geschrieben." – „Bitte, Mutter, darf ich ihm schreiben?" Sie setzte sich, nahm mich auf den Schoß und sagte: „Kind, ich habe keine Adresse."

Eines Nachts erschrak ich, weil ein Geräusch mich geweckt hatte, und ich entdeckte, dass schräg an Tante Klaras Bett ein Holzstumpf lehnte. Ich setzte mich auf den Nachttopf, versuchte, genauer hinzuschauen, konnte aber nicht erkennen, was es sei. Als ich fast wieder eingeschlafen war, wurde geflüstert und gelacht. Da war mir klar: Es war Silvester, der bei uns in der Kammer schlief. Er und Tante Klara taten dasselbe wie Vater und Mutter.

Gleich am nächsten Morgen erzählte ich Mutter, was ich gesehen und gehört hatte. Sie schaute mich an, ohne etwas zu sagen. Ein paar Tage später hörte ich, wie die Tante meiner Mutter berichtete: „Silvester hat gesagt, so einem pfiffigen Fratz wie der Kathi sollte man lieber gleich den Kragen umdrehen."

Am nächsten Tag übersiedelte Tante Klara zu Silvester auf den Sonnegghof. Von da an half auch Mutter auf seinem Hof bei den Arbeiten auf dem Feld, Günther und ich mussten ebenfalls mithelfen. Die alte Mutter von Silvester kochte für uns alle. Wir bekamen gute Bauernkost zu essen, und sie gab uns jeden Abend eine Kanne Milch mit heim.

Zwei Brüder von Silvester waren im Krieg gefallen, die alte Frau und ihr Sohn mit dem Holzstumpf mühten sich ab mit der kleinen Landwirtschaft, die sie soweit ernährte, dass sie nicht hungerten. Der Bauer war vor Jahren gestorben. „Ihm ist viel Leid erspart geblieben", sagte die Frau, dann setzte sie sich und hielt sich die Schürze vor das Gesicht, damit wir nicht sehen sollten, dass sie verzweifelt war.

Eines Abends – es war schon dunkel – kam Vater heim. Er hatte uns nie geschrieben, deswegen war Mutter oft verzweifelt gewesen, aber jetzt war er da! Er sah fröhlich aus wie immer; er sah auch nicht aus, als hätte er zu wenig zu essen gehabt.

„Warum bist du da?", fragte Mutter überrascht, weil sie nicht wusste, was sie sonst sagen sollte. „Freust du dich nicht?", rief er und nahm sie in die Arme. „Ich werde nicht in den Krieg eingezogen, ich habe Schatten auf der Lunge", sagte er. „Ist das gefährlich?", wollte Mutter wissen. „Nein, nicht so gefährlich wie das Leben an der Front. Ich kann am Montag meine Arbeit wieder aufnehmen, mit Bertsch habe ich von Schwaz aus telefoniert."

Danach wurde die ganze Familie aufgefordert, jedes halbe Jahr zum Lungenröntgen zu erscheinen.

In diesem Sommer geschahen viele Dinge, die ich nicht begriff, und auf meine Fragen gab Mutter keine Antworten.

Eines Tages, als die anderen bei Silvester auf dem Feld arbeiteten, passte ich zu Hause auf Martha und Manfred auf. Die Kleinen spielten im Sandkasten, auch Thea war bei uns und erzählte uns erfundene Geschichten. Wir bemerkten gar nicht, dass ein sehr großer, schwarzhaariger Mann die Gasse hereinkam, bis er plötzlich vor uns stand. „Wohnt hier die Familie Walcher?", fragte er. Ich stellte mich vor ihn hin und sagte stolz: „Ja!" – „Dann bist du die Kathi?" Warum kennt der meinen Namen, dachte ich, als er weiterfragte: „Ist deine Mutter da?" – „Nein!" – „Und deine Tante?" – „Ich weiß, wo sie sind, sie arbeiten auf dem Hof von Silvester." – „Wer ist Silvester?" – „Das ist unser Nachbar", antwortete ich. „Wenn du wartest, hole ich sie." – „Ich geh' mit", bestimmte er. Alle Kinder begleiteten uns.

Die Kleinen liefen uns voraus, und als wir hinter dem Hof auf dem Feld waren, hatte der Große Tante Klara erblickt. Als sie ihn sah, ließ sie den Rechen fallen und ging ihm langsam entgegen, dann gaben die beiden sich die Hand. Sie war weiß im Gesicht. „Wie hast du mich gefunden?", fragte sie ihn. „Die Kathi hat mir gesagt, wo ich dich finde."

Mutter zog mich zur Seite und sagte: „Das hättest du nicht tun dürfen!" – „Lass sie", sagte Tante Klara, „das konnte sie doch nicht wissen." Silvester war ins Haus gehumpelt.

Ägyd, so hieß der große Mann, und Tante Klara sahen sich an wie zwei Gegner vor dem Kampf. Er fragte: „Bis wann kannst du gepackt haben?", und ohne ihre Antwort abzuwarten: „Ich komme am Samstag wieder, um dich zu holen." Zwar gefiel mir der „Große" viel besser als Silvester, aber Silvester tat mir leid; ich hatte gesehen, dass er weinte, während er ins Haus humpelte.

Mitten am Nachmittag, die Arbeit auf dem Feld war nicht fertig, nahm Mutter die Kleinen an die Hand, und im Eilschritt ging es heim. „Du hättest den Mann fragen müssen, wer er ist, und nicht gleich mit ihm zum Silvester laufen!", sagte Mutter. Wie von weit weg hörte ich Mutter reden, mich beschäftigte der weinende Mann mit dem Holzfuß. Ich nahm mir vor, ihn bald zu fragen, warum er geweint hatte. Dazu kam es dann aber nicht – nie mehr.

Am Samstag kam Vater aus Salzburg heim und erzählte, dass er von Bertsch den Auftrag bekommen habe, in Großarl einen großen, modernen Stall zu bauen. „So einen Stall hat im ganzen Land niemand", sagte er.

Die Bauherrin ist Kriegerwitwe, und Bertsch hat auf eigene Kosten die Planung übernommen. Mutter antwortete nicht, ihr Blick war wie immer ernst. Dann erzählte sie, dass Ägyd Tante Klara gesucht hatte und dass „unsere Kathi, das dumme Dirndl" den Mann zum Sonnegghof geführt hatte. „Gestern hat Ägyd seine Klara heimgeholt. Er hat ihr bittere Vorwürfe gemacht. Sie haben sehr gestritten." –„Jetzt verstehe ich dich nicht", sagte Vater, „unsere Kathi kann doch nicht wissen, dass ihre Tante ein Lotterleben führt!"

Mutter trumpfte auf: „Für eine Frau ist das ein Lotterleben, ja? Wie schaut denn dein Leben aus?" Vater warf die Tür ins Schloss und stürmte laut polternd die Stiege hinunter. Mir blieb das Herz fast stehen. Lauter Sachen, die mir Angst machten, und immer war ich daran schuld! Wird Vater nun nie mehr heimkommen zu uns?

Als es draußen dunkel wurde, kamen Vaters Schritte die Treppe herauf. „Magst essen?", fragte Mutter, etwas versöhnt. „Ich brauche nichts", sagte er.

Am nächsten Morgen saßen Vater und Mutter schon in der Küche und redeten in freundlicherem Ton miteinander als sonst. Nach dem Frühstück zog ich mein Sonntagskleid an und machte mich zum Kirchgang fertig. „Wo gehst denn hin?", fragte Vater. „In die Kirche. – „Du musst viele Sünden haben, dass du jeden Sonntag in die Kirche rennst." Vielleicht hatte Vater recht mit den vielen Sünden, denn wenn ich Ägyd nicht zu Silvester geführt hätte, hätte er Tante Klara nie gefunden und Silvester hätte nicht geweint. Diese Geschichte musste ich unserem Herrn Pfarrer erzählen. Der Gedanke an ihn tröstete mich. Ich war froh, auf dem weiten Weg allein zu sein, obwohl ich mit dem Wirrwarr in mir nicht zu Ende kam.

Vater fuhr am späten Sonntagnachmittag mit dem Zug nach Bischofshofen, dort wollte Bertsch ihn abholen, um die neue Baustelle in Großarl zu besichtigen. „Wir fahren dann gleich weiter nach Salzburg. Noch eine Woche Salzburg, dann werde ich für mindestens ein Jahr in Großarl zu tun haben", hatte Vater gesagt.

Die Kinder und der Krieg: Bombenalarm und Tiefflieger

Im Herbst 1944 hatte auch meine Schwester Monika mit der Schule angefangen. Sie war kleiner als alle anderen und sehr dünn. Immer hing sie an meinem Schürzenzipfel, schrie nach mir, wenn sie auf dem Schulweg ein Stück hinter uns Großen zurückgeblieben war. Hatte ich eine Stunde früher aus als sie, musste ich diese Stunde in ihrer Klasse warten, um sie nachher heimzubringen. Manchmal kam es mir vor, als wäre sie in unserer Familie die Prinzessin auf der Erbse.

Im Winter war es fast nicht mehr auszuhalten, es war sehr kalt, 20 Grad minus und mehr. Uns allen brannte das Gesicht, Raureif bildete sich auf dem Rand unserer Mützen, vor dem Mund stand der gefrierende Atem. Monika weigerte sich auf dem Schulweg immer öfter weiterzugehen. Sie ging ein paar Schritte, blieb wieder stehen und schrie: „Ich will heim!" Sie weinte, die Tränen gefroren auf ihren Wangen. Erst versuchte ich, ihr gut zuzureden. Als das nicht half und sie nur immer lauter schrie, schrie ich sie an und musste ebenfalls weinen, weil ich Angst hatte, dass wir zu spät in die Schule kommen würden.

Im Winter 1944 mussten wir uns auf neue Situationen einstellen, denn das Schulgebäude war für ein Lazarett geräumt worden. Die einzelnen Schulklassen waren nun in verschiedenen Gasthöfen untergebracht. Es gab immer öfter Fliegeralarm, und der Unterricht war nicht mehr planmäßig durchzuführen. Mir war das zuerst egal, ich schrieb daheim meine Hefte mit selbst erfundenen Geschichten voll und las, was ich auftreiben konnte. Die Großmutter von Karli hatte viele Bücher; bei ihr tauchte ich unter, wenn ich den Aufträgen meiner Mutter entwischen wollte.

Wenn wir in der Schule waren und die Sirene ertönte, mussten wir in Windeseile die Schulsachen einpacken, Schuhe und

Mäntel anziehen, uns in Reihen aufstellen, und im Laufschritt ab in den Luftschutzkeller. Wir sollten uns den kürzesten Weg von der Schule zum Bunker merken, für den Fall, dass wir durch ein Ereignis von den anderen getrennt würden. Der Luftschutzkeller war ein Stollen, der tief in den Berg führte. Dort war es dunkel und kalt. An den Stollenwänden brannten kleine Karbidlampen*, die den Raum dürftig ausleuchteten. Wir waren sehr aufgeregt, weil wir ja nicht wussten, was genau passiert, wenn eine Stadt bombardiert wird. Jemand erzählte, dass eine Stadt zu brennen anfängt, wenn eine Bombe einschlägt. Als kurz die Sirene aufheulte, erklärte die Lehrerin, das sei die Entwarnung, wir könnten jetzt alle nach Hause gehen.

Von Vater erfuhren wir dann, wie es ist, wenn eine Bombe einschlägt. Er sagte: „Setzt euch alle her zu mir, ich muss euch etwas erzählen. In Salzburg heulten am Donnerstag gegen Abend die Sirenen. Fliegeralarm! Ich im Laufschritt zum nächsten Luftschutzkeller, aber der Polizist ließ mich nicht hinein. Der Luftschutzkeller sei so überfüllt, dass es unverantwortlich sei; die Menschen könnten an Sauerstoffmangel ersticken. ‚Nur noch mich‘, bat ich, aber der Polizist blieb stur. Ich rannte in großer Angst um die nächste Häuserfront, als ein Zischen in der Luft zu hören war. Eine Druckwelle warf mich in einen offenen Hauseingang, die Erde bebte. Dann war es dunkel um mich, eine Staubwolke legte sich über die Stadt. Der Bunker, in den ich hineinwollte, hatte einen Volltreffer bekommen. Alle, die dort Schutz gesucht hatten, waren tot.“

„Kinder, wenn in Radstadt die Sirenen heulen, lauft nach Hause! Nicht in den Bunker, nie! Lauft, lauft um euer Leben!“ – „Das dürfen wir nicht“, sagte Günther, aber Vater wiederholte: „Du musst es mir glauben, renn um dein Leben! Und du, Kathi – rennt, rennt, rennt! Die Lehrer dürfen euch nicht strafen, Mutter wird in die Schule gehen und sagen, warum ich verlange, dass ihr auf eigene Gefahr nach Hause lauft. Mutter und ich, wir möchten nicht noch ein Kind verlieren!“ Vater hatte Tränen in den Augen, Mutter weinte.

Jetzt wusste ich, dass Vater wie ein Kasperl war, der immer Späße machte, auch wenn er traurig war. „Und er liebt uns alle, auch uns zwei Großen, obwohl er immer nur Monika und Martha hochhebt, an sich drückt und herumträgt", dachte ich.

Dann passierte etwas, das in mir wieder den Wunsch nach dem Tot-Sein weckte: Kurz vor Mittag gab es in der Schule Fliegeralarm. Wieder einmal musste ich auf Monika warten, Günther war schon über alle Berge, alle anderen Kinder waren in Richtung Luftschutzkeller davongestürmt. Ich nahm die Kleine an der Hand, nahm ihr die Schultasche ab, und wir liefen den kürzesten Weg nach Hause, über die Wiesen. Es hatte geschneit, haushoch Neuschnee, wir sanken immer wieder ein, als am Himmel eine Staffel Flugzeuge im Tiefflug auftauchte. Wir fielen hin, ich deckte meine Schwester mit meinem Körper, denn ich wusste, dass sie auf Zivilisten schießen. Im Schnee waren wir zwei Punkte gut auszumachen.

Als Mutter uns entgegenkam, nahm sie, blind vor Angst, Monika Huckepack und kämpfte sich mit ihr durch die Schneemassen. Ich konnte ihr nicht mehr folgen, aber sie sah sich nicht einmal nach mir um. Als ich weinend und zitternd vor überstandener Angst daheim ankam, gab mir Mutter eine Ohrfeige. „Das hast du dafür, dass du mit Monika über die Wiese gelaufen bist", sagte sie, „die Tiefflieger hätten auf euch schießen können! Das nächste Mal versteckt ihr euch in einem Heustadel!"

Die Großarlbäuerin

Vater hatte, wenn er heimkam, wieder sein Lächeln im Gesicht, und jeden Samstag schickte uns die Großarlbäuerin, so nannte ich sie, etwas zu essen: Butter oder ein Stück Fleisch und jedes Mal sagte er: „Schöne Grüsse von Vevi."

Er erzählte, dass sie eine sehr tüchtige Frau sei, überaus beliebt, weil sie als junges Mädchen einen Witwer geheiratet und seine Kinder großgezogen hatte. Ihr Mann war gleich zu Kriegsbeginn gefallen, einer ihrer Stiefsöhne war ebenfalls im Krieg. „Wenn du dir vorstellst", redete Vater weiter, „eine so junge

Frau und führt eine große Landwirtschaft perfekt!" – „Das ist im Krieg das Los vieler Frauen", sagte Mutter, und ihre Stimme kippte vor Erregung: „Immerhin hat sie zwei Mägde und zwei Knechte, sie muss also nicht alles selber tun. Du tust gerade so, als ob sie die einzige Frau wäre, die arbeiten kann!" – „Brauchst nicht gleich eingeschnappt zu sein", verteidigte er sich.

Vater war seit ein paar Wochen in Großarl beschäftigt, als er wieder für ein paar Tage nach Salzburg musste. Etwas auf der Salzburger Baustelle hatte nicht geklappt, deswegen brauchte man „den Walcher".

An einem Donnerstagabend kam er dann überraschend heim. Er sagte, dass jetzt in Salzburg wieder alles gut laufe und er sich ein, zwei Tage Urlaub genommen habe. „Das trifft sich gut", sagte Mutter, „wir dürfen bei deinem ‚Dahoam' Lebensmittel holen." Von Vaters Schwägerin, Tante Veronika, war nämlich wieder einmal ein Brief gekommen, dass sie ein Paket für uns hergerichtet habe; wir sollten so bald als möglich auf Besuch kommen. „Geh du morgen nach Reitdorf! Dein Bruder wird sich freuen, dich wieder zu sehen. Du könntest Günther, Monika und Martha mitnehmen, Kathi kann mir im Garten helfen und auf Manfred aufpassen. Ich muss dringend die Kartoffeln setzen", sagte Mutter.

Vater war mit diesem Vorschlag nicht einverstanden, er könnte auch die Kartoffeln anbauen, meinte er, aber Mutter setzte sich durch. Am nächsten Morgen machte sich Vater auf den Weg. Er trug Martha auf seinen Schultern, Günther und Monika liefen neben ihm her. Die Eltern waren noch böse aufeinander, Vater verabschiedete sich nicht von uns.

Ich wäre lieber zu Tante Veronika gegangen, sie war so fröhlich. Onkel Adam gefiel mir, weil er immer bei seiner Familie zu Hause war; alle waren sehr freundlich und friedlich. Aber es ließ sich nichts machen, Mutter brauchte mich. So spielte ich mit Manfred auf dem Anger, als der Briefträger mir einen Brief übergab.

Mutter staunte, sie kannte den Absender „Genoveva Gappmeier" nicht und öffnete das Kuvert. Dann setzte sie sich, las, und ihre Arme hingen leblos herab. Sie las den Brief laut vor:

„Ich vermisse Dich jede Stunde … Du weißt, was Du mir bedeutest, Geliebter … als ich Dich sah, als ich Dich zum ersten Mal sah …", dann versagte ihre Stimme. Den Brief schob sie zuoberst auf den Küchenkasten und ging wieder in den Garten. Ich dachte daran, den Brief in den Ofen zu stecken, wagte aber nicht, einen Schemel zu holen, um dort hinaufzugelangen.

Das Mittagessen nahmen wir schweigend ein, Fragen zu stellen getraute ich mich nicht. An diesem Tag war nicht von unserem verstorbenen Ernst die Rede.

Als Vater nach seiner Heimkehr den Rucksack auspackte und dabei die Großherzigkeit seiner Schwägerin lobte, als er berichten wollte, wie es gewesen war, fiel ihm erst Mutters Gesichtsausdruck auf. „Was ist? Ist dir eine Laus über die Leber gelaufen?", fragte er.

Mutter ging zum Küchenkasten und knallte den Brief auf den Tisch. Schon wollte er danach greifen, als sie ihn wieder an sich riss und laut vorzulesen begann. Vater wollte ihn ihr aus der Hand nehmen, aber Mutter war nicht zu bremsen. Er war bleich und sagte mit kraftloser Stimme: „Das ist ein Irrtum, Vevi hat ihrem Sohn geschrieben, sieh her! Sie vermisst ihn jede Stunde, und er weiß, wie sehr er ihr fehlt, auch weil sie schon so lange für den Hof allein verantwortlich ist."

„Willst du mir weismachen, dass eine Mutter …" – „Stiefmutter", verbesserte Vater. „Eine Stiefmutter …", sagte Mutter höhnisch, „also Stiefmutter und Geliebte?!", schrie sie. „Ihr traue ich alles zu! Aber welche Rolle spielst du?" – „Wir haben zufällig den gleichen Vornamen, bitte, beruhige dich!", bat Vater. „Es war wieder einmal eine Fügung, dass du zu deinen Verwandten gegangen bist, so kam der Brief in meine Hände. Jetzt ist mir auch klar, warum du heute nicht gern gegangen bist!"

Vater fuhr noch am selben Tag – es war ein Sonntag im März 1945 – nach Großarl. Danach kam er einige Wochen nicht mehr heim, wir hörten nichts von ihm.

Kriegsende: Zwischen Furcht und Neugier

In unser Haus zog eine Frau mit vier Kindern aus Graz ein, Frau Kadletz. Ihr Mann war vermisst, und sie war mit den Kindern aus Graz geflohen, weil die Leute sagten, dass der Krieg bald aus sein würde, dass Hitler den Krieg verloren habe und dass die Sieger die Frauen vergewaltigen und die Kinder umbringen würden.

„Glauben Sie, dass Sie bei uns sicher sind?", fragte meine Mutter. „Ich hielt es einfach nicht mehr aus, untätig herumzusitzen und auf etwas zu warten, das man nicht kennt", antwortete Frau Kadletz. „Andererseits, wenn mein Mann vom Krieg heimkommt, weiß er nicht, wo ich bin." – „Was ist das – vergewaltigen?", fragte ich. Die Frauen schickten mich weg.

An einem Abend bat unser Hausherr alle Mieter, in den Hof zu kommen. Seine Miene war ernst, er stand sehr aufrecht vor der Schar von Frauen und Kindern. „Ihr müsst jetzt sehr vernünftig sein, vernünftig und gefasst! Heute Nacht wird im leer stehenden Stallgebäude ein Tross Kosaken* übernachten, circa dreißig Mann. Verhaltet euch ruhig, geht nicht mehr aus dem Haus. Wenn ihr noch Wasser vom Brunnen braucht, so holt es jetzt. Der Kommandant hat mir in die Hand versprochen, dass euch nichts geschieht."

Die Frauen besprachen sich mit leisen Stimmen, dann baten sie den Hausherrn, ob er zu unserem Schutz im Haus übernachten könnte. „Das könnte der Kommandant als Misstrauen auslegen, die Kosaken respektieren euch als Mütter. Ich habe ihnen nicht verschwiegen, dass hier nur Frauen und Kinder wohnen", antwortete Herr Windhofer, „und als ich dies gesagt hatte, zogen die fremden Männer die Pelzkappen vom Kopf und verbeugten sich." Mutter stellte sich vor Herrn Windhofer und sagte mit entschlossenem Gesicht: „Ich vertraue den Kosaken." Sie sagte es so, dass ich ebenfalls keine Angst empfand. Wir gingen ins Haus. „Verriegelt die Türen und lasst euch nicht blicken!", sagte Herr Windhofer, bevor er ging. Jede der Frauen nahm ihre Kinder an die Hand, und alle gingen wortlos in ihre Wohnungen.

Ehe Mutter das Rollo vor das Fenster gezogen hatte, ritten die Kosaken in den Hof ein. Die Pferde tänzelten, die Soldaten – Pelzkappen auf den Köpfen, Ledermäntel um die Schultern, lange Säbel in den Gürteln – saßen ab. Ihre dunkelhäutigen Gesichter mit schwarzen Schnurrbärten sahen fremd, unheimlich und doch schön aus. Schnell zog Mutter das Rollo herunter, zündete den Docht der Petroleumlampe an. Ich sah noch das Gesicht eines Kosaken, der zu uns heraufgeschaut hatte. Und wie er geschaut hatte!

Ich kauerte auf dem Diwan, zog die Knie an, als ob mich das schützen könnte. In mir war eine Starre ebenso wie eine Sehnsucht nach Vater, der jetzt zu uns gehört hätte – ganz bestimmt würde er noch heute bei der Tür hereinkommen. „Bestimmt spürt ein Vater, wenn seine Kinder in Gefahr sind, bestimmt!", dachte ich.

In dieser Nacht schliefen wir alle im Zimmer bei Mutter, wir lagen eng gedrängt im Ehebett, umarmten uns gegenseitig, ließen uns wieder los und schlugen im Schlaf mit den Armen um uns. Mir träumte, dass ein Prinz, so schön wie der dunkelhäutige Soldat, der vom Hof zu uns heraufgeschaut hatte, mich im Vorbeireiten auf sein Pferd hob und mit mir zum Tor hinausritt.

Am nächsten Morgen, noch ehe Mutter sich regte, war ich wach. Ich schlich in die Küche, hob die schwarze Verdunkelung am Fenster zum Hof ein wenig und sah, wie die Soldaten in ihren bunten Gewändern Aufstellung nahmen und sich nach einem leisen Ruf des Kommandanten auf die Pferde schwangen. Mein Herz klopfte zum Zerspringen, als derselbe Soldat wieder, wie am Vortag, zu unserem Fenster heraufschaute. Ich wollte winken, aber Mutter, die lautlos hinter mich getreten war, rief: „Was tust du da?" Ich sagte: „Sie sind so schön, Mama, und er hat wieder heraufgeschaut." – „Sie sind unsere Feinde", erwiderte sie streng, „und es ist ein Wunder, dass sie uns nicht alle umgebracht haben." – "Warum sagst du das so? Gestern hast du gesagt, dass du keine Angst hast." – „Ich bin darüber erschrocken, dass der Soldat zu uns heraufgeschaut hat", antwortete sie.

Die Frauen im Haus teilten ihre letzten Lebensmittel, Frau Kadletz brachte eine Tasche voll Kartoffeln, Mutter kochte sie auf unserem Herd, und Frau Ruf legte ein kleines Stück Butter auf den Tisch. Meine Mutter holte den letzten Käse aus dem Keller, und Karlis Großmutter aus dem Erdgeschoß brachte den Salzstreuer mit. Sie habe sonst nichts mehr, sagte sie.

Eng gedrängt saßen wir um den Tisch und aßen schweigend. „Warum gehst du mit deinen Kindern nicht in den Wald", fragte Herr Windhofer meine Mutter. „Der Krieg ist zwar noch nicht aus, aber Hitler soll sich ergeben haben, und es heißt, dass die Russen kommen und alle Frauen vergewaltigen und umbringen." – „Ich bleibe", sagte Mutter, und sie sagte es so, dass ich mich sicher fühlte, solange ich in ihrer Nähe sein durfte.

Mutter hatte gehört, dass man Brot statt mit Mehl auch mit Polenta backen könne. Polenta hatte sie noch, deswegen nahm sie Germ und bereitete aus Wasser und Maismehl einen Brotteig zu. Wir freuten uns, das Brot duftete gut im Backrohr, aber als wir davon kosteten, blieben uns die Brösel im Hals stecken, so trocken war es. Wir husteten, aber wir gewöhnten uns an dieses neue Brot. Wir wurden wenigstens satt davon.

Seit Wochen hatten wir nichts von Vater gehört, die Stimmung im Haus war so, als könne ein lautes Wort eine Explosion auslösen.

Am nächsten Morgen, als Mutter aus dem Bett stieg und sich anzog, war ich schon hellwach an ihrer Seite. Sie öffnete die Schlafzimmertür und stieß einen Schrei aus. Auf dem Gang lagen, in Decken gewickelt, schlafende Körper. Vorsichtig stiegen wir über sie, denn wir wollten in die Küche gelangen. Mutter machte Feuer, um Milch zu wärmen. Sie schnitt für jeden von uns eine Scheibe Brot vom Laib und holte das Glas Honig, das wir von Tante Veronika bekommen hatten. Ich sah, dass sie am ganzen Leib zitterte. Dann sagte sie, ich solle in der Küche bleiben, sie wecke die anderen auf. Heute würden wir zu Tante Veronika gehen und um Lebensmittel bitten müssen, denn wir hatten kein Geld mehr.

Ich hörte Mutter mit einem Mann reden. Heiß stieg mein Wunsch auf, es möge Vaters Stimme sein! Es dauerte lange, bis sie mit Günther, Monika, Martha und Manfred in die Küche kam. Wir aßen unser Brot, tranken die warme Milch, und Mutter sagte, dass ein Soldat sich entschuldigt habe, weil er als Kommandant mit seiner Truppe deutscher Landser in unser Haus eingedrungen sei. Sie waren auf dem Rückzug über den Tauern und würden in den Feldern ihre Zelte aufschlagen; eine Feldküche hätten sie dabei. Hier wollten sie abwarten, ob sie den Weg nach Westen, nach Hause, wagen dürften. Niemand wisse, ob der Krieg wirklich schon aus sei, oder ob sie nicht zum Schluss noch als Deserteure an die Wand gestellt würden.

Es klopfte, und einer der Soldaten steckte den Kopf zur Tür herein: „Darf ich Ihnen etwas anvertrauen?", fragte er. Er kam herein und überreichte Mutter eine Zither. „Dieses schöne Instrument habe ich durch die Wirren des Krieges gebracht", sagte er, „jetzt lasse ich es hier bei Ihnen, bitte nehmen Sie es für ein Stück Brot!" – „Ich nehme die Zither nicht um ein Stück Brot", sagte Mutter. „Ich schenke Ihnen ein Stück Brot, mehr haben wir nicht mehr. Nehmen Sie die Zither wieder mit, vielleicht bekommen sie sogar etwas Geld dafür oder vielleicht gibt ihnen eine Bäuerin Lebensmittel. Ich weiß, was das Instrument ihnen bedeutet, denn meine Brüder haben auch alle Zither gespielt." – „Wenn ich darf, lasse ich die Zither hier, und sollte ich je die Möglichkeit haben, möchte ich gern wiederkommen und sie mir holen." Mutter reichte ihm wortlos ein Stück Brot, gab ihm aus ihrer Tasse die letzte Milch, die wir hatten, sie gaben sich die Hand, und er ging fort.

Nichts zu jubeln

Später gingen wir über die Felder zu Tante Veronika. „Egal, wie gefährlich das ist, ich habe kein Geld mehr, um etwas einzukaufen. Wir warten hier nicht, bis wir verhungern", sagte Mutter.

Der Weg von Untertauern nach Radstadt, weiter nach Altenmarkt und hinaus nach Reitdorf war in eineinhalb Stunden zu bewältigen. Es ging ein Stück der Taurach entlang über Felder zum Uferweg der Enns. Auf den Feldern von Radstadt bis Altenmarkt waren Zelte aufgebaut, eines neben dem anderen. Deutsche Landser, Männer in zerlumpten Uniformen saßen davor und sahen uns mit großen Augen aus schmalen Gesichtern nach. Wir alle wollten von Mutter an die Hand genommen werden, sie aber sagte: „Ihr braucht keine Angst haben, diese armen Teufel tun uns nichts." Sie forderte Monika und mich auf, für die Soldaten ein Lied zu singen, aber ich musste mein Gesicht verbergen, am liebsten hätte ich geweint.

Tante Veronika und ihre Familie nahm uns freundlich auf, sie hörte sich wortlos Mutters Klage an, dass Vater seit Wochen nicht mehr nach Hause gekommen sei. Tante Veronika meinte, dass unser Vater in Großarl vielleicht weniger in Gefahr wäre als in Radstadt, wo jeder ihn kenne und viele wüssten, dass er sich auch vor dem Volkssturm* gedrückt habe. Darauf wusste Mutter nichts zu sagen.

Als wir mit dem Rucksack voll Lebensmittel daheim ankamen, war Vater da. „Wo seid ihr?", rief er, „ich bin erschrocken, als keiner daheim war, ich hab' mir Sorgen um euch gemacht!" – „Ah, jetzt, auf einmal! Bis jetzt war es dir egal, was mit uns passiert. Schau her!", sagte sie, streckte ihre Hand aus und zeigte ihm ein paar Pfennige. „Mehr hab' ich seit Tagen nicht mehr." Sie musste sich setzen und wurde von Weinkrämpfen geschüttelt, ich lehnte mich an sie und weinte auch.

Vater bereitete etwas zu essen, und langsam beruhigten wir uns. Wir begannen zu erzählen. Von den Kosaken, die im Stall übernachtet, von den Landsern, die im Gang im Haus geschlafen hatten. Ich ergänzte, was Herr Windhofer gesagt hatte, nämlich, dass die Russen kommen und uns alle umbringen würden, wenn wir nicht in den Wald flüchteten.

Mutter sagte erschrocken: „Wo hast du denn das gehört?" – „Aber er hat es doch zu dir gesagt, Mama!", rief ich aus. „Ich bin doch dabeigestanden! Und ich habe mich nicht gefürchtet, weil du dich auch nicht gefürchtet hast."

Vater beruhigte uns. Er hatte erfahren, dass bei uns die Amerikaner einmarschieren würden, und er meinte. dass uns nichts passieren werde, wenn die Gauleitung sich kampflos ergibt. „Und", fragte Mutter, „hat die Gauleitung sich kampflos erge-

ben?" – „Ja, sonst wäre ich nicht so glatt bis hierher durchge-
kommen." – „Dann wärst du in Großarl geblieben ...", sagte
Mutter in scharfem Ton.

„Nach dem Krieg wird es eine große Hungersnot geben",
sagte Vater. „Woher willst du das wissen?", erwiderte Mutter.
„Das kannst du nach einem Krieg, den wir verloren haben, an-
nehmen", sagte er und setzte fort: „Die Genoveva schickt euch
Grüße. Sie möchte, dass wir alle bei ihr wohnen, auf ihrem Hof
in Großarl, dann müssen wir nicht hungern, und wir sind wieder alle beisammen."

Mutter sagte nichts, sie dachte nach. „Was ist?", fragte Vater,
„bist du einverstanden, dass wir alle nach Großarl ziehen?" –
„Nein, nie im Leben!", war ihre Antwort. „Lieber hungere ich
mit den Kindern. Dieser Frau liefere ich mich und meine Kinder
nicht aus!"

Vater blieb einen Tag daheim, dann fuhr er wieder nach
Großarl. Wir Kinder hatten seit Tagen schulfrei, der Unterricht war abgesagt, die Leute sagten, jetzt sei der „Umbruch".
Kolonnen von Soldaten in zerfetzten Uniformen zogen über die
Niederen Tauern und weiter nach Altenmarkt. Sie wurden auf-
gefangen in Lagern, die um das Schloss Dandalier eingerichtet
waren.

Jetzt sprach man es laut aus, dass der Krieg aus sei und
dass die Amerikaner das Bundesland Salzburg besetzt hatten.
Herr Windhofer sagte, dass die Bevölkerung von Salzburg sich
kampflos ergeben hätte. Zwar wusste ich es nicht genau, aber
für mich bedeutete „kampflos" etwas wie Gerechtigkeit.

Alle Bewohner unseres Hauses waren auf dem Anger vor
dem Haus, als Frau Kadletz plötzlich laut zu schreien, weinen und jubeln anfing. Ein großer Mann in Soldatenuniform
stürmte auf sie zu, sie umarmten sich, und die Kinder flogen
ihrem Papa um den Hals. „Wie hast du uns gefunden?", fragte
Frau Kadletz. „Ich habe mich durchgefragt. An eine schöne
Frau erinnern sich die Menschen", sagte er mit Lachen und Weinen in seiner Stimme.

Mich machte es traurig, dass sie so jubelten, denn ich wusste,
wo mein Vater sich aufhielt und dass es bei uns nichts zu ju-

beln gab. Immer wieder fragte ich Mutter, ob wir zur „Bäuerin" nach Großarl ziehen. „Nein", gab sie jedes Mal zur Antwort, „niemals!" Diese Auskunft beruhigte mich nicht, denn sie sagte dies mit einer anderen Stimme, als sie damals gesagt hatte: „Ich fürchte mich nicht."

Ein paar Tage später spielten wir Kinder in der Gasse*, als eine große, fremde Frau auf uns zuging. „Wohnt hier die Frau Walcher?", fragte sie. Ich drehte mich auf dem Absatz um und rannte laut schreiend dem Haus zu: „Die Großarlbäuerin kommt!" Bis ich Mutter erreicht hatte, rannen Tränen über meine Wangen, aber ich hörte nicht auf zu schreien: „Die Großarlbäuerin kommt!" – „Wieso weißt du, dass es die Bäuerin ist?", fragte Mutter. „Weil ich es weiß", schrie ich wütend. Jetzt erreichte diese Frau meine Mutter, sie lächelte und sagte mit ruhiger Überlegenheit: „Was für ein Geschrei meinetwegen."

Mutter schickte uns Kinder hinaus. Als wir endlich in die Wohnung durften, sagte Mutter: „Ich fahre morgen mit Genoveva nach Großarl, um mir den Hof anzuschauen. Du, Kathi, wirst auf deine Geschwister aufpassen, ich komme am nächsten Tag wieder zurück. Frau Ruf wird euch ein Mittagessen kochen, und Frau Kadletz hilft dir, wenn du sie brauchst." Noch einmal flehte ich: „Bitte Mama, du hast es versprochen, fahr nicht, lass uns nicht allein!"

Genoveva lächelte hintergründig, mir grauste vor diesem Grinsen. In dieser Nacht schlief diese Frau bei uns im Kinderzimmer. Ich wälzte mich in meinem Bett und betete zu Jesus, dass das alles nur ein böser Traum sein möge und dass es diese Vevi, wie man sie nennen sollte, in Wirklichkeit nicht gibt!

Als am nächsten Morgen Mutter und sie in der Gasse um die Ecke bogen, war es für mich, als ob ich in ein tiefes Loch fiele. Wo hatte unsere Mutter ihre Worte verspielt? „Ich geh' nicht nach Großarl, niemals!" Hatte diese Frau sie umgekrempelt wie einen Strumpf, den man in der Lauge erst von rechts und dann von links wäscht?

Immer werden Kinder von den Erwachsenen weggeschickt, wenn sie etwas Wichtiges besprechen, weil sie nicht wollen, dass Kinder ihre Meinung sagen. Das ist schade, denn wenn ich nicht weggeschickt worden wäre, hätte ich dieser Frau das Gesicht zerkratzt.

Frau Ruf holte uns zum Essen nicht zu sich in die Wohnung. Sie brachte das Mus in der Eisenpfanne und wünschte guten Appetit. „Geh nachher mit deinen Geschwistern auf den Anger spielen!", sagte sie zu mir. Thea wollte mit uns singen, aber ich brachte keinen Laut über die Lippen, blieb auf der Bank sitzen, mit angezogenen Knien, und weinte. Frau Kadletz sagte zu Frau Ruf: „Ich verstehe Frau Walcher nicht …" – „Psst!", machte Frau Ruf und deutete auf mich. Das ärgerte mich nur noch mehr, denn was denken sich Erwachsene? Dass Kinder dumm sind, dass sie überhaupt nichts verstehen, von allem, was die Großen oft nur andeuten und nicht aussprechen?

Ich stahl mich davon, um das Geschirr abzuwaschen, doch im Schiff war kein warmes Wasser. Ich versuchte einzuheizen, aber es kam zuerst nur Rauch aus dem Herd. Ich blies in das Herdloch, wie Mutter es tat und bald knisterte es, eine Flamme züngelte um das Holz. Dann ging ich mit dem Eimer zum Brunnen, um Wasser zu holen. Frau Kadletz nahm mir den Eimer aus der Hand. „Lass das", sagte sie, „wir waschen am Abend das ganze Geschirr ab." – „Meine Mama lässt nie das Geschirr stehen", sagte ich.

„Morgen werde ich wissen, ob Mama wieder zurückkommt, oder ob uns jetzt beide, Vater und Mutter, vergessen", dachte ich tausendmal, während der Zeiger der Uhr nicht vorrücken wollte, so sehr ich ihn anstarrte. In dieser Nacht schliefen wir alle im Schlafzimmer, Günther und ich in den Ehebetten, Manfred kuschelte sich zu mir.

Am nächsten Morgen dauerte es sehr lange, bis uns Frau Ruf warme Milch und Butterbrot zum Frühstück brachte. Ich hatte schon Feuer gemacht, Günther hatte Wasser vom Brunnen geholt. Als wir gegen ein Uhr als Mittagessen eine Schüssel gekochter Kartoffeln bekommen hatten und Frau Ruf mit der Bemerkung „Butter habt ihr selber" gerade wieder gehen wollte, kam Mutter zur Tür herein und ließ sich erschöpft auf die Bank fallen. „Danke, Frau Ruf", sagte sie, „jetzt bin ich ja wieder da." Ich vergaß den Hunger, denn Mutter saß da und weinte.

„Gehen wir nicht nach Großarl?", fragte ich. „Doch, Kind",
sagte sie, „es wird uns nichts anderes übrig bleiben, denn es
kommt eine große Hungersnot und euer Vater will nicht mehr
zu uns zurück, bis der Stall in Großarl fertiggebaut ist."

Wir gingen wieder mit Mutter durch die Felder, wo Soldaten in den Zelten lagerten. Beim Bernegg-Bauern holten wir hin
und wieder eine Kanne Milch. Mutter strickte für den Bauern
Janker und Stutzen, er bezahlte mit Lebensmitteln.

Nach ein paar Wochen waren über Nacht die Zelte abgebaut,
die Felder waren leer, die Soldaten weg. Vor Radstadt gab es
erneut ein Lager, in diesen neuen Zelten hausten die ameri-
kanischen Besatzer. „Das sind die Sieger", erklärte Vater, „ihr
braucht keine Angst zu haben, denn jetzt haben wir Frieden." –
„Schade", fuhr er fort, „dass Hitler den Krieg verloren hat. Wir
hätten nach Berlin ziehen können oder nach München." – „Du
spinnst", sagte Mutter, „ich wäre nie mit den Kindern nach Berlin oder München gegangen, schon gar nicht wegen Hitler oder
Ribbentrop, diesen Verbrechern!" – „Weil du es nicht verstehst,
welche Möglichkeiten ich gehabt hätte, mit unseren fünf blau-
äugigen Kindern, den reinrassigen." Ich floh aus der Wohnung,
denn das Schreien und Streiten meiner Eltern bedrückte mich
immer mehr.

Als der Krieg vorbei war, blieben Lebensmittel weiterhin
rationiert. Ich ging allein einkaufen, wenn Mutter dies wollte.

Nach und nach freundete ich mich mit dem Gedanken an,
dass wir im Juni nach Großarl in das Bauernhaus zu Genoveva
ziehen würden. „Ihr dürft so viel Milch trinken, wie ihr wollt",
sagte Mutter, „und so dick Butter auf das Brot streichen, bis ihr
genug davon habt." Wenn Mutter von Großarl sprach, sagte
Günther jedes Mal: „Ich geh nicht mit." – „Was tust du dann?",
wollte Mutter wissen. „Ich hau ab", sagte er ernst.

Jetzt hatte ich keine ruhige Minute mehr. Immer, wenn ich
nicht wusste, wo Günther war, suchte ich ihn. Dann sagte ich
zu ihm: „Bitte, Günther, geh mit uns nach Großarl, ich brauche
dich! Weißt du, dass ich auch nicht gern zu dieser Frau gehe?" –
„Dann sind wir ja schon zwei", sagte mein Bruder, „und wenn

wir nicht wollen, können sie gar nichts machen." – „Was sollen wir tun", fragte ich, „wo sollen wir bleiben, wenn nicht bei unseren Eltern?" Günther saß da, zog die Knie an, legte seinen Kopf darauf, er weinte stoßweise und leise. Ich setzte mich neben ihn und weinte auch. „Siehst du nicht, dass Mutter oft weint", fragte er, „sie weint wegen dieser, dieser – Bäuerin." – „Das weiß ich", sagte ich, „aber was sollen wir tun?"

Ein großer, vornehmer Mann klopfte an unsere Tür, kam herein und stellte sich vor. Es war der Soldat, der vor ein paar Wochen halb verhungert bei uns angeklopft und seine Zither dagelassen hatte.

„Sie haben ihre Familie wieder gefunden?", fragte Mutter. „Ja, wir haben Glück gehabt, auch unser Haus ist nicht zerstört, nur …", er zögerte, „… mein Bruder ist noch vermisst, in Russland." – „Das ist traurig", sagte meine Mutter, „es tut mir leid! Wo wohnen Sie denn?" – „Nicht sehr weit von hier, am deutschen Bodenseeufer", antwortete er. „Ich werde nie vergessen, dass Sie mir Brot und den letzten Schluck Milch geschenkt haben, ich hätte Ihnen damals das Instrument dafür gegeben, so hungrig war ich." – „Ich hätte mich ewig dafür geschämt", sagte Mutter. „Gott segne Sie und Ihre Familie!" sagte er, nahm sein Instrument, gab uns allen die Hand und ging.

Immer wieder habe ich meine Mutter beobachtet, wenn sie mit Männern redete, die ich nicht kannte. Da war sie freundlich, mit einem Lächeln im Gesicht, wie ich sie sonst nie sah. War sie auch ein Haderlump? Vater nannte Mutter dumm, weil sie um ein Stück Brot eine Zither hätte haben können und diese Gelegenheit nicht genützt hatte.

GROSSARL

Umzug wider Willen

Mutter brachte leere Schachteln nach Hause, „zum Packen",
sagte sie. Plötzlich ging alles sehr schnell, Vater kam mit einem
Lastauto, er verlud mit einem Mann aus Großarl die Möbel,
und ehe Günther abhauen konnte, waren wir im Auto untergebracht. Die Fahrt dauerte einige Stunden, Vater erklärte uns
Ortschaften, aber als wir St. Johann hinter uns hatten, blieb mir
vor Angst die Luft weg. Wir fuhren auf einer sehr engen, steil
ansteigenden Bergstraße in Richtung Großarl. Links streifte unser Gefährt, hoch beladen mit Möbeln, beinahe die Felsen, auf
der rechten Seite gähnten Schluchten. „Hoffentlich kommt kein
Bus entgegen", sagte Vater und lachte, „hier ist der ‚Jungfrauen-
sprung'. Da soll vor langer Zeit eine Jungfrau hinuntergesprun-
gen sein, weil ein Jäger sie verfolgte; sie aber wollte Jesus die
Treue halten." Das imponierte mir, ich wollte Jesus ebenfalls die
Treue halten. Aber wenn ich da hinuntersah …

Als ich mich flüsternd mit Günther darüber unterhielt, sagte
er: „So schön bist du nicht, dass ein Jäger dich verfolgt." Mein
Onkel Sepp war ein Jäger, und wenn er uns besuchte, saß jedes
Mal Monika auf seinen Knien, wenn er seine spannenden Geschichten von Wilderern erzählte. Warum durfte ich nie auf seinem Schoß sitzen? Warum sagte keiner zu mir wie zu Monika:
„Bist du ein schönes Kind!" Dafür boxte ich sie jetzt in die Rippen, bis sie schrie. Mir war dann etwas wohler, weil sie schrie
und weil ich mir ausmalte, dass *sie* vielleicht in diese Schlucht
sprang, wenn Onkel Sepp sie verfolgte.

Gegen Abend kamen wir auf dem Hof von Genoveva an. Die Möbel würde Vater morgen in das Haus tragen, denn es war schon dunkel, als wir die Koffer abgeladen hatten. Es gab nur zwei Petroleumlampen, eine in der Stube und eine in der Küche.

Vev leuchtete mit einer Kerze das dunkle Vorhaus aus, eine Treppe führte in den Keller. „Ihr müsst aufpassen, dass ihr nicht stolpert und da hinunterfallt", sagte sie, „da hat sich schon einmal ein Kind das Genick gebrochen." Ich hörte es knacken und sah ein kleines Kind mit verrenktem Körper unten liegen. Mein kleiner Bruder begann zu weinen und klammerte sich an Mutter. Vev zeigte uns die Küche, sie hatte Knödelsuppe für uns gekocht. Wir stürmten zum Tisch, drängelten und schubsten uns gegenseitig, bis Mutter zur Ruhe mahnte. Vev gab in jeden Teller einen Knödel, dann sammelte sie die Teller ein. Ich sah zum Herd, was es außer Knödel noch gäbe. „Ich habe Hunger", sagte Günther, „bitte noch einen Knödel!" – „Aber geh", lachte Vev, „so ein kleiner Bub hat mit einem Knödel leicht genug." Zu Mutter gewendet, fragte sie freundlich: „Magst du noch einen Knödel?" – „Nein, bestimmt nicht", log Mutter, „ich bin mehr als satt." Ich schaute zu Vater hin; er hatte drei Knödel gegessen und grinste dieser Frau ins Gesicht. Er hatte ebenfalls genug. „Morgen in der Früh gibt es Mus", sagte Mutter leise zu uns. Ich freute mich schon jetzt auf das Mus und schlief vor Hunger lange nicht ein.

Das große, alte Bauernhaus war ungepflegt, die Fußböden schräg, mit großen Astlöchern. Es gab viele Schlafkammern, eine Kammer im Erdgeschoß war als Schlafgemach für uns bestimmt, für die Eltern und alle Kinder.

Eine riesige Stube mit einem großen, runden Holztisch, Bänke entlang den Wänden und eine ebenso riesige Küche mit einem Herd, auf dem viele Pfannen und Töpfe Platz hatten.

Am nächsten Morgen stand auf dem Stubentisch eine Eisenpfanne in der Mitte des Tisches, und für jeden war eine Schale mit Milch auf seinem Essplatz. Auf der Bank rund um den Tisch saßen Karl, der Knecht, Horst, ein magerer Bub, Maridi, die Stieftochter, Wawi, die Stalldirn, und Marianne, die Sennerin.

Vater und Vev hörten wir in der Küche reden und lachen, sie aßen separat. Mutter und wir fünf Kinder grüßten leise und nahmen Platz. Alle löffelten jetzt aus der Pfanne. Wir Kinder waren zu klein, um bis zur Mitte des Tisches zu langen, wir knieten auf der Bank und legten uns fast auf den Tisch. Viel zu schnell war die Eisenpfanne mit dem Mus leer. Das Gesinde leckte den Aluminiumlöffel ab und putzte ihn am groblinnenen Tischtuch ab. Die Löffel kamen in die Tischschublade, jeder hatte hier seinen Löffel, den er an einem Merkmal kannte.

Vev hatte keine eigenen Kinder. Josef war vermisst, ob er noch lebte, wusste niemand. Zur Familie gehörte die vierzehnjährige Maridi; sie war eine Verwandte, die seit mehr als zehn Jahren auf dem Hof lebte. Wawi, eine gutmütige Frau, war hier die Dirn, seit ihre Mutter, die ebenfalls Magd auf dem Hof gewesen war, das Anwesen verlassen hatte. Sie glaubte alles, was man ihr erzählte, und war für das Melken und Stallausmisten zuständig. Marianne, die Sennerin, lustig und hübsch, immer zum Lachen aufgelegt, stammte aus Mitterberghütten. Sie war fürs Melken und die Milchverarbeitung verantwortlich. Karl, der Knecht, ein grobschlächtiger, junger Mensch, war für alle Arbeiten zuständig, für die er zu gebrauchen war. Horst, das ledige Kind einer Magd, lebte ebenfalls seit seiner Geburt hier auf dem Hof.

Es war nicht außergewöhnlich, dass uneheliche Kinder als Knechte und Mägde auf Bauernhöfe verdingt wurden, „ausgestiftet" war der gängige Ausdruck für das Verschenken von Kindern, die ungebeten in diese Welt gekommen waren. Sie gehörten mit den Jahren zum Hof, in der Rangordnung standen sie ganz unten. Ausgestiftete Kinder hatten keine Rechte und keine Stimme, und weil sie nichts anderes kannten, blieben sie meist auch als Erwachsene für wenig Lohn auf dem Hof.

Maridi wurde von Vev anders behandelt, sie war mit der Familie verwandt. Sie sollte sich später aufmachen, um in Schwarzach einen Beruf zu erlernen. Bis dahin vergingen aber noch Jahre, und sie bewies damals eine große Portion Mut.

Gleich am ersten Tag verlangte Vev, grinsend wie immer, von uns Kindern, dass wir sie „Mam" nennen sollten. Vater stand dabei und meinte, das könne uns doch nicht schwerfallen, Mutter ließ die Schultern hängen. Ich aber sagte laut: „Das tu ich nicht, wir haben unsere Mama." Jetzt stimmte auch Günther mit ein, dass er zu *ihr* nicht „Mam" sagen würde. Nur Monika war begeistert von der großen, grinsenden Frau mit dem breiten Mund; sie sagte „Mam" und lehnte sich an sie. Die Kleinen versteckten sich hinter Mutters Rock.

In mir war Unruhe und Trauer, denn mein Vater, der anschaffte, als wäre er der Bauer, schien uns nicht mehr zu kennen. Er aß mit der Bäuerin separat und wir, seine Kinder, mit Mutter und mit dem Gesinde in der Stube.

Vev, dieses grinsende Ungeheuer, war größer als unsere Mutter, hatte glänzendes, schwarzes Haar und dunkle Augen. Ihre rechte Hand lag immer auf ihrer linken Brust; sie konnte diese Hand nicht öffnen, weil eine Sehne durchtrennt war. Ich musste sie immer ansehen. Dieses Grinsen und das Streicheln ihrer eigenen Brust regten mich so auf, dass ich ihr in Gedanken ein ums andere Mal einen Kübel Jauche überschüttete.

Da mein Magen knurrte, bat ich Mutter um ein Stück Brot. Sie holte den Brotlaib aus der Speisekammer, und sofort standen alle Kinder, auch Maridi und Wawi, bittend vor ihr. Vev war lautlos eingetreten. Mit einem „Na, na, wer wird denn so überheblich sein!", nahm sie meiner Mutter lächelnd Brotlaib und Messer aus der Hand, schnitt, immer noch lächelnd, jedem von uns eine extra dünne Scheibe ab und schickte uns hinaus: „Bei uns wird nicht den ganzen Tag gegessen, sondern gearbeitet."

Ich ging meinem Vater nach, wollte ihm sagen, dass wir ständig Hunger hatten. Ihm allein wollte ich es sagen, im Vertrauen, da stand, wie aus dem Boden gewachsen, wieder diese Frau hinter mir. Er sagte mit leiser Stimme: „Ihr bekommt doch zu den Mahlzeiten genug zu essen, was bettelt ihr am Nachmittag schon wieder um Brot?" – „Es ist zu wenig in der Früh, es ist zu wenig zu Mittag", sagte ich in einem Anfall von Mut. Günther stimmte mit ein: „Ja, sagte er, „wir bekommen alle miteinander den Sterz aus einer Schüssel, während du – und *sie*", dabei deutete er auf die Bäuerin, „in der Küche den Braten allein fresst!"

Vater holte aus, und schlug Günther ins Gesicht, dass er aus der Nase blutete.

Vater, der verhinderte Bauer

Wir Kinder wurden nicht gefragt, ob es uns passte oder nicht. Wir arbeiteten auf dem Feld, wurden bei der Heuernte eingeteilt. Günther musste „Fuder treten". Das Gelände war zu steil, um einen Wagen mit Rädern zu verwenden, deshalb wurde das getrocknete Heu zum Einbringen in die Tenne auf einen Schlitten geladen. Der Heuschlitten stand auf dem steilen Gelände so schräg, dass das Heu immer wieder wegrutschte. Dann kugelte auch mein Bruder ein Stück den Hügel hinunter, rappelte sich auf, kam herauf und kletterte wieder auf den Heuschlitten. Vater und Karl luden das Heu wieder auf, und Vater schimpfte mit Günther, dass es mich fast erwürgte vor Leid. Ich musste meist den schwerfälligen Ochsen am Zaum führen.

Unsere Mutter sahen wir oft den ganzen Tag nicht. Mir war elend zu Mute, ich war müde und traurig über die neue Situation. Am Abend, wenn die Feldarbeit getan war, wuschen wir uns am Brunnen vor dem Haus den Staub vom Körper, dann setzten wir uns an den Tisch zu unserer Schüssel, und jeder versuchte den anderen zu überlisten, um ein paar Löffel mehr Sterz zu ergattern und einmal halbwegs satt vom Tisch zu gehen.

In den ersten Wochen schlief die ganze Familie in einer Kammer. In diesem Haus gab es Flöhe ohne Zahl. Die ganze Nacht kratzten wir uns im Schlaf, wir wälzten uns in den Betten und stöhnten. Dann sagte Mutter: „So schlaft doch endlich!" – „Wenn es so beißt", riefen wir.

Am nächsten Morgen gerieten Mutter und die Bäuerin aneinander. Mutter sagte, dass in dem Haus so viele Flöhe seien, dass niemand ruhig schlafen könne. Lächelnd wie immer antwortete Vev: „Ihr selbst habt einen Koffer voll Flöhe mitgebracht, bei uns gab es das vorher nicht."

Der erste Sommer hier war ereignisreich, ungeahnte Erlebnisse nahmen mir fast den Atem. Der Hahn flog auf den Rücken einer Henne und pickte ihr in den Kopf. Ich schrie, was meine Stimme hergab: „Vater, der Hahn bringt die Henne um!"

Marianne und Karl, Maridi und Wawi, Vater, Mutter und Vev, alle lachten, bis ihnen die Tränen kamen. Da ich nicht wusste, was daran so lustig war, war ich betroffen, aber als ich sah, dass der Gockel von der Henne wieder abließ, beide ihr Gefieder schüttelten und munter weitergackerten, beruhigte ich mich. Viel später begriff ich die sinnvollen Zusammenhänge der Natur. Wir sahen zu, wenn Vater der Mutterkuh half, ihr Kälbchen zur Welt zu bringen, indem er einen Strick um die Füße des Kalbes band und daran zog, bis es nass und schleimig zu seinen Füßen lag. Die Kuh leckte ihr Neugeborenes, wir lobten sie. Obwohl wir das Decken einer Kuh miterlebten, fand ich zwischen diesem Vorgang und der Geburt eines Kalbes keinen Zusammenhang.

Unser Vater konnte einfach alles. Ihm kam keiner gleich, egal, welche Arbeit er anfasste. Er nähte Kinderschuhe, zerlegte ein geschlachtetes Schwein und fertigte Möbel an, er war sogar wie ein Tierarzt, dem es gelang, eine Kuh zu retten.

Eine Kuh hatte im Frühjahr das Grünfutter zu gierig gefressen, sie hatte einen „Gasbauch" und plärrte im Stall vor Schmerzen. Sie wäre wahrscheinlich verendet, wenn nicht Vater beherzt „gestochen" hätte. Alle liefen in den Stall, als er das große Stichmesser nahm und sagte: „Ich muss stechen." Er stellte sich an die Seite des Tieres, maß eine Hand breit vom Hüftknochen seitwärts und stach kraftvoll zu.

Das Tier war nicht tot, leise und übel riechend entwich das Gas aus dem Bauch wie aus einem Luftballon. Der Bauch hatte wieder den normalen Umfang, der Stich würde verheilen. Die Kuh legte sich auf den Stallboden, ich kniete mich neben sie, um ihr gut zuzureden. Ich wunderte mich nicht, dass alle Menschen meinen Vater verehrten und liebten. Die Vev hatte jetzt noch mehr Gründe, meinem Vater Kulleraugen hinzudrehen, denn er hatte eine Kuh vor dem Verenden gerettet. Das wäre ein großer Verlust für den Bergbauernhof gewesen.

Bevor im Herbst die Schule begann, bekamen Monika und ich unsere Schlafplätze in der Kammer von Maridi und Wawi.

Marianne, die Sennerin, schlief in einer eigenen Kammer. Sie war die einzige der Mägde, die nicht auf dem Hof aufgewachsen war. Sie musste sich nicht ständig sagen lassen, was sie zu tun hatte. Wawi führte aus, was Marianne anordnete; sie war langsam beim Reden und bei der Arbeit, und sie hatte immer ein gutmütiges Lächeln im Gesicht. Marianne war aber nicht ungerecht, sie übernahm jede Arbeit, wenn Wawi nicht damit fertig wurde; deswegen hielt ich mich oft im Stall auf, ich mochte die zwei Frauen.

Günther schlief nun in der Knechtekammer am anderen Ende des Ganges bei Karl und Horst. Mit Maridi und Wawi war es lustig, manchmal vergaß ich unser Leid, denn wir erzählten uns im Bett Geistergeschichten oder lustige Dinge, bis mir eines Abends die Stimme im Hals erstarb. Mein Bruder schrie mit hoher, schriller Stimme, ich wusste nicht gleich, lachte oder weinte er. Ich wollte aufstehen, um ihm zu Hilfe zu kommen, aber Maridi hielt mich zurück und sagte: „Karl spielt doch nur mit ihm." Irgendwann bin ich eingeschlafen, irgendwann hat Karl aufgehört, mit meinem Bruder zu spielen. Als ich ihn am nächsten Tag fragte, warum er so geschrien hat, ob Karl ihm wehgetan habe, boxte er mich in den Magen und lief weg.

Bauernkinder waren ab Mai, sobald die Arbeit auf dem Feld begann, vom Unterricht befreit. Horst traf es in diesem Jahr in der fünften Klasse. Er war froh, für dieses Schuljahr das Lernen hinter sich zu haben.

Im Frühjahr war die erste Arbeit, den Mist auf das Feld zu bringen. Ein Feld für die Saat vorzubereiten, war aufwändig und mühsam, besonders auf steilen Hängen. Der Pflug wurde vom Ochsen gezogen, Horst hielt den Zaum des Tieres und führte es über den Acker. Der Bub hatte Mühe, das schwerfällige Tier zu bändigen, er schlug mit einer kurzen Rute auf sein Maul ein. Der Ochse schüttelte wie im Unwillen den Kopf und trottete nach seinem eigenen inneren Gesetz über die Erde. Der Pflug musste mit viel Kraft möglichst tief in das Erdreich gedrückt werden, damit die Erdkrume gut aufgelockert wurde, denn das Getreide wurzelt tief. Nach dem Pflügen wurde die Erde mit der Egge verrieben, danach das Korn gesät.

Das Säen führte auf jedem Hof der Bauer aus oder der rang-
höchste Knecht. Karl hatte schon den blauen Schurz umgebunden, denn bis jetzt hatte er gesät; nun aber überließ er wortlos
meinem Vater Schurz und Saatgut.

Ich beobachtete meinen Vater und spürte, dass Säen für ihn,
den Bauernsohn, ein Ritual war. Es ging nicht nur darum, Körner auf die vorbereitete Erde zu werfen und sie dann einzuwal-
zen, man musste um Segen bitten, um Regen und Sonne, die
der Herrgott schickte. Mit ernstem Gesicht ging Vater, aufrecht
und mit großen Schritten, über den Acker. Sein Blick war gesammelt, sein Gesichtsausdruck stolz – das schöne Gesicht eines Bauern. Mit der rechten Hand warf er das Korn in großen
Bögen vor sich her. In mir war die Gewissheit, dass Vater dazu
geboren war, Sämann, Bauer, und Bauherr zu sein. Seine gute
Hand für jede Arbeit versprach immer gute, vielfache Ernte.

Auf der Alm

Ende Juni zog Horst mit Marianne auf die Hochalm. Er war Hü-
terbub und Helfer für Arbeiten, die Schnelligkeit und Beweg-
lichkeit verlangten. „Schnell, schnell, Horst, hol einen Kübel
Wasser vom Brunnen herein und dann noch ein paar Handvoll
Holz!", oder: „Schnell, lauf, schau, wo die Kühe sind!" Er war
verantwortlich, dass die Kühe nicht zu weit in steiles Gelände
gerieten, wenn sie grasend die würzigen Bergkräuter mit der
Zunge abrissen. Den ganzen Tag hörte man Horst die Namen
der Tiere rufen, und wenn er Zeit fand, setzte er sich auf einen
Stein und spielte Melodien auf seiner Mundharmonika. Dann
rief Marianne ihn mit einem lauten Jauchzer zum Mittagessen
in die Hütte.

Zur Bergmahd schickte die Bäuerin auch Monika und mich
auf die Alm, die auf dem Schuhflicker liegt. Die Hütte, solide
hingebaut, eingebettet in sanfte Matten, die an steile Abhänge
grenzten, hatte einen zentralen Raum, in dem ein offenes Feuer
auf der gemauerten Herdstatt brannte; der Kessel hing auf
einem schwenkbaren Gestell über dem Feuer. Zum Kochen

hängte Marianne den Kessel aus, stellte einen gusseisernen Dreifuß, der die große Eisenpfanne hielt, auf die Glut, um das Mus zu rösten. Eine Tür ging vom Raum in die Kammer der Sennerin, und eine Falltür in den Keller, wo Milch, Käse und Butter aufbewahrt wurden.

Auf den großen, sechseckigen Tisch stellte Horst Schalen für die Milch und legte Aluminiumlöffel daneben. Marianne hatte zur Begrüßung einen Strauß Almrosen in einem Tonkrug in die Mitte gestellt. Das war ein Fest, als wir nach drei Stunden steilem Aufstieg bei einer üppigen Mahlzeit um den uralten Bauerntisch saßen! Wir aßen goldgelbes, in Butterschmalz herausgebackenes Mus, bis unser Bauch fast platzte.

Horst sagte, wir sollen ihm helfen, die Kühe in das Tret* zu treiben; sie mussten gemolken werden. Das war leichte Arbeit, denn mit den vollen Eutern trotteten die Kühe freiwillig in den Stall, das volle Euter tat ihnen weh. Ich wollte beim Melken helfen. Marianne zeigte mir die Technik, aber bald sanken meine Arme kraftlos herab. „Wenn man melken kann, schaut es so leicht aus", sagte Marianne, „du musst noch viel Mus essen, damit du mehr Kraft kriegst." – „Wir bekommen von der Vev doch nie genug Mus", rief ich. „Ja, ich weiß", sagte Marianne. „Warum bleibt denn eure Mutter auf dem Hof?"

Hinter den Bergen zog ein Gewitter auf, die Kühe waren unruhig, sie ließen ihre Schwänze in das Gesicht der Melker sausen, Fliegen und Bremsen waren vor einem Gewitter wie toll, sie stachen und saugten und surrten, während es schnell finster wurde. Marianne zündete eine Funzel an, es war eine verrußte Petroleumlampe, die schwach das Tret ausleuchtete. Aber es war besser, als ganz im Dunkeln zu arbeiten.

Schon zuckte ein greller Blitz über den Himmel, im gleichen Moment krachte der Donner, als ob es in der Nähe eingeschlagen hätte. Ich fürchtete mich, Monika und ich hielten uns an den Händen. „Ihr müsst euch nicht fürchten", sagte Marianne, „betet lieber ein Vaterunser!" Rasch folgte ein Blitz dem anderen, es hörte sich an, als hätte der Blitz in nächster Nähe einen Baum getroffen und als stürze dieser, der Länge nach gespalten, mit dumpfem Aufprall zu Boden. Dann entlud sich der Himmel in Schleiern stürzender Wasser, die der Sturm schräg vor sich hertrieb. Vor dem Tret sammelten sich kleine Bäche, die schnell zu einem Sturzbach anschwollen und tiefe Rinnen in den Weg gruben. „Zwischen Felswänden hallt der Donner so schrecklich, weil die Felswand sein Echo bricht und wieder und wieder zurückwirft", erklärte Marianne.

Ich war in die Hütte geflüchtet. Der Regen rauschte, die Donner rollten, die Blitze zischten um die Hütte, die Kühe stampften und rissen an den Ketten. Morgen ist alles vorbei, und wir werden wissen, wie es ausgegangen ist. „Morgen ist alles vorbei", so hatte schon Mutter als Mädchen gehofft, wenn sie allein am Waldrand die Kühe hütete, und es hatte immer wieder Gewitter und wieder ein Morgen gegeben.

Marianne kam aus dem Stall, sie zündete eine Petroleumlampe an, gab uns warme, frisch gemolkene Milch zu trinken, dann wies sie uns ein Lager auf dem Heuboden an, wo auch Horst schlief. Wir lagen auf dem harten Boden auf einer Schicht Heu, mit einer derben Decke, unter die man kroch, um sich die Ohren zuzuhalten, solange das Wetter draußen tobte.

Am nächsten Morgen strahlte die Sonne von einem freundlichen Himmel, das Hüttendach dampfte vor Nässe, der Schuhflicker hatte seinen Gipfel in rötliches Licht getaucht.

Mutter, Vater und Karl kamen auf die Alm und begannen mit der Bergmahd. Die steilen Wiesen wurden einmal im Jahr gemäht. Das Heu über den Sommer in Stadeln gelagert, im Winter holten Knechte es auf Schlitten ins Tal.

Nachdem sich die drei mit Milch und Butterbrot gestärkt hatten, gingen sie an die Arbeit. "Kathi, du gehst mit hinauf!", bestimmte Vater. Ich musste das Gras gleichmäßig ausbreiten, damit es schneller trocknete.

Mutter wischte sich mit einem großen Taschentuch den Schweiß vom Gesicht, ich fragte, ob die Arbeit für sie zu anstrengend sei. „Aber nein", sagte sie, „in der Bergmahd war ich schon als Kind, mit meinem Vater und den Brüdern. Ich bin außerdem froh, wenn ich *sie* ein paar Tage nicht sehe."

Als Marianne einen Jodler zu uns heraufschickte – was soviel hieß wie: „Das Mittagessen ist fertig" –, ging es freudig hinunter zur Hütte. Auf dem Weg hinunter blieb Mutter mit mir ein wenig zurück. Sie sagte: „Kathi, gestern ist von deiner Godn Lisi ein Brief gekommen. Sie hat ein Mädchen gekriegt." Darauf wusste ich nichts zu sagen. Mutter fuhr fort: „So eine arme Haut, ein lediges Kind und keinen Vater dafür!" – „Warum", fragte ich, „hat sie keinen Vater dafür?" – „Weil der Kindsvater sie im Stich gelassen hat. Er hat eine Bäuerin geheiratet, deine Godn ist daheim nur die Magd. Jetzt wird sie daheim bei ihren Eltern, die sie nur ausnutzen, weiter die Magd spielen müssen!"

In meinem Kopf drehte sich ein Ringelspiel: „Kindsvater" – „Haderlump" – „daheim die Magd spielen". „Mutter, bist du nicht auch daheim die Magd gewesen? Du hast den Loisl nach zwei Tagen hergeben müssen, obwohl du ihn lieber behalten hättest?" – „Dummes Dirndl", sagte sie, „das war ganz etwas anderes." – „Die Lisi war immer schon ein leichtfertiges Ding, sie hat zu viel gelacht und es nie so genau genommen." – „Was hat sie nicht genau genommen?", wollte ich wissen. Aber da rief Vater, wir sollten endlich weitergehen.

Dunkle Kammern

Zu Schulbeginn ging Mutter mit uns in die Schule, stellte uns dem Direktor vor, und wir warteten auf die Klasseneinteilung. Weil wir vor Kriegsende in Radstadt keinen Unterricht mehr gehabt hatten, wussten wir nicht, ob wir das letzte Schuljahr würden wiederholen müssen, aber wir durften alle in die nächste Klasse aufsteigen. Unsere neue Lehrerin – sie war erst zwanzig Jahre alt und mit dem Studium eben fertig geworden – sagte, es würde sich in wenigen Wochen herausstellen, wer in der höheren Klasse bleiben dürfe und wer nicht reif dafür war.

Genovevas Hof gehörte mit einigen anderen Höfen zum Ortsteil Radkersdorf, am linken Ufer der Arl. Der Weg nach Großarl war ziemlich weit und sehr steil. Man musste von Radkersdorf ins Tal hinunter, über die Arl und auf der anderen Seite wieder hinauf. Kirche, Pfarrhof und Schule, ein paar Bürgerhäuser und eine Gemischtwarenhandlung lagen auf der anderen Talseite.

Ich war in der vierten Volksschulklasse, Günther in der fünften, Monika in der zweiten; Maridi war in der achten und Horst in der sechsten Klasse. Meist hatten wir am Nachmittag auch Schule, und weil der Weg viel zu weit war, um zu Mittag nach Hause zu gehen, gab uns Vev jeden Tag ein kleines Kochgeschirr mit Grießmus oder Polenta mit, das uns eine Bekannte von ihr, die in der Nähe der Schule wohnte, zu Mittag aufwärmte. Als Jause wurde uns ein Stück Butterbrot eingepackt, aber wir hatten immer Hunger.

Am Morgen sahen wir unsere Mutter nicht, sie war schon im Stall beim Melken. Nur Vater und die Bäuerin saßen in der Küche, und man hörte die zwei lachen und flüstern. Ich hasste sie dafür, besonders Vaters Veränderung verursachte in mir Wut und Entsetzen. Wohin war unser Vater gekommen, der früher mit uns auf dem Boden gekugelt war und mit uns geschmust hatte?

Frau Kaiser, die zu Mittag unser Essen wärmte, sagte meiner Mutter einmal, dass sie jeden Tag etwas Milch und ein Stück Butter in das Grießmus rühre, weil wir ihr leid täten. „Für fünf Kinder ein kleines Kaseroll mit Mus …", sie sähe doch, dass wir nie genug zu essen hätten. Frau Kaiser hatte für ihre drei Kinder ebenfalls nicht viel, doch sie ließ sich das nicht anmerken. Wenn wir aßen, saß sie bei uns und stellte Fragen über Begebenheiten in unserer Familie, auch warum wir von Radstadt zu dieser Bäuerin gezogen wären. „Weil jetzt überall Hungersnot ist, obwohl der Krieg vorbei ist", antwortete ich. „Aber bei Veva herrscht für euch doch auch Hungersnot", sagte sie.

Jeden Abend schrie Günther in der Knechtkammer, und ich hielt meine Ohren zu. Ich verstand nicht, dass meine Eltern dieses Jammern nicht hörten, oder Veva, deren Kammer ebenfalls neben der der Knechte lag. Ich getraute mich im Dunkeln nicht hinunter in die Kammer unserer Eltern, weil Wawi behauptete, dass unter der Stiege in der Nacht immer ein Gespenst oder manchmal der Satan selber hocke.

In der Kammer der Veva war ich noch nie gewesen, ich stellte mir aber vor, dass sie sehr groß war, mit vielen Betten und wertvollen Teppichen.

Regelmäßig kamen die Jäger zu Besuch, das waren drei Männer, ein älterer und zwei junge Burschen. Sie hatten grüne Lodenanzüge, grüne Hüte mit Gamsbart, trugen ein Gewehr, das sie lässig von ihren Schultern nahmen und in der Küche an die Wand lehnten. Vev freute sich jedes Mal sehr über ihren Besuch, lachend ließ sie sich von den Männern umarmen und drücken. An diesen Abenden musste Vater bei uns in der Stube essen und machte ein saures Gesicht. Das Grinsen war dann in seinem Gesicht wie festgenagelt, und in der Früh verließ er fluchtartig die Stube in Richtung Stall, um die Pferde zu füttern. Mutter war wie immer – stumm. Nur einmal hörte ich Marianne etwas mit ihr flüstern. Sie beachteten mich nicht, und so hörte ich, wie sie sagte, dass alle drei Jäger bei Veva in deren Kammer übernachteten.

Der Stallbau war noch nicht abgeschlossen, momentan waren die Verputzer da: Mathias, der Vorarbeiter, der in Großarl, auf der anderen Seite des Tales, ein Haus hatte, und zwei Gesellen aus Hüttschlag. Die Bäuerin war ihnen gegenüber reserviert, was mich wunderte, weil sie doch auch fesche Männer waren. Die drei aßen zu Mittag mit uns in der Stube. Vev hatte reichlich gekocht, es gab mehr und besseres Essen. Ich ergatterte mehr als sonst aus der Schüssel, so dass ich satt wurde. Dann bemerkte ich, dass Marianne, die hübsche Stalldirn, immer wieder bei Mathias stand. Sie lachten, bis Vater ihnen über den Hof zurief, sie sollten beide gefälligst ihre Arbeit tun.

Am Abend lud Veva die Männer, auch unseren Vater, in die Küche ein. Sie tranken Schnaps, während Mutter, Monika und ich in der Stube saßen und gemeinsam an einem Männerjanker strickten. Mutter strickte den Rücken, Monika und ich je ein Vorderteil. Monika strickte schneller als ich, Reihe um Reihe. So sehr ich mich bemühte, gleich schnell wie sie eine Reihe fertig zu haben, es gelang mir nicht. Am Abend waren wir trotzdem gleichzeitig mit dem Vorderteil fertig, ich war endlich mit mir zufrieden.

Wir wollten in die Kammer hinauf, um uns schlafen zu legen. Mutter ging mit einem leisen „Gute Nacht!" in ihre Kammer, Vater hörten wir aus der Küche lachen. Im Halbdunkel sahen wir zwei Gestalten aneinandergelehnt unter dem Stiegenaufgang stehen. Ich schlich vorbei, als wäre ich bei etwas Unrechtem ertappt worden oder als hätte ich das Gespenst gesehen. Günther schrie. Man hörte Schritte über die Stiege, es knackte im alten Gebälk.

Am nächsten Morgen saßen Mathias und Marianne bei Tisch eng nebeneinander, ich sah lange zu Marianne hin, sie aber beachtete mich nicht. Die Bäuerin hatte sogar mehr Mus gekocht als sonst. Wieso wusste sie, dass Mathias dageblieben war?

Wir Kinder gingen in die Schule, und der Sohn von Mathias fragte mich, ob sein Vater auf dem Hof übernachtet habe. Ich weiß nicht, warum ich sagte: „Ich weiß es nicht". Am Nachmittag kam Ursula, die Frau von Mathias, herauf und wollte von ihrem Mann wissen, wieso er nicht nach Hause gekommen war. Was er ihr erzählte, habe ich nicht gehört, weil sie mich fortschickten.

Später lud Veva die zwei zu Kuchen und Kaffee in die Küche, und ich schlich um die Besucher; vielleicht bekam ich ja ein kleines Stück vom Gugelhupf? Als Marianne in die Küche kam, gab sie Mathias' Frau freundlich die Hand, auch sie setzte sich an den Tisch. Mein hungriger Magen bäumte sich auf, und ich lief hinaus, weil ich meinte, erbrechen zu müssen.

Als ich mich später wieder um die Küche schlich, um zu hören, was geredet wurde, vernahm ich Mutters und Vaters Stimme. Ich täuschte mich nicht – Vater und Mutter aßen Gugelhupf. Jetzt hatte auch Mutter vergessen, dass ihre Kinder hungerten.

Dann begleiteten Veva, Vater und Mathias Ursula durch das neue Stallgebäude. Ursula war beruhigt. Ihr Mann hatte am Vortag bis spät in die Nacht gearbeitet, damit bis zur Stalleinweihung alles fertig würde, und Veva zeigte ihr die Kammer für Besucher.

Ich drehte mich um, weil Mutter mich leise rief: „Kathi, komm schnell, ich habe Gugelhupf für dich und Günther!" Monika, Martha und Manfred verstanden zu schmeicheln, deswegen bekamen sie öfter als Günther und ich Kuchen oder Krapfen. Günther und mich sah die Bäuerin nur, wenn sie Befehle austeilte.

Vom Korn zum Brot

Alle zwei Wochen mussten wir Brot backen, dann trug Vater am Abend den großen Backtrog aus Holz in die Stube, Vev brachte in der eigenen Mühle gemahlenes Mehl, Roggen und Weizen vermischt, und schüttete es in den Backtrog. Sie goss in die Mitte das „Dampfl"*, das über Nacht „gegangen" war. Ich stand dann früh auf, weil ich meiner Mutter beim Kneten helfen durfte. Das war sehr anstrengend, aber den weichen, warmen Teig zu kneten und zu Brotlaiben zu formen war für mich ein besonderes Erlebnis wie Sattessen und Daheimsein.

Mutter teilte den Brotteig in zwölf Teile. Zwölf Laibe mussten es sein. Mit raschen Bewegungen formte sie den Teig zu einem Kegel, seine Spitze drückte sie in der hohlen Hand mit drehenden Bewegungen flach, bis ein runder Laib geformt war. In die Mitte setzte sie mit einer raschen Bewegung mit dem Zeigefinger eine Vertiefung, dann sah sie zufrieden ihr Werk an. Sie erklärte, dass ein Laib keine „Naht" haben dürfe, sonst klafft er beim Backen an der Naht auseinander. Sie zeigte mir, wie man die Griffe setzte, damit ein Laib entstand. Ich war stolz, wenn Mutter den Laib, der unter meinen kleinen Händen entstanden war, nicht nochmals bearbeitete. Abschließend fuhr ich mit meinen Händen, die ich zuvor in Wasser getaucht hatte, über die Oberfläche der Brote, um sie zu befeuchten.

Vater hatte den aus Steinen gemauerten Backofen, der im Freien stand, inzwischen schon mit Buchenholz geheizt. Noch eine Stunde musste der Brotteig „gehen", bis die Laibe etwa doppelt so groß waren, dann trugen Mutter und Marianne das Brett mit den Laiben ins Freie. Inzwischen waren im Ofen die Scheite niedergebrannt, Vev hatte mit einem Schaber die Asche ausgeräumt, und mit einem nassen Tuch, das um den Schaber gewickelt wurde, wischte sie den Boden des Ofens aus. Mutter legte einen Laib nach dem anderen auf ein flaches, rundes Brett, das etwa die Größe eines Brotlaibes hatte und mit einem Stiel versehen war, und „schoss" das Brot mit gezielten, schnellen Bewegungen auf den Ziegelboden des Ofens. Die Ofentür wurde geschlossen, und nach einer Stunde holte man goldbraune Laibe heraus. Weitum roch es nach frisch gebackenem Brot, auch meine Hände, die Haare, die Kleider.

Ab und zu musste ich Vater zur Mühle begleiten und ihm helfen, die schweren Säcke mit den Körnern auf den Trichter der Mühle zu heben. Die Mühle, ein „gestrickter"* Bau aus verwittertem Holz, stand an einem schäumenden Wildbach, dessen Quelle auf dem Schuhflicker entsprang. Er trieb das große Mühlrad an, das sich ächzend zu drehen begann, sobald Vater mit einem Griff die Blockade löste und das Wasser über das Mühlrad leitete. Das Wasser rauschte, das Mühlrad klapperte. Ich hätte mich am liebsten in das Gras gelegt und dem rhythmischen Klappern zugehört, aber Vater rief: „Wo bist du denn? Du musst mir jetzt *schon* helfen. Faulenzen und Träumen, das können wir uns nicht leisten." Ich ließ eine Hand voll Roggenkörner langsam von einer Hand in die andere rieseln. Sie fühlten sich an wie Seide, rochen nach Sonne, Wind und nach Nüssen.

Ich habe auch beim Säen zugesehen: Korn rieselt auf die Erde, dann wird es in den Boden gewalzt, damit der Wind die Körner nicht verweht. Ein paar Wochen später sprießen grüne Triebe, die in die Höhe wachsen und sich im Wind wiegen, ohne zu knicken. Dann bilden sich Ähren und in den Ähren kleine Körner, die erst milchig und weich sind. Wir haben sie gekostet, sie sind süß und ein bisschen bitter. Später werden die Ähren goldgelb und die Getreidekörner hart.

Sobald das Korn gelb ist, ist es reif zum Schnitt. Dann standen die Frauen mit gebeugten Rücken in der Reihe, schnitten mit Sicheln die Halme über dem Boden ab und legten sie bündelweise auf das „Band"*. Die Männer banden die Garben und trugen sie zu Schobern zusammen, sodass sie in der Sonne trocknen konnten, ehe man sie auf Wägen lud und in die Tenne einfuhr.

An den letzten Novembertagen setzte die Bäuerin den Zeitpunkt für den Drusch an. Wir Kinder lösten mit flinken Händen die Strohbänder der Garben und legten sie auf den Tennboden, die Erwachsenen schwangen Dreschflegel über ihren Köpfen und ließen sie abwechselnd auf das Schnittgut niedersausen. Das klang im Takt: tagg-tagg, tagg-tagg … Dieser Rhythmus durfte von keinem der Drescher unterbrochen werden. Er hörte sich gut an, man wusste, es würde im nächsten Jahr wieder zu essen geben.

An einem Dreschtag kochte die Bäuerin große Schüsseln voll goldgelber Krapfen und goss verdünnten Honig darüber. Da Dreschen eine anstrengende Arbeit war, ließ sie sich das Essen nicht reuen*. Dann saßen alle – Taglöhner, Gesinde und die Bäuerin – an einem Tisch, es ging mancher Scherz hin und her, und alle konnten sich satt essen.

Meine Mutter hatte die Gewohnheit, dass sie den Zeigefinger mit den Lippen befeuchtete und damit jedes Brotkrümelchen vom Tisch aufnahm und aß – „Gottes Gabe", sagte sie und lehrte uns auf diese Weise, Brot zu ehren. Wir wussten aus eigener Erfahrung, wie viel Schweiß und Bangen es kostete vom Säen bis zum Dreschen, vom Korn zum Brot.

War der Drusch vorbei und die Getreidekörner in Truhen auf dem Dachboden verwahrt, wurde es Zeit, die Schlafkammern gründlich zu putzen und die Strohsäcke mit frischem Stroh zu füllen. Immer zu zweien, fassten wir zwei Zipfel eines Strohsacks und schüttelten den Inhalt im Stall zur Streu. In der Tenne füllten wir dann frisches Stroh in die Säcke. Meine Mutter hatte Freude an dieser Arbeit, denn das hatten sie „daheim" auch so gemacht. Man musste das Stroh sorgfältig in den Strohsack drücken und die Ecken gut ausfüllen, denn das Stroh wölbte sich im Sack, aber sobald man darauf schlief, drückte man mit dem Körpergewicht das Stroh zusammen. Dann kam es darauf an, dass der Strohsack gleichmäßig gefüllt war, sonst lag man zwölf Monate lang schief oder hart.

An Winternachmittagen saßen Mutter und Marianne an den Spinnrädern, Wawi stopfte die Socken der Knechte, Maridi, Monika und ich strickten neue Socken.

Vater, Karl, Horst und Günther waren unterwegs zu den Gebirgsmahden, wo in weit verstreuten Stadeln das Heu vom Sommer lagerte; es musste auf Schlitten heruntergeschafft werden. Mir taten Günther und Horst leid, weil sie zu dieser Arbeit noch nicht kräftig genug waren, denn die Schlitten waren schwer zu lenken auf den abschüssigen, eisigen Hohlwegen.

Als Lohn für die schwere Arbeit kochte Vev Schweinsbraten mit Knödel und Sauerkraut.

Dann vergaß ich, wie oft wir Hunger hatten und dass Mutter kein Recht hatte, in der Küche zu wirtschaften. Vielleicht war die Veva nicht gemein und böse; sie musste einfach sparen und die Rationen genau einteilen. Wenn wir alle gemeinsam um den Tisch saßen, wenn Vater neben Mutter saß, malte ich mir Bilder aus von einem gerechten, anderen Leben.

Eines Tages wollte Mutter Strohpatschen machen. Das Stroh hatte sie in einen Bottich mit Wasser gelegt; auf diese Weise wurde es geschmeidig und ließ sich zu langen, dünnen Zöpfen flechten. Nach dem Abendessen saßen wir im Kreis und flochten das Stroh. Jedes Mädchen hielt eine Bündel Stroh, wie offene Haare, am oberen Ende fest, eine der Frauen flocht sorgfältig möglichst feste, dünne Zöpfe.

Mutter überzog einen Schusterleisten mit einem Socken, den sie oben sehr straff zunähte. An der Sohle beginnend, nähte sie die Strohzöpfe, Reihe um Reihe, eng aneinander. Sie machte diese Arbeit besonders sorgfältig, nähte mit kleinen, festen, regelmäßigen Stichen und stellte die schönsten, haltbarsten, wärmsten Strohpatschen her. Wenn die so aneinandergenähten Strohzöpfe die Höhe eines Halbschuhs erreicht hatten, schnitt sie den Socken ab und nähte den Sockenrand mit kleinen Stichen am obersten Strohzopf fest. Dann umhäkelte sie als Aufputz noch den Abschluss des Patschens mit buntem Garn.

Ich saß beim Strohflechten Marianne gegenüber, die sich abmühte, um feste, gleichmäßige Strohzöpfe herzustellen. Wir lachten über ihre Anstrengungen, es Mutter gleichzutun, und Mutter erzählte, dass sie schon als Kind von ihrer Mutter zu diesen Arbeiten angehalten worden war.

Ich dachte erst, dass es eine zufällige Berührung sei, als ich Mariannes Knie an meinem Knie spürte. Doch immer wieder rieb sie sanft dagegen, bis es mir zu viel wurde und ich auswich. Aber sie suchte wieder meine Schenkel mit ihrem Knie. Ich senkte meinen Blick, denn plötzlich gefiel mir diese Art der Berührung, die ich nun so lange erwiderte, bis es mich heiß und warm durchströmte. Mein Körper zuckte, ich war von

Wonne geschüttelt, stand auf und ging weg. Als ich mich beruhigt hatte, kam ich zurück in die Runde. Marianne sah mich lächelnd und mit einem Augenzwinkern an. Sie wollte mit der Berührung fortsetzen, ich aber rückte meinen Stuhl aus der Reichweite ihrer Schenkel. Als wir Kinder ins Bett geschickt wurden, ging Marianne mir nach und fragte mit leiser Stimme: „Kommst zu mir in die Kammer für eine Stunde?" In mir war noch die Erregung, die Erschütterung, die mich wie ein Vulkanausbruch heimgesucht hatte, und ich antwortete: „Nein, das geht nicht."

Ein Dirndl in die Hauptschule?

Das erste Schuljahr in Großarl war nun bald um, die Lehrerin sagte, dass ab Herbst die Möglichkeit bestünde, mit einem Schulbus nach St. Johann in die Hauptschule zu fahren. Sie teilte Formulare aus; die Eltern mögen, wenn sie einverstanden waren, unterschreiben. Die Bedingungen für den Besuch in der Hauptschule St. Johann waren, dass man jeden Morgen um sieben Uhr beim Postamt Großarl sein musste, von wo aus der Schulbus die Schüler nach St. Johann bringen würde. Dass wir bei jedem Wetter um spätestens sechs Uhr aus dem Haus müssten, war sogar für meine Vorstellung zu viel. Bus und Mittagessen kosteten Geld, das kam erschwerend dazu.

Günther hatte sowieso kein Interesse, so war es für meine Eltern nicht schwer, mich zu überzeugen, dass es für mich als Mädchen nicht so wichtig sei, in die Hauptschule zu gehen. Halbherzig gab ich nach. Meine Lehrerin konnte es nicht fassen, dass ich nicht in die Hauptschule gehen sollte und wollte deshalb mit meinen Eltern reden.

Nach dem Unterricht begleitete sie mich nach Hause; ich fühlte mich ungeheuer wichtig. Rudel von Kindern, Schulkameraden, überholten uns, sahen sich scheu nach uns um, dann fingen sie wie auf Kommando zu rennen an. Es war für sie eine Sensation, dass eine Lehrerin mit einer Schülerin nach Hause ging. Sie waren Bergbauernkinder mit vielen Geschwistern, die Mutter bekam jedes Jahr ein neues dazu und brachte meist nicht die Kraft auf, sich um alle zu kümmern. Es waren Kinder mit alten Gesichtern, abgearbeitet, mager, in ungepflegten Kleidern. Obwohl wir auch arbeiten mussten, ob wir wollten oder nicht, ob wir müde waren oder nicht – in dem Moment fühlte ich mich diesen Kindern haushoch überlegen.

Im Unterricht waren viele von ihnen schwerfällig, und selten konnten sie auf eine Frage eine richtige Antwort geben. Mir schien es mitunter, als kämen sie von einem anderen Stern und verstünden deshalb die Sprache der Lehrerin nicht. Vielleicht war ihnen alles egal? Es schien, als wären sie gleichgültig geworden vom ewigen Gehorchen, müde von den zahlreichen Aufträgen, die ständig auf sie niederprasselten, wie: „Geh die Kühe holen!" oder „Nimm die Kleine mit und pass auf!" Sie duckten sich, wenn die Lehrerin auf sie zuging, als erwarteten sie Schläge, die es auszuhalten galt, egal, ob sie etwas angestellt hatten oder nicht. Unsere Lehrerin war jung, sie war voll Lachen und Liedern und Erbarmen.

Sie ließ es oft damit bewenden, wenn eine Frage unbeantwortet blieb, manchmal streichelte sie ihnen über das Haar. Auch diese Geste nahmen sie gleichgültig, wie eine unverdiente Zuwendung, hin.

Mutter begrüßte die Lehrerin als Erste, Vater kam später dazu. Ich fand es unpassend, dass er ihr unentwegt lächelnd ins Gesicht sah. Sogleich waren er und sie in ein Gespräch vertieft. Vater fragte nach ihrer Familie, die er kannte, und zu meiner Freude stellte sich heraus, dass wir verwandt waren.

Als es um den Hauptschulbesuch ging, waren sich meine Eltern einig, „… dass ein Mädchen das nicht …" Aber die Lehrerin ließ sie nicht ausreden und sagte ihnen, dass, wenn *ich* nicht in ihrer Klasse wäre, sie manchmal schon an ihren Fähigkeiten gezweifelt hätte. Stolz huschte über die Gesichter meiner Eltern, aber sie konnten das Geld nicht aufbringen für Bus und Mittagessen und meinten, wenn sie mich, ein Mädchen, in die Hauptschule schickten, müssten sie Günther diese Möglichkeit ebenfalls bieten.

Inzwischen sollte der neue Stall eingeweiht werden. Herr Bertsch, der Baumeister, wünschte, dass Politiker der Bauernkammer Salzburg eingeladen wurden, weil dieses Wirtschaftsgebäude nach neuesten Erkenntnissen gebaut und einmalig war im Land. Wochenlang haben die Frauen gebraten und gebacken, Mutter gab uns heimlich manchen Leckerbissen von dem Überfluss. Vev lud auch Verwandte von Vater ein; zwei seiner Schwestern und zwei Brüder nahmen die Einladung an.

Am Festtag war das Haus voller Gäste, sie standen in der Stube, in der Küche und sogar im Hausgang. Vater stand neben Vev und Bertsch, meine Mutter mit uns Kindern bei den Handwerkern und Dienstboten. Bertsch hielt eine Rede. Er lobte die Arbeit und den Einsatz meines Vaters und sagte in feierlichem Ton: „Aber was *eine* Frau, nämlich Veva Gappmeier, hier geleistet hat, ist einmalig in der Geschichte! Sie und Walcher – mein bester Mitarbeiter – sind ein großartiges Team. Sie mussten Pläne einsehen, arbeiteten oft Tag und Nacht, und sie mussten gemeinsam zu mir nach Salzburg reisen. Aber leider gab es da auch eine Person, die mit ihrer Eifersucht wie ein Hemmklotz wirkte, nämlich Frau Walcher."

Mutter schlug die Hände vor das Gesicht und lief hinaus. Es war mucksmäuschenstill in der Stube. Ich ging hinaus und suchte meine Mutter. Wir zwei saßen auf der Hausbank, ich lehnte mich an sie. „Kind, geh hinein und iss etwas!", sagte sie zu mir. „Ich brauche nichts, Mama. Sie sind so gemein!"

Ehe die Verwandten am nächsten Tag wieder heimfuhren, baten sie mich, ich solle Mutter holen, sie wollten sich von ihr verabschieden. Meine Mutter weigerte sich, aus der Kammer zu kommen. „Schönen Gruß an deine Mutter", sagten sie, dann musste ich sie wieder zur Bushaltestelle begleiten. Vater bedankte sich für ihr Kommen, aber sein Gesicht war ernst; ich hoffte, dass er sich schämte für die Gemeinheit von Bertsch.

Am nächsten Tag nahm Mutter die Arbeit wieder auf. Mit verschlossenem Gesicht saß sie bei Tisch, niemand mochte reden. Ich ließ sie nicht aus den Augen, denn ich hatte große Angst, dass sie uns heimlich verlassen könnte. Dann hielt ich es nicht mehr aus und gestand ihr meine Angst. Sie nahm mich in die Arme, sah mich ernst an und sagte, dass sie das nie tun würde: „Glaubst du, ich lasse euch hier allein, bei *ihr* – und bei *ihm*?"

Die Schule begann wieder, ich war jetzt in der fünften Klasse, Monika in der dritten, Günther in der sechsten. Maridi, die Ziehtochter, war jetzt wie Wawi Magd auf dem Hof. Schleppend gingen die Tage dahin, ohne Lust ging ich in die Schule. Dauernd musste ich an die Freundinnen denken, die jetzt nach St. Johann in die Hauptschule fuhren. Wenn wir uns an einem Sonntag auf dem Kirchplatz sahen, lächelten sie überlegen, so schien es mir, und wenn ich fragte: „Wie ist es in der Hauptschule?", grinsten sie und sagten kurz angebunden: „Gut."

In diesem Jahr wurden die fünfte und die sechste Schulstufe zusammengelegt und von einer Lehrperson in einem Raum unterrichtet. Da doch etliche Kinder von Großarl die Hauptschule besuchten, gab es zu wenige Schüler, um zwei Klassen zu füllen. Mir war alles zuwider, manchmal dachte ich wieder daran, dass es besser wäre, tot zu sein. Dann wieder bat ich Gott um Verzeihung für diese Gedanken, wusste ich doch, dass ich auf Mutter aufpassen musste.

An einem Adventsonntag kam Vater später als sonst vom Kirchgang heim. Vev, die ihn meist begleitete, war allein nach Hause gekommen und ohne Gruß in ihre Kammer gegangen. Die Dienstboten, Mutter, Monika und ich saßen in der Stube um den Tisch und warteten. Wir warteten mit dem Essen auf Vater. Der Schnee lag meterhoch vor dem Fenster, in der Stube war es angenehm warm.

Jetzt klopfte er vor der Haustür den Schnee von seinen Schuhen, band die Gamaschen auf und trat in die Stube. Freundlich wie schon lange nicht, sprach er mit Mutter: „Der Lienbacher hat mich heute angeredet – du weißt, wer er ist?" – „Ja, ein sehr reicher Mensch", sagte Mutter, „er besitzt ein Sägewerk und einen Bauernhof in Großarl und einen Gutshof in St. Johann. Er soll einer sein, der seinen Besitz nicht ehrlich erworben hat."

Vater erwiderte: „Du musst aufpassen, was du daherredest. Keiner weiß, wie er so reich geworden ist, aber nachplappern darf man solche Dinge nicht. Dieser Mann hat mich heute zu sich heim eingeladen. Er fragt, ob wir ab Februar auf seinem Hof in St. Johann arbeiten wollen. Wir könnten frei wirtschaften, nur zum Heuen schickt er seine Kinder als Hilfe."

Mutter hielt mit dem Essen inne. Sie schaute an uns vorbei, ihr Gesicht war ernst wie immer. Mir dauerte es viel zu lange, bis sie reagierte. „Sind wir dann wieder frei und für uns allein?", fragte sie. „Und wir dürfen in die Hauptschule?", platzte ich heraus. „Falls die euch noch nehmen …", sagte Vater. „Bis Februar habt ihr schon ein halbes Jahr versäumt. Es wird nicht so leicht sein, in der Hauptschule ein halbes Jahr nachzuholen."

Das würde mir nichts ausmachen, ich würde lernen, lernen, lernen! Endlich weg von hier, von *ihr* – von Vev. Ihr gönnte ich die Niederlage! „Endlich weiß Vater, dass er zu uns gehört", sagte ich zu Günther. Mein Bruder sah mich nicht an, als er sagte: „Du bist immer gleich blöd." Vater und Mutter wieder in Frieden, Frieden, Frieden! Die Gesichter verschwammen vor meinen Augen; es waren dieses Mal Tränen der Erleichterung.

Als wir gegessen hatten, sagte Vater: „Kommt, zieht euch an! Wir sollen noch heute zur Familie Lienbacher kommen, er will euch alle sehen, vor allem aber dich", sagte er zu Mutter. „Du, vor allem du, musst einverstanden sein." – „Warum?", fragte Mutter. „Du wirst viel Arbeit haben: ein großer Stall, fünfzehn Kühe, Schweine, Hühner, wir werden Pferde haben. Eine alte Sennerin lebt auf dem Hof, die im Stall hilft, und ein Flüchtling aus Jugoslawien." – „Das schaffe ich leicht", sagte Mutter, „das schaffe ich leicht."

St. Johann

Beinahe ein Hof zum Bleiben

Das große Vertrauen, das Lienbacher in meine Eltern setzte, die übertragene Verantwortung ehrte sie und gab ihnen ein Gefühl, als wäre es ihr eigener Hof, den sie bewirtschafteten. Vater sprach von „meinen Rössern" und „meinen Feldern", und Mutter konnte nach den eineinhalb Jahren in Großarl wieder freier atmen. Bei diesem Angebot langten wir alle gern zu: Mutter, Vater, Günther, ich.

Der Gutshof Altach lag am linken Salzachufer, vier Kilometer nördlich von St. Johann. Das Haus, breit hingeduckt am Waldrand, das Dach mit Schiefer gedeckt, machte einen gediegenen Eindruck. Im Erdgeschoß war die große Küche mit dem riesigen Tisch, einem großen Herd und der Abwasch. In die Kammer von Theres ging man durch eine Tür von der Küche aus. Auf der anderen Seite des Ganges gab es zwei weitere Schlafkammern. In einer schliefen meine Eltern und die zwei Kleinen, ein Raum war für die Familie Lienbacher reserviert. Im Stockwerk darüber war eine kleine Wohnung mit Balkon; dort wohnte Familie Kurz, die nach dem Krieg vor Tito* geflüchtet war. Nach hinten, zum Wald hin, schliefen Günther, Monika und ich.

Nun wohnten wir in einem Haus, in dem eine Wasserleitung und elektrisches Licht installiert waren. Es gab keine Petroleumlampe mehr, die ihre Russschwaden an den Plafond pufſte. Ein Plumpsklo war hinter dem Haus.

Die Felder, die zum Hof gehörten, verliefen am linken Ufer der Salzach; mir schien, als wären sie viele Kilometer lang. Zum

Wald hin lag ein Judenfriedhof. Wir lasen die Namen der Toten auf den Holztafeln, und mich schauderte, sooft wir diese Stätte besuchten, aber immer wieder gingen wir hin. Ich dachte an das „Vergasen", an Ribbentrop und daran, was Vater vom Krieg erzählt hatte. Über die Straße, einige Minuten vom Hof entfernt, Richtung St. Johann, standen Ruinen von Gefangenenlagern, in denen hunderte Gefangene – Polen, Russen und Juden – verhungert seien, so erzählten uns die Kurz-Mädchen. Aus den Toten habe man Seife gemacht. Gegen Kriegsende hatte jemand dieses Lager angezündet.

Die zwei Töchter der Familie Kurz hießen Marizza und Katja. Marizza war blond, dreizehn Jahre und groß für ihr Alter; Katja hatte dunkles Haar, sie war zierlich und zehn Jahre alt. Wir hatten denselben Schulweg, beide besuchten die Volksschule in St. Johann. Alle Mitglieder der Familie sprachen gut deutsch, aber wenn sie unter sich waren, sprachen sie kroatisch.

Mathias Kurz arbeitete auf dem Hof, seine Frau Mitzi tat gar nichts, außer dass sie mit einem Rucksack hamstern ging, weil die Lebensmittel im Jahr 1947 immer noch knapp waren. Meist war der Rucksack gut gefüllt, den sie nach Hause brachte, und ihr Mann war eifersüchtig. Er verdächtigte seine fesche, große Frau, so viele Esswaren heimzubringen, weil sie allzu freundlich zu den Bauern sei. Sie lachte und gab auf seine Anschuldigungen keine Antwort, sondern bereitete ein gutes Essen zu, bei dem er gerne zulangte.

Mutter war trotz Arbeitsüberlastung zufrieden, Unser Haus und die Wiesen lagen da, wo das Salzachtal am breitesten ist, und gegen Norden gaben die Waldrücken einen Blick auf das Tennengebirge frei. Als wir zum ersten Mal auf den Hof kamen, rief Mutter aus: „Endlich wieder daheim! Man sieht von hier aus sogar die ‚Eiskögel' …"

Mutter stand jeden Morgen um fünf Uhr auf, um zu füttern und zu melken. Günther musste mit der Scheibtruhe* den Mist „ausradeln"* und die Kühe striegeln. Eigentlich war Theres, die alte Sennerin, für das Ausmisten zuständig. Lienbacher hatte gesagt: „Den Mist hinausbringen kann die Theres schon noch", aber das alte, bucklige Weiblein tat uns leid; Mutter schonte sie so weit als möglich.

Theres molk zwei oder drei Kühe, die Arme taten ihr weh, in den Fingern hatte sie die Gicht, aber sie sagte: „Solange ich aufrecht stehen kann, werde ich arbeiten." Auf diese Weise hatte sie das Gefühl, nicht ganz alt und unnütz zu sein. Für Mutter und Mathias Kurz blieben je sechs Tiere zu melken, dafür brauchten sie ungefähr eine Stunde.

Mutter hatte in der Küche schon eingeheizt und das Mus angerührt, bevor sie in den Stall ging. Wenn ich um sechs Uhr aufstand, hatte ich dafür zu sorgen, dass das Feuer nicht ausging. Ich wendete das Mus in der Eisenpfanne, und um halb sieben wurde gegessen. Dann kam Vater, meistens gut gelaunt, aus dem Pferdestall. „Seine Pferde" waren sein Stolz, ständig bürstete er ihr Fell, bis es glänzte. Sie bekamen den besten Hafer zu fressen und die beste Streu.

Ich schöpfte für uns Schüler heißes Wasser zum Waschen aus dem Schiff in eine Aluminiumschüssel. Das Schiff musste sofort nachgefüllt werden, weil sonst das restliche Wasser schnell zu sieden begann. Mutter brachte einen Eimer mit Milch herein und schüttete sie in die Zentrifuge. Dann hatte ich das Schwungrad anzutreiben, der Rahm floss durch ein kurzes Rohr in einen Krug, während die Magermilch durch ein längeres Rohr in den dafür bereitgestellten Eimer rann. Den Rahm stellte Mutter in einem irdenen Topf in die Speisekammer und ließ ihn einige Tage stehen, denn der Rahm sollte leicht sauer sein, ehe man ihn im Rührkübel zu Butter verarbeitete.

Zum Frühstück tranken wir kuhwarme Milch zum Mus, nachher flocht Mutter rasch unsere langen Zöpfe, packte Jausenbrote ein, und ich bekam den Auftrag, was ich nach der Schule in der Gemischtwarenhandlung Nagel einzukaufen hatte. Punkt sieben Uhr gingen wir aus dem Haus.

Das Butterrühren war eine Arbeit für den Feierabend, Mutter machte daraus ein Ritual. Der Rührkübel war ein Holzfass, circa einen halben Meter hoch, und hing in einem Schwungrad auf einem Eisengestell. In seinem Inneren waren fünf schräg gestellte Holzdauben, gegen die der Rahm geschleudert wurde, wenn das Fass gedreht wurde. Durch die Drehbewegung und das Anschlagen wurde das Fett allmählich von der Milch getrennt. Monika oder ich mussten die Kurbel betätigen, der Kübel sollte in gleichmäßigem Rhythmus gedreht werden, bis ein klopfendes Geräusch anzeigte, dass die Butter bereits fertig war und in Klumpen an die Fasswände klatschte. Das konnte bis zu einer Stunde dauern. Mutter stellte dann einen Eimer unter den Rührkübel, zog den Zapfen aus dem Spundloch und ließ die Buttermilch in den Eimer laufen. Dann öffnete sie den viereckigen Verschluss des Fasses, nahm die Butterklumpen heraus und legte sie in eine Schüssel. Anschließend klatschte sie die Butter von einer Hand in die andere, bis die meiste Flüssigkeit ausgeklopft war, und formte sie allmählich zu einem Stritzel*. Zuletzt verzierte sie die Oberfläche mit einem Löffelstiel und freute sich über das Ergebnis ihrer Arbeit.

Die Butter trug sie in den Keller, dort lagerte sie auf Regalen, bis Lienbacher kam und die kostbare Ware in Holzkistchen im Rucksack forttrug.

Theres bewohnte eine Kammer neben der Küche, in die sie sich nach dem Frühstück zurückzog. Der Hund Wastl schlief bei ihr auf dem Bett. Wir haben ihre Kammer nie betreten; unsere Eltern haben uns Respekt vor einem Menschen, „der sein Leben lang gearbeitet hat", beigebracht.

Die Augen von Theres tränten wie die des Hundes, und die Lienbacher-Söhne Fritz und Hans drohten, sooft sie den Hund zu Gesicht bekamen, ihn in der Salzach zu ersäufen. Dann weinte Theres, und Wastl, der unnütze Fresser, verkroch sich, wenn die Burschen auf den Hof kamen. Mutter sagte dann: „Da könnt ihr sehen, wie feinfühlend ein Tier ist." Sie verteidigte die Alte, und Theres wie der Hund dankten es ihr mit Hingabe und Unterwürfigkeit. Wie lange sie schon auf dem Hof in Diensten sei, wollte Mutter wissen. „Weiß es nicht mehr", sagte sie, „meiner Lebtag, von klein auf, schon als Kind."

Vater und Mutter vermuteten – die Lienbacher-Söhne machten Anspielungen –, dass Theres einmal Lienbachers Geliebte gewesen sei. Das konnte ich mir nicht vorstellen, denn der alte Lienbacher war eine sonderbare Gestalt: groß, hager, mit finsterem Blick. Meistens war er barfuß und zu Fuß unterwegs, obwohl ein Auto in seiner Garage stand. Bekleidet mit einer langen, an den Knien abgewetzten und unten ausgefransten Lodenhose, mit kariertem Hemd und abgetragenem Janker, sah er aus wie ein Bettler, sein Mund war zahnlos, der Schädel geschoren. „Wie ein Sträfling", sagten die Leute, „aber täuscht euch nicht, er ist schlauer als zehn Advokaten!" Er inszenierte gerne Prozesse, die er immer gewann, darum war er so reich.

Theres musste er durchfüttern, egal, wie lange sie noch lebte; er hatte sie als Magd nie angemeldet, nie Krankenkassa oder Versicherung für sie gezahlt. Sie hatte keinen Anspruch auf Pension, und er, der Winkeladvokat, wusste bestimmt, welche Strafe er bekommen hätte, wenn das aufgeflogen wäre. Deswegen gab er ihr hin und wieder einen Zwanzigschillingschein, dann sah sie scheu zu ihm auf und trottete in ihre Kammer.

Ich dachte mir aus, dass sie, die jeden Tag den gleichen schmutzigen, langen Kittel anhatte und die gleichen ausgetretenen Schuhe, gar kein Geld verbrauchte und es in einem Sparstrumpf unter ihrem Kopfpolster aufbewahrte. In diesen tat sie seit mehr als sechzig Jahren Geld hinein, sooft sie von ihrem Dienstherrn eines bekam. Wahrscheinlich war in dem Strumpf noch Geld aus der Kaiserzeit, Gulden und Kreuzer, Schillinge und Pfennige, Reichsmark und wieder Schilling.

Lienbacher hatte uns seinen Gutshof in St. Johann anvertraut und mit Vater einen Vertrag gemacht. Wir kauften im Gemischtwarengeschäft die Grundnahrungsmittel ein, wie Zucker, Mehl, Teigwaren, Brot und Waschmittel. Fleisch, Milch, Butter und Eier erzeugten wir auf dem Hof. Wir bekamen ein Einkaufsbuch, in das der Händler den Betrag eintrug, den Lienbacher am Monatsende bezahlte. Aber Mutter lehrte uns, in allem zu sparen, denn „es wäre nicht recht", wenn wir Lienbachers Geld verschwendeten!

„Wie viel bekommst du im Monat bar auf die Hand?", fragte Mutter. Vater lachte ihr freundlich ins Gesicht und sagte: „Das wirst du von mir nicht erfahren. Sei froh, dass es euch jetzt so gut geht! Ihr alle seid bei meiner Krankenkasse versichert, die der Lienbacher zahlt. Der Doktor wird bezahlt, falls ihr einen braucht, und wenn du sonst was brauchst, wirst es schon kriegen."

Nur neue Hefte

Jetzt war ich endlich Hauptschülerin. Den Lehrstoff des vergangenen halben Schuljahres holte ich nach; ich brauchte nur neue Hefte, um nachzutragen, was fehlte. Mutter schimpfte, Vater fluchte, weil die Hefte für Günther und mich viel Geld kosteten.

Ich genoss es, daheim länger als üblich bei den Hausaufgaben zu sitzen. Ich lernte chemische Verbindungen, physikalische Gesetze und mathematische Formeln auswendig, und ich las verbotenerweise Bücher, die ich mir von einem Mitschüler auslieh. Wenn Mutter hereinschaute, ob ich endlich so weit sei, um ihr bei der Arbeit helfen zu können, legte ich ein Heft über das Buch, tat, als ob ich schreiben würde, und sagte: „Bin gleich fertig …" Manchmal schrie sie: „Jetzt hockst du immer noch bei den ‚Heftln'! Den ganzen Tag träumst du vor dich hin, schäm dich, so faul zu sein!"

Günther war es egal, wenn die Eltern ihn von den Hausaufgaben abhielten, ihm lag nicht viel an Formeln und Gesetzen. Aber er war ein sehr guter Zeichner, nach jeder Zeichenstunde hingen seine Bilder in der Schulgalerie auf dem Gang. Wenn er mir zu Hause öfter eines seiner Hefte herlegte und sagte: „Machst du mir das?", dann tat ich es.

Englisch war kein Pflichtfach, deshalb holten wir dieses Fach nicht nach. Mutter wäre es nicht recht gewesen, wenn wir diese Sprache erlernt hätten. „Dann würde ich meine eigenen Kinder nicht mehr verstehen", meinte sie entrüstet.

Wir mussten uns daran gewöhnen, dass jedes Schulfach von einem anderen Fachlehrer unterrichtet wurde. Die Klassenlehrerin, Frau Mahringer, unterrichtete Mathematik, Physik und Chemie. Ich mochte sie gleich, obwohl sie mich „Walcher" nannte, statt mich beim Vornamen zu rufen. Ich empfand sie als gerecht, denn sie machte keinen Unterschied zwischen Mädchen mit Schürze und Mädchen ohne Schürze.

Mädchen ohne Schürze waren aus „besserem Haus". Sie besaßen mehr als ein Kleid und hatten nicht jeden Tag das gleiche Schulkleidchen an, während wir Ärmeren das einzige Kleid mit einer Schürze schonten und uns zu Hause sofort umziehen mussten. Frau Mahringer ließ auch den „Besseren" nichts durchgehen. Sie war streng, genau und unnachgiebig in ihren Forderungen, deshalb war unser Respekt ihr gegenüber groß. Wenn sie sich im Unterricht über unsere Denkfaulheit ärgerte, rief sie: „Denggt doch logisch!" Mir gefiel das weiche „k", man hörte heraus, dass sie aus Norddeutschland stammte.

Mädchen aus Bürgerfamilien ließen diejenigen mit Schürzen und hohen Schuhen in den Pausen nicht mitspielen, sie redeten und spielten nur mit ihresgleichen. Diese Ungerechtigkeit ärgerte mich. Neben mir und hinter mir saßen drei von diesen Mädchen. Sie schubsten mich, wenn ich, zufrieden grinsend, meine Rechenaufgabe fertig oder einen Aufsatz in Windeseile zu Papier gebracht hatte. „Zeig, was du geschrieben hast, Walcher, lass schauen!" Ich tat, als hörte ich nicht gut – außerdem wollte ich nicht durch Schwätzen auffallen und eine Strafe riskieren. Sie sekkierten mich aber so lange, bis ich bereit war, mein Heft in die Mitte der Bank zu schieben, um ihnen Stichworte zu liefern. Es war eine gewisse Genugtuung für mich, dass sie auf meine Hilfe angewiesen waren, und daraufhin durfte ich in den Pausen mitspielen. In vielen Situationen war mein Trost, dass ich in der Schule eine der Besten war; dieses Ansehen genoss ich über alle Maßen.

Unser Fachlehrer für Zeichnen – er glich dem Schauspieler Paul Hubschmied – gefiel uns Mädchen, die meisten waren verliebt in ihn. Im Zeichenunterricht, wenn mir die Perspektive nicht gelang, beugte er sich über mich, um meine Hand mit dem Bleistift zu führen. Seine Nähe tat mir gut, ich spürte seinen Atem, mir wurde schwindlig, als säße ich in einem Karussell.

Und es gab noch ein verbotenes Glück – mein Gefühl für Marizza. Irgendetwas zog mich zu ihr hin, immer versuchte ich, in ihrer Nähe zu sein, und wenn sie mich berührte, schloss ich vor Seligkeit die Augen. Es traf sich gut, dass Monika mit Katja befreundet war. Sie waren wie zwei Kobolde, die Unfug trieben, weil sie die Härte des Lebens um sich herum noch nicht begriffen.

Während Günther und ich auf dem Feld schufteten, passte Monika auf unsere kleinen Geschwister auf. Sie trieb sich mit den Kurz-Mädchen im Wald herum, die Kleinen im Schlepptau. Katja und Marizza arbeiteten nicht auf dem Hof mit, und obwohl ich das als ungerecht empfand, sprach ich es nie aus.

Ungleiche Arbeitslast

Im Frühsommer kündigten die „Großarler" an, dass sie mit der Heuernte beginnen wollten. Fritz, Hans, Hedwig und Rosi, die vier jungen Lienbacher, brachten einen Traktoranhänger voll Arbeitsgerät, Kleider zum Wechseln und Lebensmittel: Köstlichkeiten wie Honig, Nüsse vom eigenen Nussbaum, eine Steige Äpfel, einen Strauß Kräuter aus dem Garten und: „Schöne Grüße von unserer Mutter!" Es schien, als wäre der Traktoranhänger auch noch voll mit jugendlichem Gelächter. Heiterkeit und Elan der jungen Leute wirkten auf alle ansteckend. Sogar Mutter lachte, und ich begann, sie zu beobachten, denn Fritz stand oft nahe bei ihr und sah ihr dabei in die Augen.

Fritz mähte mit einem Motormäher, der vom Traktor gezogen wurde; er begann sein Tagwerk, sobald es draußen hell war. Mutter kochte jetzt für zwölf Leute und half wie immer, nachdem gegessen war, auf dem Feld. Das trockene Heu wurde maschinell zu Reihen gerecht, die wie Schlangen über die riesigen Felder liefen. Diese Reihen trockneten meist während der Mittagsstunden, dann saß Hans auf dem Traktor und fuhr zwischen zwei Mahden. Vater und Herr Kurz luden, jeder auf einer Seite, mit breiten Holzgabeln das Heu auf den Anhänger. Mutter und ich zogen die schweren, breiten Eisenrechen nach, um auch das Heu, das zwischen den Gabelzinken liegen geblieben war, noch zusammenzufassen.

Günther stand auf dem Traktoranhänger, seine Aufgabe war es, das Heu zu verteilen und festzutreten. Er wurde unter dem Heu fast begraben, wenn beide Männer von links und von rechts gleichzeitig das Heu hinaufwarfen. Das Fuder wurde schnell höher, ich bewunderte Günther, dass er da oben keine Angst zeigte, und überlegte, dass Hans, obwohl er schon sechzehn war, eine wesentlich leichtere Arbeit auf dem Traktor hatte als Günther oder ich. Sooft ich zu Günther hinaufsah, wurde mir schwindlig. Ich sah, dass er vor Anstrengung und Hitze ein rotes Gesicht hatte, und dann drehte er sich im Kreise wie zum Tanz. Schnell kamen die Gabeln gefährlich in seine Nähe. Am Himmel flogen die Wolken eilends dahin, und ich flog mit den weißen, leichten Sommerwolken …

Als ich aufwachte, lag ich auf meinem Bett, Marizza war bei mir und sagte, dass Vater mich ins Haus getragen hätte, weil ich auf dem Feld umgefallen sei. Ich drehte mich zur Seite und weinte. Mutter hatte nun die doppelte Arbeit, musste aber um halb fünf wieder in den Stall, um die Kühe zu melken und dann das Nachtmahl zu kochen.

Bei schönem Wetter ging die Heuernte an den nächsten Tagen ohne Pause weiter. Ich war dabei. „Gemma!", schrie Vater, dann legte Hans den Gang ein, und der Traktor samt Heuwagen rollte etliche Meter weiter, oder: „Guaaat!", dann blieb das Gefährt stehen. Ich musste trachten, flink genug meinen Rechen voll Heu bis zum Traktor zu bringen, ehe dieser weiterfuhr. Der Schweiß rann uns über die Gesichter, die Kleider klebten am Körper, Grasstoppeln stachen in die Fußsohlen. Es war gut, wenn Theres daherhumpelte mit einer Kanne frischen Wassers, dann durfte man ein paar Augenblicke innehalten, bis alle aus der Kanne getrunken hatten.

Fritz lud in der Tenne das Heu ab, und Hedwig und Rosi verteilten es auf dem Heustock. Das musste schnell gehen, denn kaum war ein Wagen leer, fuhr Hans schon den nächsten auf die Brücke. Eine Staubwolke hüllte die Arbeitenden ein.

An den Abenden saßen wir vor dem Haus. Hedwig und Rosi wurden von den Männern geneckt, ob sie heimliche Liebschaften hätten, und was ihr Vater dazu wohl sagen würde. Nach drei Wochen waren die Felder abgeerntet; sie wirkten wie aufgeräumt und schienen mir noch weitläufiger als sonst.

Nach der Heuernte gab es für Mutter und mich im Gemüsegarten viel zu tun. Ich half, so gut ich konnte, aber immer war ich zu langsam und auch sehr begriffsstutzig. Statt des Unkrauts riss ich junge Pflanzen aus, weil ich nicht unterscheiden konnte, was von Nutzen war und was nicht. Ich selbst war nicht sehr von Nutzen, und Mutter schrie oft: „Woher du in der Schule eigentlich die Einser nimmst, ist mir ein Rätsel!"

Eine Woge des Glücks trug mich trotz allem durch diesen Sommer, denn Marizza war mir ebenso zärtlich zugetan wie ich ihr. Oft bat sie ihre Mutter, ob ich und Katja unsere Betten tauschen dürften. Ich schlief bei Marizza, Katja bei Monika.

Während wir aus der anderen Kammer Gelächter und Geschrei hörten, krochen wir zwei immer enger zusammen. Wir umarmten uns, wagten aber kaum, uns zu bewegen, denn Marizzas Eltern schliefen im gleichen Raum. Mir blieb der Atem stehen, wenn ich Marizza ganz zart über die kleinen Brüste strich. Mein Herz klopfte rasend. Aufgeregt und trotzdem fast bewegungslos lagen wir beisammen, wir konnten nicht schlafen, aber auch nicht voneinander lassen.

Vom Gang her rief am frühen Morgen Mutter nach mir. Ich schlich schuldbewusst aus der Kammer und tat, was Mutter mir anschaffte. Wenn ich Marizza begegnete, wagte ich kaum, sie anzusehen. Sie fragte im Laufe des Tages: „Schläfst du wieder bei mir?" Trotz allem war ich nicht sicher, ob ihr gefiel, was mit uns passierte. Denn sie war tagsüber auch viel mit Monika zusammen, sie spielten und lachten miteinander, und Marizza sagte, dass Monika ein schönes Mädchen sei; dann fühlte ich mich ausgeschlossen. Aber das Spiel der Nacht nicht zu wiederholen, wieder und wieder, wäre undenkbar gewesen, davon lebte ich. Mit dieser Erfahrung überstand ich die Tage, die harte Arbeit, alle Ungerechtigkeiten, denen ich mich ständig ausgesetzt fühlte, die mich aber mit meinem großen Bruder tief verbanden.

Nasse Kittel – nasse Männer

Waschtag war Schwerstarbeit. Hinter dem Haus war die „Waschkuchl", ein kleiner, überdachter Raum mit gekalkten Wänden. In einer Ecke stand der Kupferkessel, in dem man Wasser heiß machte oder die weiße Wäsche auskochte. An den Wänden standen lange Tische, auf denen die nasse Wäsche gebürstet wurde. Holzbottich, Waschrumpel, Reisbürsten* und einige Blechschaffeln gehörten zum Inventar.

Wir überzogen die Betten frisch und weichten die Kochwäsche über Nacht im großen Holzbottich ein. Früh am nächsten Morgen heizten wir den Kessel, legten die zuvor eingeweichten und ausgewrungenen großen Leintücher und Überzüge in die Waschlauge im Kessel und legten Holzscheite nach, bis die Lauge fast kochte. Dann wurde der Kessel mit einem Hebel bewegt und die Wäsche in den Bottich gekippt. Den Kessel füllten wir sofort wieder mit Wasser auf und legten Scheiter im Ofen nach, denn wir brauchten auch zum „Schlettern"* heißes Wasser.

Während Mutter im Haus zu tun hatte, nahm ich Wäschestück für Wäschestück aus dem Bottich, wrang es aus, so gut ich konnte und bürstete es auf dem Tisch. Danach wurde die Wäsche wieder zurück in die Lauge gelegt und nach nochmaligem Auswringen in das heiße Wasser im Kessel. Die nasse Wäsche war schwer, ich hatte zu wenig Kraft, die großen Leintücher auszuwringen. Meine Schürze und mein Kleid wurden dabei nass, und Mutter tadelte mich dafür: „Warum machst du dich so nass, du patschertes Dirndl!" Oder: „Bist du immer noch nicht fertig? Wo komme ich hin, wenn ich mich auf dich nicht verlassen kann?" Oder: „Du bist nicht die Einzige, die Wäsche waschen muss, das war schon immer so. Denk an deine Großmütter, die vielen Kinder, die sie hatten, sie hat auch niemand geschont!"

Tränen rannen über mein Gesicht, Mutter wollte in ihrem ewigen Zorn auf alles und jedes nicht sehen, dass ich für diese Arbeit noch zu klein war. Eines Tages hatte sie aber eine Idee, die mir wieder zu einigem Ansehen verhalf. Sie fragte, ob ich lieber die Omeletten* ausbacken möchte, dann würde sie selber die große Wäsche waschen.

Omeletten ausbacken, das hatte ich bei Frau Kurz schon gemacht, ich konnte sogar eine Omelette zum Wenden in die Höhe werfen und mit der Pfanne wieder auffangen. Schwuppdiwupp, in kürzester Zeit hatte ich einen Berg von goldgelben Omeletten fertig und rief zum Essen.

„Wer glaubt ihr, hat heute die Omeletten gemacht?", fragte Mutter bewundernd. Alle meinten, sie selbst hätte wie immer gekocht, aber sie erwiderte: „Nein, unsere Kathi." Das war ein Fest für mich! „Sie kann ja Köchin werden", sagte Vater, „dann pachten wir ein Gasthaus." – „Das werde ich gerne tun, dann werde ich viel Geld verdienen." – „Dann kommen wir alle zu dir zum Essen", rief Monika.

Das Geschirr abwaschen musste diesmal Monika. Mutter und ich schwemmten die Wäsche im großen Trog, und gemeinsam hängten wir sie auf die Leine. Zuvor wurde schon die dunkle Wäsche – Stallkleidung und blaue Schürzen aus Drillich – in die ausgekühlte Lauge gelegt, in der die Weißwäsche gekocht worden war, und während wir diese anschließend auf der Waschrumpel bearbeiteten und schwemmten, kamen als Letztes die Socken in dieselbe Brühe; die mussten links und rechts gerubbelt werden.

Meine Fingerknöchel waren wund von der scharfen Waschlauge, sie brannten wie Feuer. „Das hab' ich auch, sei nicht so wehleidig!", sagte Mutter. „Die Socken hängen wir in den Dachboden. Es ist zu spät, sie ins Freie zu hängen, sie werden nicht mehr trocken. Wenn du fertig bist damit, nehmen wir miteinander die große Wäsche ab, sie ist schon trocken. Aber rasch", sagte sie, „ich muss nachher in den Stall."

Wenn Mutter mich schimpfte, weil ich mich beim Waschen nass machte von oben bis unten oder weil ich einfach nichts weiterbrachte, obwohl wir schon längst hätten fertig sein sollen, bewegte ich mich „z' Fleiß"* noch langsamer und bekam dann oft zu hören: „Wie meine Mutter – die hat sich auch immer nass gemacht, ob sie Wäsche gewaschen oder den Fußboden geputzt hat. Frauen, die sich nass machen bei der Arbeit, kriegen einen besoffenen Mann. Bei meiner Mutter hat das gestimmt." Ich wollte gerne sein wie Großmutter, aber einen Mann, der mich im Rausch schlägt, wollte ich nicht. Ich sagte: „Warum, Mutter, warum hat er sie geschlagen, war sie frech zu ihm?" – „Aber nein, sie hatte große Angst vor ihm. – Wirst schon sehen, Dirndl", ergänzte sie, „dir geht es einmal genau gleich, du ziehst das Unglück auch an."

Ein winziger Widerstand regte sich in mir. Ich war ja noch keine Frau, Gott sei Dank! Und wenn ich nicht heiratete, um dieses Unglück nicht anzuziehen? Aber das wäre wieder eine Schande – keinen Mann zu bekommen oder keine Kinder. Eine Frau, die keine Kinder hat, ist keine Frau. Sie würden sagen: „Schaut her, sie hat keinen Mann bekommen!" oder: „Bei der hat keiner angebissen."

Großmutter, dieses kleine, alte, bucklige Weiblein – gerne würde ich sie in die Arme nehmen und ihren krummen Rücken streicheln. „Sie war einmal eine große, stattliche Frau", behauptete Mutter. Es gibt ein Familienfoto aus den Dreißigerjahren (vgl. Fototeil, Abb. 4): Großmutter sitzend in der Mitte neben ihrem Mann, umgeben von der Schar ihrer Nachkommen. Sie war auf dem Bild ungefähr fünfzig Jahre alt, mit streng gescheiteltem, schwarzem Haar. In drei Reihen die feschen Söhne und Töchter, in der Tracht – die Söhne wie ihr Vater mit Schnurrbärten im Gesicht und einem Gamsbart auf dem Hut. Sie alle waren Wilderer, aber mehr aus Leidenschaft am Schießen als aus Not. Meine Mutter als junge Frau – sie sprang fast aus dem Bild vor Temperament und Lebensfreude, trug eine Haarkrone wie Kaiserin Sisi. Tante Klara – blass, jung und scheu, stand zwischen den jüngsten Brüdern. Bei der ältesten Tochter Wawi wölbte sich die Schürze über dem Leib. Sie hatte schon als Vierzehnjährige ein Mädchen geboren; ihr Vater hatte sie damals, als das aufkam, halbtot geschlagen. Nun war sie eine verheiratete Frau und blickte trotzig und stolz in die Kamera.

Von Vaters Familie besaßen wir ebenfalls ein Familienfoto (vgl. Fototeil, Abb. 3): Großmutter mit ihren vierzehn Kindern; Großvater fehlte, weil er 1917 im Ersten Weltkrieg Soldat war. Auf diesem Bild ist Großmutter neununddreißig Jahre alt. Vierzehn Kinder: acht Buben, sechs Mädchen. Franz, der Älteste, war in Soldatenuniform, das Kleinste, Sebastian, ein Bub im Mädchenkleid auf Mutters Schoß. In jenem Jahr sollte diese Mutter drei ihrer Söhne verlieren: Franz fiel als achtzehnjähriger Soldat, Rupert starb mit zwölf Jahren an einer Blinddarmentzündung, und der Jüngste bekam die Ruhr, weil keine Milch mehr da war. Die Gemeinde hatte die letzte Kuh aus dem Stall getrieben, weil Mutter die Milch nicht abgeliefert hatte, wie es hieß. Sie hätte die Milch gebraucht für ihre Kinderschar. „Das vergesse ich dem damaligen Bürgermeister nie, diesem Gauner!", ereiferte sich Vater, wenn davon die Rede war. „Was hätte Mutter dem zehn Monate alten Kind zu essen geben sollen? Sie kochte Haferbrei mit Wasser statt mit Milch. Der Bauch des Kindes quoll auf, das Kind schrie Tag und Nacht, dann hörte es auf zu schreien – und zu atmen."

In manchen Tagen floh mein Vater vor Mutters ewig gleichen Vorwürfen. Er kam nicht zum Mittagessen, blieb im Stall mit dem Vorwand, dass eine Stute ein Junges bekomme. Eines Nachts klopfte er an unserer Kammertür: „Kommt schauen, wir bekommen ein Rössl!" Schlaftrunken folgten wir ihm in den Stall. Die Stute lag im Stroh, schnaubte heftig, Vater sprach beruhigend auf sie ein. „Jetzt kommen die Füße." Er band einen Strick um die Füße, die schon zu sehen waren, und zog mit viel Gefühl, wartete, wenn die Stute stöhnte, und zog wieder. Ein Schnauben und noch eines, und ein Fohlen flutschte aus dem Bauch seiner Mutter. Es war glitschig und lag hilflos im Stroh. Vater nahm ein Bündel Stroh, wischte den Schleim ab, und die Stute leckte ihr Junges sauber.

Schlag auf Schlag

Als ich die Stiege und den Gang kehren musste, hörte ich ein Gespräch zwischen meiner Mutter und Frau Kurz mit: „Ja, dein Mann ist jeden Sonntag in Großarl, das sagt der Fritz, und auch andere Leute, bei denen ich hamstern war, haben es mir erzählt", sagte Frau Kurz.

Ich fing an zu zittern, schlich mich auf den Abort, verriegelte die Tür und nahm mir vor, so lange zu bleiben, bis ich gestorben war. Ich hatte ein Buch am Abort versteckt, in dem ich oft las, weil mich hier niemand vermutete. Aber nun interessierte mich das verbotene Lesen nicht mehr. Ich wollte warten, bis ich vor Hunger gestorben war, und war sicher, dass mich sowieso niemand suchen würde. Sollte Vater, der Haderlump, mich finden, dann als Gerippe. Vielleicht jagte es ihm einen Schrecken ein, gegönnt hätte ich es ihm.

Mein Magen knurrte schon, langsam kroch der Gestank aus der Jauchegrube in meine Nase, und ich begann darüber nachzudenken, dass Verhungern doch ein sehr trauriges Schicksal wäre, als Mutters gellende Stimme mich traf: „Kathi, wo bist du so lange? Du musst mir jetzt *schon* helfen!" Sie rüttelte an der Aborttür. „Du musst mir jetzt *schon* helfen!", diese oft gehörte Forderung kehrte meine Todessehnsucht um in Hass gegen sie.

Am nächsten Sonntag ging Vater wie immer mit uns Kindern in die Kirche und gab jedem von uns einen Schilling, damit wir uns ein Eis kaufen konnten. Gegen Abend kam er wie immer seelenruhig und mit seinem Grinsen im Gesicht heim, um die Rösser zu füttern. Ich stand neben Mutter, um ihn anzuspringen vor Zorn, falls er jetzt lügen würde.

„Wo soll ich gewesen sein", sagte er, „seit wann bin ich dir Rechenschaft schuldig?" Nein, Mutter schrie nicht, sie weinte und sagte: „Du weißt, dass ich schwanger bin, aber dieses Kind will ich nicht. Nicht noch eines von dir, du Haderlump! Kannst schauen, dass du einen Doktor herbringst, der das erledigt."

Ich hatte keine Ahnung, was der Doktor erledigen sollte, aber ein paar Tage später stand ein Volkswagen vor unserem Haus. In dem Auto saß eine junge, schöne Frau, zart wie eine Elfe, und sah gelangweilt zu mir her. Der Doktor war mit Mutter im Schlafzimmer.

„Er hatte seine Geliebte im Auto", sagte Mutter am nächsten Tag zu Frau Kurz. „Zwei Frauen leben schon in seinem Haushalt, von jeder seiner Frauen hat er eine Tochter. Wenn seine zweite Frau weint, sagt die Tochter aus erster Ehe: ‚Siehst du, so weh hast du meiner Mutter auch getan'. Dann muss sie still sein", sagte Mutter mit Genugtuung in der Stimme.

Den Schulweg, den Unterricht, die Arbeit im Haus brachte ich wie betäubt hinter mich. Angst trieb mich um, aber ich wusste nicht, wovor ich mich fürchtete.

Vater war aufgebracht. Ich sah ihn vor mir wie durch einen Nebel, als er auf mich einredete: „Gleisarbeiter haben gesagt, dass du auf dem Bahngleis gegangen bist und nichts um dich herum gehört hast. Sie haben geschrieen, du sollst von den Gleisen herunter, der Zug ist schon herangerast, die Lok hat gepfiffen wie verrückt, aber du hast nicht reagiert. Im letzten Moment hat ein Arbeiter dich an einer Hand heruntergerissen, und du bist in seine Arme gefallen, als der Zug vorbeigerast ist. Du hast den Mann nur angesehen, hast nichts gesagt, nicht einmal danke, und bist auf dem Weg weitergegangen. Was denkst du dir eigentlich?"

Ich wusste nichts davon, obwohl – an das Pfeifen erinnerte ich mich jetzt – und an schreiende Männer. Ich wusste nicht, ob das wirklich passiert war, aber wenn Vater das so sagte …

Zum dritten Mal stand das Auto des Doktors mit der schönen Frau sehr lange vor unserem Haus. Als der Doktor mit überheblichem Gesicht an mir vorbeigegangen und weggefahren war, rief Mutter nach mir. Sie lag im Bett, neben dem Bett stand ein Kübel. „Sieh nicht hin!", sagte sie. „Das ist kein Blut, der Doktor hat mir eine Spritze geben müssen, darum ist die Brühe so rot. Trag den Kübel hinaus, schütt alles in den Abort und wasch dann den Kübel am Brunnen aus!" Als ich den Kübel in den Abort leerte, hörte es sich an, als plumpse etwas den Kloschacht hinunter.

Ich dachte, dass Mutter jetzt wieder aufstehen würde, und sah nach ihr. Sie aber sagte, dass sie noch eine Stunde rasten müsse, dann würde sie wieder in den Stall gehen; ob ich für das Abendessen Omeletten mache. Meine Geschwister setzten sich zu mir in die Küche, denn sie mochten es, wenn ich Omeletten „schupfte". Gleich würde Mutter mit dem Milchkübel zur Tür hereinkommen. Aber dann trug Vater die Milch herein; er hatte einen Schurz umgebunden. „Mutter geht heute nicht in den Stall, aber morgen ist sie wieder gesund", sagte er und verschwand wieder. Nein, er möge heute keine Omeletten, wir sollten allein essen. Mir schien, als ob Theres mich immer wieder von der Seite ansah. „Was ist?", fragte ich. „Nichts", sagte sie, „den Doktor kenne ich auch."

Ich versorgte die Familie, drehte die Milchzentrifuge, trug den Rahm in den Keller und wusch das Geschirr. Ich sorgte dafür, dass die Kleinen ins Bett kamen; sie folgten mir, ohne miteinander zu streiten. Die Stille im Haus, der frühe Feierabend, keine Befehle, das war ziemlich ungewöhnlich. Diesen Abend würde ich ausnahmsweise lesen, ohne mich mit dem Buch verstecken zu müssen. Vater war schon früh in das Schlafzimmer gegangen. Günther fragte, ob ich wisse, warum Mutter krank sei. „Sie hat gesagt, dass sie morgen wieder gesund ist", antwortete ich. Er packte seine Schulsachen aus und fragte, ob ich ihm bei den Hausaufgaben helfe. Es kam fast nie vor, dass Günther mich vergebens um einen Gefallen bat; ich tat es gerne.

Am nächsten Morgen war Mutter wieder im Stall bei ihren gewohnten Tätigkeiten. Wir Kinder gingen wie immer um sieben Uhr aus dem Haus. Niemand fragte, niemand redete mehr über das Vorgefallene, die Eltern sprachen nicht mit uns.

So hatte ich schon nicht mehr an das rätselhafte Ereignis gedacht, als ich einige Tage später zufällig hörte, wie Mutter zu Frau Kurz sagte: „Er hatte schon Fingerchen dran." Da hörte ich wieder den Plumpser im Kloschacht. „Er hatte schon Fingerchen dran!" Ich hatte meinen Bruder in den Abort gestülpt, er hatte sich noch bewegt. Ich rannte hinaus, sah in den Schacht – nein, dort unten bewegte sich nichts.

Grauen schüttelte mich, ich übergab mich, fing an zu schwitzen und schlich in die Kammer. Ich zog die Decke über das Gesicht, meine Zähne schlugen aufeinander, mich fror, und gleichzeitig rollten Hitze und Angst über mich hinweg. Als Mutter mich fand, erschrak sie darüber, dass ich „so aus heiterem Himmel" krank geworden war. Sie betastete meine Stirn und sagte: „Du hast ja hohes Fieber." Später brachte sie Tee und meinte: „Das ist morgen wieder gut."

Morgen – welche Aussicht in allen Lebenslagen! Ob man krank war, ob ein Gewitter niederprasselte, vor dem man sich fürchtete, wir rechneten immer mit dem Morgen und damit, dass dann alles wieder gut wäre.

In dieser Nacht hörte ich jemanden mit entsetzlich hoher Stimme schreien. Die Arme meines toten Brüderchens hielten mich umschlungen, es wollte vom Schacht herauf, ich musste es aber zurückstoßen, denn hinter mir stand der Doktor. Es ließ sich nicht abschütteln, wir kämpften miteinander, und als ich bei meinem eigenen Schrei erwachte, war es Günther, der mich festhielt. „Was schreist du so?", fragte er und erklärte: „Ich hab' dich nur gehalten, weil du so um dich geschlagen hast." – „Es geht schon wieder", sagte ich, „ich bin jetzt ruhig, schlaf du nur weiter!"

Es war Herbst geworden, jetzt ging auch Martha zur Schule. Wieder so ein kleiner Fratz, auf den ich auf dem Schulweg aufpassen musste.

Ich war jetzt in der dritten Klasse Hauptschule, der Unterricht war für mich eine Welt, in der ich alles Traurige und Schwere vergessen konnte. Ich war eine der Besten der Klasse, in allen Fächern. Ich schrieb Aufsätze, die in allen Klassen vorgelesen wurden; sogar die älteren Schüler redeten davon, wenn ich an ihnen vorbeiging. Dafür boxte mich mein Bruder auf dem Heimweg, weil er sich für meine Aufsätze schämte, die er sich in seiner Klasse anhören musste. Mir machten die groben Puffer nichts aus, denn ich war die Beste!

Bei diesen Höhenflügen erreichte mich mein armes Brüderchen, das im Plumpsklo lag, auch nicht.

Ich war am Abend gern mit Mutter bei den Tieren im Stall, ich striegelte die Kühe, bis ihr Fell glänzte, oder tränkte eines der Kälber. Dazu gab Mutter mir einen Eimer mit etwas Milch, ich legte meine rechte Hand in die Milch und hielt den Eimer vor den Kopf des Kalbes, das die dargebotene Milch von meinen Fingern sog. Das kitzelte und war angenehm, wenn man das Kitzeln aushielt. Die Finger täuschten dem Tier das Euter der Mutterkuh vor. Wenn das Kalb getrunken hatte, streichelte ich es, machte das Strohbett zurecht und redete mit ihm. Wenn wir im Stall fertig waren, gingen Mutter und ich nebeneinander zum Haus. Sie war freundlich und lobte mich für meine Arbeit. „Kälber tränken braucht viel Zeit", sagte sie. Meine Eltern sagten manchmal, dass ich später einmal einen tüchtigen Bauer heiraten sollte, weil ich mit Tieren so gut umgehen kann.

Wenn Mutter nur wieder gesund wird!

Im Herbst begann eine lange Regenperiode. Unter der Dachrinne vor dem Haus standen Tonnen, in die das Regenwasser lief. Mutter scheuerte unter der Traufe ein Krautfass, ich sah ihr vom Fenster aus zu, statt meine Hausaufgaben zu machen. Ein Fass lehnte sie schräg gegen die Hauswand, damit es trocknete, dann bürstete sie das nächste. Bestimmt war diese Arbeit – nasse Holzfässer auf die Tonne zu heben und auch noch mit einer Hand zu bürsten – für sie viel zu schwer.

Plötzlich stand sie in der Tür, Regen und Tränen rannen über ihr Gesicht. Das Gesicht sah entsetzlich schief und entstellt aus. Sie versuchte, etwas zu sagen, lallte aber nur, zeigte auf ihren Mund und ließ sich auf einen Stuhl fallen. Ich stützte sie, denn sie hatte keine Kraft, sich aufrecht zu halten, Günther holte Vater aus dem Stall. Der lachte zuerst, als er sie sah. Ich erstarrte – wie konnte er lachen?

Dann erst begriff er, dass das hier kein Theater war, er führte Mutter in das Schlafzimmer, zog ihr die Kleider aus und wies mich an, eine Suppe für sie zu kochen. Ich schob ihr das Kopfpolster unter den Oberkörper, stützte sie und wollte ihr helfen, die Suppe zu essen. Die Flüssigkeit rann ihr über das Kinn, Mutter konnte nicht schlucken.

Endlich kam ein Arzt. Er war ernst, als er in die Küche kam, und sagte: „Nervenlähmung in der rechten Gesichtshälfte." Mutter war vierzig Jahre alt.

„Morgen bleibt Kathi von der Schule daheim", bestimmte Vater, „Mutter muss im Krankenhaus untersucht werden." Ich war zwölf, sollte die Mutter vertreten, die Not aushalten und hatte keinen Menschen, mit dem ich über meine Angst reden konnte. Familie Kurz hatte eigene Sorgen. Sie hatten eine Einreiseerlaubnis für Amerika bekommen und waren in Wirklichkeit schon weit weg.

Mutter ließ sich nicht in ein Spital einweisen, vielleicht auch, weil sie sah, dass ich das Arbeitspensum allein nicht schaffen konnte. Sie magerte ab, ihr verging der Hunger, bevor sie satt war. Die Bissen ließen sich nur sehr langsam transportieren, weil sie in der rechten Mundhöhle keinen Speichel hatte, und sie hatte mit sich selbst keine Geduld. Im rechten Auge war keine Tränenflüssigkeit, es brannte ständig, während aus dem linken Auge die Tränen rannen. Auch darauf hatte sie keinen Einfluss. Das Sprechen fiel ihr schwer, ihre Arbeit freilich musste getan werden.

Wir Kinder reagierten auf ihre Hilflosigkeit mit gespannter Aufmerksamkeit, meist errieten wir, was sie sagen wollte, und taten fraglos, was sie verlangte. Der Hausarzt meinte, dass diese Nervenlähmung von selbst wieder heilen würde, er kenne solche Fälle. Vater hatte gehört, dass man Gesichtsnerven wieder zum Leben erwecken konnte, wenn man sie mit einem Buschen* Brennnesseln bearbeitete. Ob es ihr recht wäre, wenn er sie mit Brennnesseln schlage. Sie stimmte zu. Vater holte hinter dem Haus Brennnessel, Mutter zog einen Stuhl in die Mitte der Küche, setzte sich und hielt ihm ihr Gesicht entgegen.

Vater schlug zu und grinste dabei, Mutter verzog das Gesicht. „Tut es weh?", schrie ich. Sie schüttelte den Kopf. „Wenn sie etwas spüren könnte, wäre sie wieder gesund", sagte Vater. Er fragte Monika, ob sie einmal schlagen möchte, ihm täte schon der Arm weh. Monika übernahm diese „Arbeit", auch sie zeigte keine Rührung über die Hilflosigkeit der Kranken, die wie eine Verurteilte auf dem Stuhl saß. Martha und Manfred standen dabei und sahen mit großen Augen zu. Ich musste hinaus, mir zerriss es das Herz.

Vor dem Haus stand Günther; auch er war geflohen und weinte. „Meinst du, unsere Mutter muss sterben?", fragte ich. Er schwieg, deswegen floh ich in den Stall. Vater suchte mich. „Es tut ihr nicht weh, Kathi", sagte er, „denkst du, ich würde eure Mutter sonst schlagen, wenn es ihr wehtun würde?" Ein Bild stieg in mir auf, ich lehnte mich an Vater und jaulte wie ein getretener Hund. Er sagte nichts mehr, sondern brachte mich an Mutters Bett. „Es tut nicht weh", sagte auch sie und war gerührt. „Du weich g'sottenes Dirndl", sagte sie, „geh jetzt schlafen! Morgen ist es dann besser."

An diesem Abend, im Bett, stritt ich mit Monika: „Ich begreife nicht, dass du auf Mutter einschlagen kannst, als wäre sie aus Holz!" Ich hatte bei diesem Anblick plötzlich wieder die Schreie gehört, wie an jenem frühen Morgen – es war gegen Ende unserer Zeit in Großarl. Ich war aufgewacht, lauschte eine Weile, dann sagte ich zu Maridi, die auch wach war: „Jetzt haut endlich mein Vater deine Mutter." – „Nein, entgegnete diese, „dein Vater haut *deine* Mutter, nicht meine!"

Dann sprangen wir auf, die Stiege quoll bald über von Kindern in leinenen Nachthemden. Die Dienstboten kamen aus dem Stall und verfolgten das Schauspiel: „Ja", schrie Vev, „gib es ihr! Dieses Luder sagt zu mir nie mehr ‚Hure'!" Mutter flüchtete von einem Winkel in den anderen, Vater verfolgte sie mit seinen Fäusten. Alle sahen gebannt zu, bis Günther dazwischenschrie: „Vater!" Da ließ er ab von ihr, und Mutter floh aus dem Haus. Ich hatte so große Angst, dass Mutter sich etwas antun könnte.

„Hast *du* jemals Angst um Mutter gehabt?", fragte ich. Nach einer Weile erwiderte Monika: „Hast *du* nicht gesehen, wie Vater geweint hat, als wir von der Vevi Abschied nehmen mussten? Nur, weil *sie* es so gewollt hat. Ich mag Mutter nicht mehr, seitdem." – „Ist es dir egal, dass Mutter von Vater Schläge bekommen hat, nur weil sie Vev eine Hure genannt hat. Du hast überhaupt nicht begriffen, dass Mutter in Großarl nur die Dirn war und unser Vater sich als Bauer aufgespielt hat. Dass er und die Bäuerin – dass sie miteinander …" Da rief Monika: „Ach, hör endlich auf, ich will jetzt schlafen!", und auch Günther sagte: „Gebt endlich Ruhe!" Ich aber hörte Mutters Schreie wieder, empfand die Angst wieder, dass sie sich etwas antun oder uns verlassen könnte.

Ich hatte Mutter damals am Wildbach gefunden, auf einem Stein sitzend. „Wie hast du mich gefunden?", fragte sie. „Es hat mich hierher gezogen. Ich habe Angst gehabt, dass du ins Wasser gehst." Wir haben uns umarmt und miteinander geweint.

Meine Geschwister waren bald eingeschlafen, aber ich konnte in dieser Nacht lange keinen Schlaf finden. Damals ahnte ich noch nicht, dass dieser Konflikt jahrzehntelang zwischen meiner Schwester und mir stehen würde.

Nach und nach lernte Mutter zu essen, sodass sie nicht ständig hungrig vom Tisch ging. Sie sagte, dass die Trockenheit im Auge und die Gefühllosigkeit auf der Zunge nicht mehr so störend seien.

Marizza und Katja erzählten begeistert von Amerika, von diesem riesigen Land, das sie uns auf der Landkarte zeigten. Ihren zukünftigen Wohnort hatten sie rot umrandet. An mir prallte ihre Freude ab, sie entfremdete mich ihnen. Marizza sagte, ich hätte mich sehr verändert, ich solle nicht so traurig sein, weil sie fortgingen. Sie hatte keine Ahnung, warum es mir so schlecht ging; ich hielt ihre Nähe und Unbekümmertheit fast nicht mehr aus.

Als es so weit war, verabschiedeten sie sich. Eigentlich spürte ich keinen Schmerz, mir war die letzte Umarmung von Marizza sogar peinlich. Ich hatte andere Sorgen: Mutter musste mit Brennnesseln geschlagen werden, damit sie wieder gesund würde, und die anderen lachten und taten, als ob das nichts zu bedeuten hätte.

Der älteste Lienbacher-Sohn, Sepp, kam für eine Weile auf den Hof. Erst lobte er meine Eltern, weil Kühe und Pferde gut genährt und gepflegt waren; er wollte die Milchleistung der Kühe prüfen und neue Fütterungsmethoden ausprobieren. Er hatte die Landwirtschaftsschule absolviert und war nach Schulabschluss einige Jahre Praktikant auf einem Gutshof in Bayern gewesen.

Jetzt brachte er frischen Wind in seine Höfe in St. Johann und Großarl. Die Tiere dürften nicht in so warmen Ställen stehen, das verweichliche sie, und sie seien umso anfälliger für Krankheiten. Wenn er und Mutter molken, riss er die vordere und hintere Stalltüre auf, und es zog, dass Mutter fror und die Tiere

mit gekrümmtem Rückgrat die Schwänze einzogen. Den Käl-
bern durfte ich kein Strohlager richten, sie lagen jetzt auf dem
blanken Holzboden.

Als Sepp wieder fort war, sagte Vater, dass wir uns diese Be-
handlung nicht gefallen lassen. Er wollte wieder in seinen alten
Beruf zurück und hatte schon ein Angebot, in Pfarrwerfen ein
Sägewerk aufzubauen.

Dann kam ein Brief von Tante Klara: Ob wir zu ihr auf den
kleinen Hof in Werfenweng ziehen wollten, denn sie erwarte
ein Kind und im Haus sei genug Platz für zwei Familien. Mutter solle ihr in Haus und Stall die Arbeit abnehmen, damit sie
diesmal das Kind austragen könne.

Werfenweng / St. Johann

Wieder ein Umzug

Lienbacher junior war einverstanden, dass Vater kündigte. Wir alle waren darüber nicht traurig, deswegen packten wir ohne Bedauern unsere Habseligkeiten.

Günther, Monika und ich würden in Werfenweng in die einklassige Volksschule gehen, wie Mutter und ihre Geschwister dies dreißig Jahre zuvor getan hatten. Der Abschied von meiner Klassenlehrerin, Frau Mahringer, fiel mir schwer. Sie bat mich, ihr manchmal zu schreiben, wie es mir gehe. Zum Abschied strich sie mir übers Haar, ich war dem Weinen nahe.

Vater hatte einen Lastwagen gemietet, auf den Möbel, Geschirr, Wäsche und Kleider verladen wurden. Er fuhr mit dem Fahrer, wir anderen gingen zu Fuß zur Haltestelle Mitterberghütten, um mit dem Zug nach Pfarrwerfen zu fahren. Wir waren noch nicht weit gegangen, als Günther sagte: „Dreht euch einmal um!" Hinter uns wackelte auf krummen Beinen Wastl, der Hund, daher. „Wir müssen ihn zurückjagen", sagte Mutter. „Geh, hau ab!", riefen wir. Das Tier duckte sich unter unseren Rufen, lief aber in einiger Entfernung wieder weiter. An der Haltestelle bat Mutter den Bahnhofsvorstand, er möge den Hund in Verwahrung nehmen, bis unser Zug abgefahren sei. Er tat uns den Gefallen und sperrte Wastl in einen Holzverschlag. Der Hund jaulte in heiserem, lang gezogenem Ton, und wir jammerten um den Hund und um Theres, die nun ohne uns keine Fürsprecher mehr hatte. „Wastl wird wissen, was ihm jetzt bevorsteht", sagte Mutter.

Von Pfarrwerfen ging ein steiler Weg nach Werfenweng, zum Hof von Onkel Ägyd und Tante Klara. Nach etwas mehr als einer Stunde waren wir am Ziel. Nach der Begrüßung lud die Tante uns gleich zum Abendessen in die Küche. Vater hatte die Schlafzimmermöbel schon aufgestellt. Wir wohnten in einem gepflegten, fast neuen Holzbau mit freundlichen Fenstern und viel Blumenschmuck im und um das Haus.

Tante Klara sah man noch nicht an, dass sie ein Kind erwartete, es war noch ein halbes Jahr bis zur Geburt. In den nächsten Wochen und Monaten würde Mutter die Kühe melken, und wieder war ich zuständig, dass meine Geschwister ein Frühstück bekamen, dass das Feuer im Herd nicht ausging und dass Tante Klara ab sofort keine schweren Arbeiten verrichten musste. Also rannte ich, wenn ich merkte, dass ich ihr eine Arbeit abnehmen konnte. Sie brauchte jetzt ein gesundes Kind, der Onkel wartete so viele Jahre schon auf seinen Stammhalter. Jetzt erfuhr ich, was es geheißen hatte, dass Tante Klara sieben Mal „so" aus dem Spital entlassen worden war. Sie hatte sieben Fehlgeburten gehabt, und auch sonst rankte sich so manches Familiengeheimnis um die Liebesgeschichte der beiden.

Onkel Ägyd war ein Bauernsohn aus der Gegend. Er war um viele Jahre älter als seine Frau. Sie hatten sich heimlich getroffen, da war sie fast noch ein Kind. Er war in jungen Jahren noch Soldat im Ersten Weltkrieg gewesen. Tante Klara warf ihm oft vor, dass er vor ihrer Zeit schon viele Erfahrungen mit Frauen gemacht hatte. Mir gefiel er gut mit seinen schwarzen Haaren und seiner dunklen Hautfarbe. Ich mochte ihn auch, weil er manchmal sagte, dass ich einmal „eine fesche Frau" werden würde.

Mit zwölf Jahren Hausfrau

Jetzt träumte ich wieder davon, in die Hauptschule zu gehen, zumindest ab Herbst. Auf dem Hof von Onkel Ägyd gab es bestimmt weniger zu tun als auf dem Lienbacherhof, so dachte ich. Mutter, Günther und ich würden so lange helfen, bis das erste Kind von Tante Klara auf der Welt war. Dann wären wir von den Pflichten befreit, schließlich hatten sie in all den Jahren die Arbeit ohne Dienstboten geschafft. Im Februar übersiedelten wir nach Werfenweng, ab Herbst würde ich mit dem Zug jeden Tag nach St. Johann in die Schule fahren. Bestimmt bekam ich neue Kleider, weil Vater jetzt gut verdiente. Er baute für einen Großgrundbesitzer in Pfarrwerfen ein Sägewerk.

Mutter begleitete uns in die Schule nach Werfenweng. Wir drei Großen hatten vormittags Unterricht, Martha nachmittags. Wir waren jetzt in der einklassigen Volksschule, die unsere Mutter als Kind besucht hatte und über die wir gerne etwas geringschätzig gesprochen hatten, vor allem, weil Mutter behauptet hatte, dass sie eine der Besten in ihrer Klasse gewesen sei.

Der Herr Oberlehrer kannte Mutter also seit Jahrzehnten, und sie unterhielt sich ausführlich mit ihm. Mich aber konnte er von Anfang an nicht leiden.

Schon als er mein Aufsatzheft durchblätterte, befand er: „Diesen Aufsatz, ‚Der Briefträger‘, hast du nicht selbst geschrieben, das gibt es gar nicht!" Ich sagte, dass dies eine Schularbeit gewesen sei und ich das Thema gar nicht im Vorhinein wissen konnte. „Das glaube ich dir nicht! Ein Mädel, noch dazu aus dieser Familie. Ich kenne euch alle, musst du wissen, du hast den Aufsatz irgendwo abgeschrieben", wiederholte er. Ich war ihm ausgeliefert – er konnte mich nicht leiden, ich wusste nicht, warum.

Wenn er seinen eigenen Sohn an die Tafel holte, weinte dieser schon, bevor er sich vom Platz erhob. Langsam und zögernd ging er zur Tafel, und er kam gar nicht dazu, die Fragen seines Vaters zu beantworten, denn schon sauste dessen Stock um seine nackten Beine. Diese Schläge taten mir so weh, als hätte ich selbst sie bekommen.

„Du", rief der Lehrer mir zu, „komm heraus!" Ich ging hinaus in dem Wissen, dass die gestellte Rechenaufgabe für mich leicht war; ich schrieb die Gleichung an die Tafel und löste sie. Der Lehrer war verstummt, und ich sagte vorlaut und trotzig: „Diese Rechnungen sind so leicht, ich habe sie schon fast wieder vergessen!" Trotzdem machte mir die aggressive Stimmung an dieser Schule sehr zu schaffen. Eine Zeit lang musste ich immer erbrechen, wenn wir vor dem Schulhaus ankamen.

Mutters Zustand verbesserte sich nicht, im Gegenteil. Der Arzt verordnete ihr einen Klinikaufenthalt in Salzburg. „Das geht nicht", sagte Tante Klara, „ich brauche dich, ich muss mich jetzt schonen, damit ich dieses Kind austragen kann." – „Dann bleibt unser Dirndl von der Schule daheim", bestimmten die Eltern. Das „Dirndl" war ich, und dieses Mal war ich einverstanden. Mir lag nichts daran, mich von einem Lehrer jeden Tag hänseln zu lassen. Der Arzt schrieb eine Bestätigung, dass Mutter in eine Klinik müsse, und ich war ab sofort vom Schulbesuch befreit.

Vater weckte mich um fünf Uhr, damit ich für ihn das Frühstück mache. Ich kochte für ihn am Abend ein Mittagessen vor, das er am nächsten Tag in die Arbeit mitnahm. Ich hatte jeden Tag Angst, dass Vater am Essen etwas auszusetzen haben würde, und war schon froh, wenn er am Abend nichts sagte, weder dass es gut, noch dass es schlecht gekocht war.

Einmal wollte ich einen Kuchen backen – ohne Rezept, ohne die Zutaten zu wiegen, machte ich einen Teig und strich diesen auf ein Blech. Der Kuchen ging nicht auf, war flach und hart wie ein Brett. Ich wickelte ihn in Papier, versteckte ihn in der Wäschekommode und fühlte mich als Versagerin.

Meiner Tante ging ich zur Hand, wo immer ich konnte. Sie rief und rief und rief nach mir und ließ mir keine Zeit, mich auszuruhen.

Ich überzog die Betten frisch, damit Mutter sich freuen könnte, wenn sie wieder heimkam und die Wäsche gewaschen war. Ich heizte den Kessel vor dem Haus, das Wasser schöpfte ich aus dem Brunnen. Sobald die Geschwister fort waren, schrubbte und wrang ich, hängte Wäsche auf, so gut und so schnell es mir möglich war. Manfred trug Holz für den Kessel herbei und heiterte mich mit seinen kindlichen Fragen auf.

Am Nachmittag riefen meine Geschwister und die vier Nachbarkinder – Rosalia, Brigitte, Thomas und Franz –, ich solle doch auch einmal mitspielen. Ich war in Franz verliebt, weil er beim Kirchgang immer an meiner Seite blieb und auch beim Spielen, wenn wir uns vor den anderen versteckten. Auch an diesem Tag schlug er vor, Verstecken zu spielen.

Die Wäsche im Kessel konnte inzwischen in der Lauge ziehen, der Schmutz würde nachher leichter auszubürsten sein. Manfred schob noch Holz in den Ofen, und wir liefen schreiend den Hang hinauf. So schnell sollten sie mich nicht finden! Hinter Holzstapeln lief ich den Suchenden davon, bis überraschend Franz vor mir stand. Dicht stand er jetzt vor mir, als wollte er mich anfassen, da rief plötzlich Thomas: „Schaut euch die zwei an!" Vor Schreck, entdeckt worden zu sein, stieß Franz mich zurück, und ich fiel mit dem Rücken auf ein aus dem Stapel ragendes Scheit. Mir blieb die Luft weg, ich rang nach Atem und glaubte zu ersticken.

Alle standen ratlos um mich herum und rührten sich nicht, bis Rosalia schrie: „Holt unseren Vater!" Herr Schwendinger kam sofort und trug mich nach Hause. Als ich mich erholt hatte und wieder sprechen konnte, sagte ich: „Nein, es ist niemand schuld, ich bin ausgerutscht und mit dem Rücken auf das Scheit gefallen." Rosalia und Franz dankten mir, dass ich nicht verraten hatte, was wirklich geschehen war; Herr Schwendinger hätte seinen Sohn dafür sicher geschlagen.

Rosalia und Monika wollten die Wäsche aus dem Kessel hieven, sie bürsten und schwemmen. Tatsächlich hingen die großen Leintücher und Überzüge im Nu fertig auf der Leine. Doch, o Schreck, die weiße Wäsche war rosarot verfärbt! Noch mehr Grund, nachts schlecht zu schlafen! Ein roter Wollpullover war beim Sortieren in den Kessel mit Kochwäsche geraten. Was würde Mutter dazu sagen?

Meine Geschwister waren am Vormittag in der Schule, Manfred war Onkel Ägyd auf das Feld nachgelaufen. Ich wollte die Gelegenheit nutzen und einen Brief an Mutter nach Salzburg schreiben. Die Adresse fand ich auf dem ärztlichen Attest, das mich von der Schulpflicht befreit hatte.

Zwei Tage später – ich kochte gerade Tiroler Knödel – stand Mutter plötzlich in der Tür. „Mama!", rief ich erfreut und fiel ihr in die Arme. Sie hielt mich ganz fest, wir weinten beide. „Bist du gesund?", fragte ich. „Ja, sie haben nichts gefunden.

Ich hätte noch drei Wochen bleiben müssen, aber du hast mir einen Brief geschrieben, Kathi." – „Hat der Brief dich so gefreut?" – „Nein, Kind, denn du hast nur geschrieben ‚Liebe Mama!', sonst nichts. Da wusste ich, dass ich heim muss."

Jetzt bekam ich Mut, alles zu beichten, was ich falsch gemacht hatte. „Mama, ich habe einen roten Pullover mit der weißen Wäsche ..." – „Das macht nichts, Kind", sagte Mutter, „du hast getan, was du konntest. Hat Tante Klara dir nicht geholfen?" – Tante Klara?", ich war von der Frage betroffen und überrascht. „Tante Klara hat dauernd nach mir geschrieen, Mutter." Sie sagte nichts, kniff nur den schiefen Mund zusammen.

Ich hätte noch viel mehr ausgehalten – ich war *gelobt* worden, auch von Vater, weil ich pünktlich morgens um halb sechs das Frühstück für ihn fertig hatte und auch sonst „ganz gut" gekocht hätte. Was konnte mir jetzt noch passieren? Ich war beinahe schon so tüchtig wie Mutter.

Der Briefträger brachte einen Brief von unserem Vetter Gustl. Gustl war nicht nur der Liebling von Großmutter, die ihn aufgezogen und ihm in die Schule Butterbrote mitgegeben hatte. Er war der ledige Sohn von Onkel Sepp, Mutters liebstem Bruder. Mutter las den Brief vor: Seine Braut Hanni erwarte ein Kind, schrieb Gustl, er habe gerade angefangen mit dem Hausbau, und ob Mutter die ersten Jahre das Kind in Pflege nehmen könne, damit Hanni den Beruf nicht aufgeben müsse. Mutter dachte nach und sah mich an: „Wenn du von der Schule daheimbleibst?"

Vater meinte auch, dass wir Gustl diesen Gefallen schon machen könnten. „Du bleibst daheim, bist eh schon so gescheit!" Ich sagte nichts, lief in den Wald, lehnte mich an einen Baumstamm und suchte nach einem Ausweg für mich. Ich wünschte davonzufliegen wie die Wolken dort oben. Der Wind jagte sie, es sah aus wie ein Fliehen und Fangen. Ich war eine Wolke, jagte mit dem Wind über den Himmel, sah das Haus von Onkel und Tante von oben, wie in einer Spielzeugschachtel. Als jemand mich an der Schulter berührte, merkte ich, dass ich fror. Ich musste unter dem Baum eingeschlafen sein; Monika hatte mich so gefunden.

An einem Samstag kam Gustl auf Besuch, um sich von Mutter die Antwort zu holen. „Wir nehmen das Kind gerne, um euch zu helfen", sagte Mutter, „aber mir ist das zu viel – nur, wenn unsere Kathi von der Schule daheimbleibt …" Gustl sah mich an. „Wieso immer ich?", dachte ich und gab an diesem Tag weder meinen Eltern noch Gustl eine Antwort auf ihre Fragen.

Als Gustl wieder gegangen war, schrieb ich an Frau Fachlehrer Mahringer einen Brief.

Großvater ist tot

Vater saß auf dem Diwan, den Kopf in die Hände gestützt, Tränen liefen über sein schmales Gesicht. „Er hat sich erhängt, weil er seiner Schwiegertochter so zuwider war." – „Aber nein", sagte Mutter, „er hatte Darmkrebs, das hat er halt nicht mehr ausgehalten. Er hat sich sehr geschämt, wenn ihm ‚etwas' passiert ist, ihm, der immer überaus penibel und reinlich war. Und getrunken hat er auch, Rum hat er getrunken", sagte Mutter. Ich platzte heraus: „Großvater hat sich *erhängt*?"

„Dummes Dirndl!", erwiderte Vater sehr erregt. „Das hast du falsch verstanden, ein Geschäftsmann aus Altenmarkt hat sich erhängt. Mein Vater ist gestorben, mit neunundsiebzig friedlich eingeschlafen." – „Wir schicken Günther zu meinen Eltern", sagte Mutter, „wir müssen es ihnen sagen." Mein Bruder wurde gerufen, er hatte Onkel Ägyd auf dem Feld geholfen. Erschöpft und übel gelaunt hörte er sich die Nachricht vom Tod unseres Großvaters an. „Nein", sagte er, „ich kann jetzt den Onkel bei der schweren Arbeit nicht allein lassen." – „Dann geht Kathi", beschloss Vater.

Mir war das recht, ich liebte meine Großeltern. Außerdem konnte ich bei dieser Gelegenheit erzählen, dass alle zufrieden waren mit meiner Arbeit, als Mutter im Spital war, dass sie nun wieder da sei und dass Großvater gestorben sei. „Sag", schärfte mir mein Vater ein, „sag, dass er friedlich eingeschlafen ist. Die Beerdigung ist erst in einer Woche." Ich versprach, die Nachricht zu überbringen, wie sie es verlangten, und machte mich auf den Weg.

Großvater, der stille, elegante, alte Mann, er hatte uns einmal im Jahr besucht. Ich erinnere mich nicht, dass er je eines von uns Kindern angeredet hätte. Aber ich weiß noch, wie er schon mindestens eine halbe Stunde, ehe er zum Zug ging, in Hut und Janker in der Küche auf und ab ging; und dass alle seine Söhne eine Handwerkerlehre machen durften. Allerdings hatte er seine Söhne ab ihrem zwölften Lebensjahr im Sommer morgens gegen vier Uhr aus dem Bett geholt. Sie mussten in der Stube sitzen, bis es draußen hell genug war zum Mähen. Er duldete nicht, dass sie fünf Minuten länger im Bett blieben, es gab keine Widerrede.

Auf dem Weg zu den Großeltern gingen mir Vaters Erzählungen über seinen Vater durch den Kopf:

„Gerne hätten wir eine halbe Stunde länger geschlafen, aber da war nichts zu machen! Ich bin in dieser Zeit ab und zu erst gegen Morgen heimgekommen von einem Schatz. Dann habe ich mich, noch in Kleidern, ins Bett geschmissen und die Decke über den Kopf gezogen. Da stand er auch schon in der Kammer: ‚Aufstehen, aber schnell! Ich warte in der Stube.' Keiner hätte sich getraut, nicht in der Stube zu erscheinen.

Wir haben vom ersten Hahnenschrei bis gegen halb sieben gemäht, danach aus der großen Eisenpfanne das Mus gegessen und sind dann zu Fuß zur Arbeit gegangen, eine Stunde oder mehr. Am Abend sind wir gegen sieben heimgekommen. Das waren lange Arbeitstage, aber wir haben uns nichts dabei gedacht. Wir haben unsere Eltern sehr geachtet, weil bei uns alle einen Beruf erlernen durften. Acht Söhne! Die Lehrherren haben Lehrgeld verlangt, verdient haben wir in den Lehrjahren nichts."

„Woher hatten die Großeltern das Geld, um die Lehre zu bezahlen?", wollte ich wissen. „Die Mädchen hat man mit vierzehn in den Dienst geschickt, in ein Gasthaus, ein Kaufhaus oder zu einem Großbauern. Dann waren weniger Esser am Tisch, und die Mädchen haben die wenigen Groschen, die sie verdient haben, daheim abgeben müssen; damit hat Vater einen Teil des Lehrgelds für die Söhne hereingebracht. Oder er hat ein Kalb, ein Fohlen oder Holz aus unserem Wald verkauft. Freilich, sparsam waren wir alle, am meisten Mutter. Als ich mit der Zimmererlehre angefangen habe, waren meine zwei ältesten Brüder schon ausgelernt*, so ist es von Jahr zu Jahr leichter geworden. Jeder von uns hat seinen Lohn als Geselle daheim abgegeben."

„Tagsüber hat Mutter allein auf dem Feld geschuftet", setzte Vater fort, „hat mit der Scheibtruhe Mist auf die Wiesen oder in den Garten hinausgebracht. Das war auf den steilen, buckligen Hängen Schwerstarbeit. Mit den Jahren waren meine Schwestern alt genug, um Mutter an die Hand zu gehen; auch sie haben neben der Pflichtschule oder ihrer Anstellung daheim auf dem Hof mitgearbeitet. Niemand hat damals darüber nachgedacht, was Mutter geleistet hat: vierzehn Kinder, jedes Jahr eine Geburt, immer ein Kleinkind, jahrzehntelang in den Nächten Kindergeschrei, Krankheiten usw. Darum ist sie mit siebenundfünfzig Jahren an Erschöpfung gestorben. Sie hat sich einfach hingelegt und hat nicht mehr geatmet. Sie war einfach nur erschöpft, nicht krank, nur erschöpft."

„Ich habe sie nicht gekannt, sie war schon unter der Erde, als ich euren Vater kennengelernt habe", mehr wusste Mutter darauf nicht zu sagen. „Nach Mutters Tod hat Vater angefangen, Rum zu trinken", sagte Vater, „erst nach Mutters Tod."

Ich war beim Haus meiner Großeltern angekommen, im großen Vorraum hörte ich schon Kinderstimmen: Lachen, Weinen, Schimpfen, eine Tür sprang auf, und zwei balgende Buben kugelten mir vor die Füße. Sie lachten und gaben den Weg zur Kammer der Großeltern frei. In diesem Haus lebten jetzt zehn Kinder, und jedes Jahr wurde ein neues geboren.

Ich klopfte, dann begrüßte ich die Großeltern und sagte wie eingelernt: „Großvater ist tot." Ich hielt es aber nicht lange aus, ohne die ganze Wahrheit zu sagen, und so erzählte ich ihnen auch, dass Großvater sich erhängt hatte; und dass mein Vater nicht wollte, dass dies die Leute erfahren. Die Großeltern versprachen, es nicht weiterzusagen, und Großmutter gab mir Milch und Honigbrot zu essen.

Auch sie schätzten den Vater meines Vaters als korrekten, ehrbaren Menschen. „Es ist ein trauriges Kapitel", sagte Großmutter, „dass er keine Kraft mehr hatte, als seine Frau so überraschend gestorben ist." – „Es wäre gescheiter gewesen", sagte Großvater, „wenn er noch einmal geheiratet hätte, er war nicht einmal sechzig. Außerdem hat er keinen Grund gehabt, sich zu beklagen, denn er war im Krieg nur in Serbien, nicht wie ich in den Dolomiten."

Schon stand Großvater auf, ballte seine Fäuste und kam in Rage. Immer wieder rief Großmutter: „Vater, so beruhigt Euch doch, das ist alles längst vorbei!" Doch Großvater geriet immer mehr in Wut: „Ihr habt alle miteinander keine Ahnung, was wir mitgemacht haben im Kriegswinter 1916 im Gebirge. Wir haben Seilbahnen bauen müssen für den Nachschub, die Italiener haben von den steilen Hängen die Lawinen abgeschossen, hunderte Kameraden sind in den Tod gerissen worden. „Und diese Hure* …" – „Vater, bitte!", rief Großmutter aus. Er war nicht mehr zu halten: „Diese Hure hat uns verraten, sie war eine Spionin. Sie hat tausende Menschenleben auf dem Gewissen!"

Wir hatten nicht bemerkt, dass es draußen schon langsam dunkel wurde. „Ich muss heim", rief ich. Großmutter begleitete mich bis zur Haustür und sagte: „Nimm das nicht so tragisch, Großvater hat den Krieg nie verwunden, sei ihm nicht böse!"

Mein Weg ging durch Wiesen und durch Wald, rasch wurde es dunkel. Jetzt plagte mich das Gewissen, dass ich im Übereifer viel zu viel über Großvaters Tod erzählt hatte. Sein Geist würde sich an mir rächen. Schon rauschte es in den Wipfeln, ein unheimliches Getöse kam auf, ich machte mich noch kleiner, als ich sowieso war. Nur langsam kam ich vorwärts und hoffte, dass mir jemand von daheim entgegenginge. Im Mondlicht hob sich der Weg hell aus der Dunkelheit ab. Plötzlich hing von jedem Baum eine Menschengestalt – mein Großvater. Ich war nicht fähig weiterzugehen und lehnte mich an einen Baum; dann war es mir, als ob Großvaters Beine neben mir baumelten. „Wie geht es dir, Baum?", fragte ich in die Dunkelheit hinein, „wenn an deinem größten Ast ein Toter hängt?" Eine Sturmbö fuhr in den Wald, die Bäume schüttelten sich und standen ganz normal wie zuvor – die Menschenleiber waren weg.

„Lang waren seine Beine schon, man hat ihn erst am Abend gesucht, er muss ein paar Stunden gehangen sein", hatte Vater erzählt, ehe sie bemerkten, dass ich zuhörte. „Er hat seine Kammer blitzsauber aufgeräumt, sein Werkzeug in den Dachboden getragen, und der Boden war frisch geputzt." Nach längerem Schweigen hatte Vater noch hinzugefügt: „Mit dem Gedanken sich umzubringen hat er schon lange gespielt, weil sie so böse war zu ihm, die Veronika." – „So kannst du das nicht sehen", hatte Mutter gemahnt, aber Vater hatte nur mit der Hand durch die Luft gewischt.

Jetzt noch hinab in den Graben und drüben wieder hinauf in freies Gelände; vereinzelt standen Häuser, aus deren Fenstern Licht auf meinen Weg fiel.

Der Kreidl-Großvater hatte nach dem Krieg seinem Zorn mit Schlägen Luft gemacht. Er schlug die kleine Klara halbtot, er schlug seine Älteste, als sie mit vierzehn schwanger war, sodass Großmutter sie schleunigst aus dem Haus bringen musste. Er schlug seine Frau, die Kälber, die Hunde. „Sonst wäre er vielleicht an der Wut gestorben", dachte ich, denn das hatte ich heute gesehen, dass sein Körper gebebt hatte, als wäre ein Erdbeben in ihn gefahren. Und der Walcher-Großvater, der stille Mann, vergrub alles in sich, bis er das Leben nicht mehr ausgehalten hat. Er hatte fast nie mit uns geredet, und ich dachte deswegen, dass er uns nicht mochte, dass er die Menschen überhaupt nicht mochte.

Mutter stand in der Haustür, eine Taschenlampe in der Hand. „Kind, wo bleibst du so lange? Gerade wollte ich dir entgegengehen." – „Mutter, ich hatte so grauenvolle Angst, auf jedem Baum ist ein Großvater gehangen. Der Wind hat die langen Gestalten von den Bäumen geschüttelt." – „Du Arme", sagte sie, „und was sagen die Großeltern dazu?" Ich gab darauf keine Antwort, um nicht zu verraten, dass ich alles über den Tod des Großvaters erzählt hatte.

Vater saß am Tisch und sah mich scheu von der Seite an, als ich eintrat. „Es wäre alles anders gekommen, wenn Mutter nicht hätte so früh sterben müssen", brach es aus ihm heraus. „Sie hatte Krebs", sagte meine Mutter. „Doch nicht Krebs – in unserer Familie hat nie jemand Krebs gehabt!", sagte Vater ungewöhnlich heftig. Mutter schwieg.

„Sie ist an Erschöpfung gestorben, sie war in den Wechseljahren. An jenem Tag hat es geregnet in Strömen, sie hat das Vieh auf die Weide getrieben, und auf einmal ist die Herde durchgegangen. Hinauf in den Wald und davon wie die Wilde Jagd. Damals war keines von uns Kindern mehr daheim, alle in der Arbeit. Stundenlang ist sie dem Vieh nachgelaufen, hat gerufen, hat sich furchtbar aufgeregt, war durchnässt bis auf die Haut. Dann ist ein eisiger Wind aufgekommen, und sie hat sich eine Lungenentzündung geholt. Am nächsten Morgen ist sie tot im Bett gelegen, einfach zu müde, um noch zu atmen. Danach hat Vater angefangen zu trinken, aus Verzweiflung. Nie hat er mit uns über seine Trauer geredet, mit keinem seiner Kinder. Die älteste meiner Schwestern hat den Dienst in einem großen Geschäftshaus kündigen und heim müssen, die Arbeit von Mutter übernehmen."

„Hat Großvater euch geschlagen?", fragte ich, „hat er euch auch geschlagen, wenn er Rum getrunken hat?" – „Nein, nie", antwortete mein Vater. „Wir haben sehr lange Zeit nicht gemerkt, dass er trinkt. Er ist nach dem Nachtmahl meist still auf der Hausbank gesessen oder in seine Kammer gegangen."

„Komm her!" Vater zog mich zu sich, hielt mich fest und begann zu weinen. Ich hielt still, fühlte mich wie auserwählt. Vaters Tränen tropften mir auf den Hals, das kitzelte auf der Haut, aber ich rührte mich nicht. Mutter saß neben uns und weinte auch. Ich befreite mich aus Vaters Umarmung und sagte: „Wir könnten für Großvater ein Vaterunser beten." Meine Eltern standen mit einem Ruck auf, und Vater sagte: „Beten? Wo ist er denn, dein Herrgott? Wo war er, wenn eine Mutter von vierzehn Kindern stirbt, wo, wenn ein alter Mann verzweifelt?"

„Geh jetzt schlafen!", sagte Mutter, strich mir über das Haar und machte die Tür hinter mir zu. Ein schimpfender Vater war mir lieber, als einer, der weint.

Weichenstellungen

Günther ging ab Ferienbeginn mit Vater in die Arbeit. Er war nach acht Jahren aus der Schule entlassen worden, und obwohl er erst drei Monate später vierzehn Jahre alt wurde, arbeitete er schon auf dem Bau. Mir tat er leid, weil er sehr klein und mager war, immer machte er ein etwas verhärmtes Gesicht. Man durfte ihn nicht fragen, wie es ihm gehe, sofort gab es Boxer*, oder er lief davon. Morgens um sechs gingen er und Vater aus dem Haus, jeder einen kleinen Rucksack mit Proviant auf dem Rücken, zwölf Stunden später kamen sie heim.

„Er ist tüchtig, der Bua", hatte Vater gesagt und für ihn einen Monatslohn ausgehandelt. „Da", sagte er nun und reichte meinem Bruder zweihundert Schilling. Das kriegst du schwarz ausgezahlt. Du bist bei mir versichert, und ich krieg für dich noch die Kinderbeihilfe, bis du fünfzehn bist. Dafür hast du das Essen daheim gratis." Günther nahm das Geld, ging in die Schlafkammer und war an diesem Abend nicht mehr zu sehen. Er war jetzt erwachsen und für mich unerreichbar. Früher hatte er mir öfter zugehört und mir Antworten gegeben, die mir weiterhalfen. Jetzt war er ein Arbeiter, der eigenes Geld verdiente.

Jetzt fragte ich manchmal Franz um Dinge, die ich nicht verstand. Er war aber ein Kasperl, er lachte über meine „komischen Ideen", wie er meine Fragen nannte, und sagte nur: „Frag nicht so viel!"

Ich arbeitete allein auf dem Kartoffelacker, musste die Reihen häufeln. Mir war schlecht, ich fror und setzte mich an den Ackerrand. Nur ganz kurz wollte ich rasten, denn ich sollte bis zum Mittagessen fertig sein. Franz sah mich sitzen und lachte: „Dir ist diese Arbeit wohl auch zu blöd." Als er sah, wie es mir ging, nahm er die Harke und machte die Arbeit für mich. „Ich bin so froh, Franz, du bist so lieb." – „Ich werde dich einmal heiraten", sagte er.

Dann kam an einem Sommertag Frau Fachlehrer Mahringer auf Besuch. Ich war mit Manfred hinter dem Haus, als Mutter nach mir rief. Ich war sehr überrascht, ich hatte meinen Brief an sie schon wieder vergessen. Frau Mahringer sagte gleich zur

Begrüßung: „Ich bin froh, Kathi, dass du mir geschrieben hast." Mutter sah mich groß an und war sichtlich aufgeregt.

„Wann kommt Ihr Mann heim?", fragte Frau Mahringer. „Ich habe mit Ihnen als Eltern ein ernstes Wort zu reden, da will ich, dass er dabei ist. Es geht um Kathi." – „Was gibt es denn so Ernstes?", wollte Mutter wissen. „Sie scheinen nicht zu wissen, dass es strafbar ist, wenn Sie Ihr Kind mit zwölfeinhalb Jahren aus der Schule nehmen. Dass Sie krank waren, weiß ich", sagte sie und ließ Mutter keine Gelegenheit, sich zu rechtfertigen.

„Ab Herbst geht Kathi wieder in die Schule. Ich habe im Elisabethinum in St. Johann angefragt, wie viel ein Internatsplatz kostet." – „Wie viel?", fragte Mutter. Frau Mahringer nannte eine Summe. „So viel Geld haben wir nicht", sagte Mutter resigniert. „Sehen Sie sich das Kind an, wie mager es ist und wie bucklig! Es braucht ein Jahr der Erholung, denn die schwere Bauernarbeit zehrt an diesem Mädchen, sehen Sie das nicht?" Mutter warf mir einen Blick zu. Sie konnte sich denken, dass ich einen „dramatischen" Brief, wie sie später sagte, an die Lehrerin geschrieben hatte. „Sie braucht für ihr späteres Leben den Hauptschulabschluss", sagte Frau Mahringer in bestimmendem Ton.

Mutter war dabei, das Mittagessen vorzubereiten, und ich merkte, dass sie überlegte, ob sie die Lehrerin zum Essen einladen solle. „Wollen Sie mit uns essen, Frau Fachlehrer? Es ist nur ein einfaches Erdäpfelgröstl*." – „Danke, gern", sagte diese, „ich bin mindestens drei Stunden auf dem Weg. In St. Johann zu Fuß zum Bahnhof, mit dem Zug bis Pfarrwerfen und dann hier herauf, ich musste mich durchfragen." Wir Kinder saßen scheu um den Tisch, fast vergaßen wir zu essen.

Frau Mahringer wollte wissen, warum wir auf diesem Hof arbeiteten wie die Dienstboten. Mutters Antworten schienen sie nicht zufriedenzustellen. Sie verabschiedete sich bald, bedankte sich für das Essen und sagte: „Sagen Sie mir, wo Ihr Mann arbeitet, ich suche ihn am Arbeitsplatz auf, um mit ihm zu reden. Oder besser: Kathi, kannst du mich nicht zu deinem Vater begleiten?" Mich drückte plötzlich das schlechte Gewissen, weil ich den Brief geschrieben hatte. Was würde Vater dazu sagen?

„Ein Jahr wirst du brauchen, um dich zu erholen. In der Schule gebe ich dir Nachhilfeunterricht. Du musst die vierte Klasse schaffen, um einen Abschluss zu haben. Was fehlt dir eigentlich, dass du so blass und krank aussiehst?" – „Mir ist oft schlecht, aber ich muss trotzdem arbeiten, Mutter wird allein nicht mit allem fertig." – „Dir ist schlecht, und du musst arbeiten? Für wen arbeitet ihr eigentlich?" – „Für meine Tante, die ein kleines Kind hat und sich schonen muss."

Ab Herbst sollte ich einen Platz im Internat bekommen und von dort aus wieder die öffentliche Hauptschule in St. Johann besuchen. Auch Vater fand keine Gelegenheit, den Forderungen der Fachlehrerin zu widersprechen. Er nickte zu ihren Ausführungen und versprach, das nötige Geld dafür aufzubringen.

Zwischen den Eltern gab es natürlich Streit deswegen. Mutter nannte Vater „zu feige". „Wie immer – das alles ausbaden und sagen, dass wir das Geld nicht haben, muss ich!", schimpfte sie. Ein Brief von der Schulbehörde bereitete den Diskussionen ein Ende. Meine Eltern waren schließlich bereit, meine Schwester Monika und mich nach St. Johann ins Internat zu geben.

Auf Erholung im Internat

„Wie siehst denn du aus?", fragte einige Wochen später auch die „Ehrwürdige Schwester Oberin", die der Internatsschule Elisabethinum in St. Johann vorstand. „Steh ein bisschen gerade! Du hast einen Buckel wie ein altes Weiblein."

Mutter war nach der Schulmesse im Elisabethinum aufgetaucht und sprach mit der Oberin. „Nein, diesen Betrag können wir nicht zahlen", hörte ich sie sagen und sah entsetzt zu ihr hin, als Frau Mahringer energisch winkend auf uns zusteuerte. Sie wollte für einen Teil der Kosten aufkommen, so blieb den Eltern nichts übrig, als ebenfalls zu zahlen.

Monika und ich wurden in das Internat aufgenommen, der Internatsbetrieb begann aber wie auch der Unterricht in der klösterlichen Haushaltungsschule erst eine Woche nach dem

Schulbeginn an den öffentlichen Schulen. Deshalb fuhren wir eine Woche lang täglich die Strecke Pfarrwerfen–St. Johann mit dem Zug hin und retour, und den Weg zwischen Pfarrwerfen und Werfenweng mussten wir zu Fuß gehen.

Sobald der Unterricht in der Haushaltungsschule begann, wohnten wir die Woche über im Elisabethinum und fuhren am Samstag heim und am Sonntagabend zurück ins Internat. Obwohl einige der Haushaltungsschülerinnen nur ein Jahr älter waren als ich, nannten sie uns liebevoll „die Kleinen". Jedes Mal beim Abschied sagte Vater: „Wie viel Geld braucht ihr für den Zug?" – „Jede von uns zwei Schilling fünfzig. – „Und sonst?" – „Bitte gib uns noch zwei Schilling fünfzig dazu!", sagte Monika. „Ich möchte jeden Tag zwei Semmeln für mich kaufen, weil ich vom alten Brot, das es zum Frühstück gibt, Magenweh bekomme." Vater seufzte hörbar, aber er gab uns das Geld.

„Gustl ist sehr enttäuscht von dir", sagte Mutter. Das war mir jetzt egal – ich war wieder Hauptschülerin!

Die Haushaltungsschülerinnen – für uns waren sie „die Großen" – freuten sich, wenn wir am Sonntag eintrafen. Wir durften mit ihnen die Abende im „Saal" verbringen, einige machten Aufgaben, die anderen nähten oder strickten, oder sie schrieben Briefe an ihre Verlobten. Sie neckten sich gegenseitig, wir sangen oder erzählten von daheim. Wir zwei Kleinen schliefen mit vier Großen im kleinsten Schlafsaal, den es gab. Um neun Uhr Abend hatten alle im Bett zu sein. Zwar schimpften manche Schülerinnen, aber gegen Vorschriften kam man nicht an.

Es war meistens zu früh, um zu schlafen. In den Betten zu lesen war auch verboten; außerdem musste das Licht ausgeschaltet werden. Deshalb baten mich meist die Großen: „Erzähl uns eine Geschichte!" Ich erzählte selbst erfundene Geschichten, bis sie riefen: „Das ist aber nicht wahr, oder doch?" Ich log wie gedruckt, an Einfällen mangelte es mir nicht. Einmal war ich gerade traumhaft gut in Fahrt, als alle hüstelten und sich seufzend umdrehten. Ich aber verstand sie nicht, bis eine Stimme – es war die der Ehrwürdigen Schwester Oberin – von der Tür her lachend sagte: „Wenn du fertig bist, Kathi, dann ist aber Ruhe!" Als sie die Tür hinter sich geschlossen hatte, lachten alle und sagten, dass meine Geschichte der Oberin auch gefallen hätte, denn sie sei schon längere Zeit in der Tür gestanden. „Was?", rief ich, „sie hat uns schon länger zugehört?" – „*Dir*", riefen sie, „*dir* hat sie zugehört, wir haben nichts gesagt!"

Mir ging es gut wie noch nie: Zeit für die Hausaufgaben, Zeit zum Lesen, ich durfte in der Bibliothek Bücher ausleihen. Oder ich saß stundenlang im Erker und malte mir mein späteres Leben aus. Manchmal schlief ich auf der Bank ein, und wenn ich erwachte, hatte jemand eine Decke über mich gebreitet.

Vor Weihnachten wurde ein Krippenspiel vorbereitet. Monika spielte einen Engel, sie war schön mit dem offenen Haar, das ihr bis zu den Kniekehlen reichte. Ich war eine Hirtin auf dem Feld. Die Oberin sagte: „Der Engel bist eigentlich *du*, Kathi." Ich hatte verstanden, der Engel sei eigentlich ich, weil ich jeden Befehl blitzartig, ohne zu fragen, ausführte, während Monika es wagte, die Oberin auszulachen und Befehle einfach zu überhören. Sie hatte im Zimmer der Schwester Oberin einen Blumenstock verdorren lassen und hinterher gelacht: „Sie soll sich ihren blöden Blumenstock selber gießen!" – „Ich gieße ihn gerne", sagte ich. „Ja, das weiß ich", erwiderte die Oberin, „aber ich will, dass ‚die Kleine' ihn gießt." Weil Monika die neuen Blumen ebenfalls hätte eingehen lassen, goss ich sie heimlich, Frau Oberin durfte mich dabei nicht erwischen. „*Du* bist der Engel" – ich wusste schon, für einen Engel taugte mein Gesicht nicht, es war zu rund, wie ein Vollmond, und die Haare zu dünn.

Immer öfter blieb ich an Wochenenden im Internat, Monika fuhr allein heim. Ich spielte Klavier, jemand hatte mir den Flohwalzer beigebracht. Ich räumte die Asche aus dem Zimmerofen, Theresa, die Küchenschwester, freute sich darüber. In der Küche half ich, Kuchen zu rühren oder das Geschirr abzutrocknen, dafür bekam ich eine Praline oder ein winziges Stück Kuchen.

Frau Mahringer gab mir gemeinsam mit anderen Schülern Nachhilfe in Mathematik, dafür stopfte ich ihre Strümpfe, brachte ihre Kleider in die Reinigung und holte sie wieder ab, oder sie schickte mich zum Bahnhof, um für sie Fahrkarten zu kaufen. „Du machst jede Arbeit so übereifrig", sagte sie zu mir,

„warum lehnst du dich nie auf wie deine Schwester?" – „Das habe ich nie getan", glaubte ich mich verteidigen zu müssen.

„Bei dir werden es die Burschen einmal leicht haben", sagte sie und strich über mein Haar. Dieser Satz saß tief. Mehr als dass ich verstand, was sie meinte, fühlte ich, dass ich aufpassen musste, mich nicht um einer Schmeichelei wegen zu verschenken. „Sich zu verschenken" war eine Todsünde, hatte uns der Herr Dechant in Religion beigebracht.

Zur Wahrung des guten Rufes

Das Elisabethinum war eine Klosterschule, die geistlichen Schwestern waren streng in ihrer Auffassung von fraulicher Würde und Keuschheit. „Eine sittsame Frau zeigt ihre nackten Schultern nicht! Sie zeigt ihre Knöchel nicht, die reizen den Mann!" Alle trugen Söckchen oder Baumwollstrümpfe. Aus dem Internat durfte sich niemals ein Mädchen allein entfernen. Sie mussten immer zu zweit weggehen, wenn sie einkaufen wollten.

Eine Gruppe Schülerinnen machte mit einer Lehrerin und einer geistlichen Schwester einen Ausflug in Richtung Großarl. Wir zwei Kleinen waren dabei. Grete-Liese, die größte der Schülerinnen, und Monika, die kleinste, machten sich oft einen Spaß aus diesem Größenunterschied. Einmal setzte Grete-Liese meine Schwester auf einen Kleiderschrank im Gang und ging davon. Zufällig kam die Oberin des Weges: „Wer hat denn dich da hinaufgesetzt?", fragte sie lachend. Der Kleiderkasten war sehr hoch, niemand konnte Monika von dort oben befreien. Grete-Liese wurde gerufen und holte meine Schwester wieder herunter.

Diese Begebenheit war bei der Wanderung Ausgangspunkt für neue Späße und Geschichten. Einmal banden die zwei ihre langen Zöpfe zusammen; die Große war so groß und die Kleine so klein, dass die langen Zöpfe sich gerade noch zusammenbinden ließen. Lachend und singend kamen wir schnell vorwärts. Wir merkten zuerst gar nicht, dass der Rest der Gruppe zurückgeblieben war; dann hofften wir, dass die anderen uns in Kürze einholen würden. „Sollen wir umkehren?", fragte jemand. „Wir warten", war der einhellige Tenor. Es wurde uns schon bang, denn sich von der Gruppe zu entfernen war verboten!

Wir kehrten um, begannen zu laufen, aber wir erreichten die anderen nicht. Es wurde schon dunkel, als wir im Internat ankamen. Wir hatten Angst vor einer Strafe und meldeten uns an der Pforte. Mit erhitzten Gesichtern standen wir im Gang. „Hier wird gewartet, bis die Ehrwürdige Schwester Oberin kommt!", befahl Schwester Gemma mit schneidender Stimme und unbewegtem Gesicht. Die Oberin ließ uns warten, und als sie herantrat, forschte ich in ihrem Gesicht, ob in ihrem Blick – wie sonst meistens – ein verstecktes Lachen war; ob ihre Runzeln, wie so oft, in kurzer Zeit zu Lachfalten würden. Aber ihre Stimme war diesmal eisig, und in ihrem Gesicht veränderte sich nichts, was ein Lachen hätte erahnen lassen. „Sich von der Gruppe zu entfernen ist strengstens verboten, ist das nicht bekannt?" – „Doch, Ehrwürdige Schwester Oberin", antworteten wir wie aus einem Mund. „Warum aber ist es trotzdem geschehen?" – „Wir haben geredet und Wanderlieder gesungen, und so haben wir nicht bemerkt, dass wir so schnell vorangekommen sind", erwiderte Grete-Liese. „Hattet ihr eine Verabredung?" – „Nein, Ehrwürdige Schwester Oberin!", rief Marianne, die schon verlobt war. „Haben Männer euch eingeladen, und ihr habt die Kleinen als Alibi mitgenommen?" – „Nein, Ehrwürdige Schwester Oberin!"

„Gut", sagte diese schließlich, „geht euch erfrischen und wartet im Saal, bis ich komme! Zum Abendessen seid ihr schon zu spät. Einen Abend ohne Essen, das wird euch nicht schaden, da habt ihr Zeit zum Nachdenken. Kathi, du kommst zu mir ins Büro!"

Im Büro bot sie mir einen Sitzplatz an, ich zitterte. Immer wieder fragte sie, ob keine Männer sich uns angeschlossen hätten. „Oder ein einzelner Mann?" – „Nein, Ehrwürdige Schwester Oberin!" Das Verhör dauerte lange, mir schien, als wollte sie mich verwirren. Als ich zu weinen anfing, vor Demütigung, Hunger und Erschöpfung, sagte sie: „Dir glaube ich. Aber du musst wissen, wir haben unseren guten Ruf zu verlieren, und wir sind den Eltern unserer Schülerinnen verpflichtet! Komm, ich lasse dir in der Küche ein Butterbrot geben." Sie begleitete mich. Für diese Bevorzugung, und weil sie den anderen nicht geglaubt hatte, schämte ich mich, als wäre ich eine Verräterin. Die Hälfte von diesem unverdienten Butterbrot brachte ich meiner Schwester, denn ich konnte vor Weinen kaum essen. Die Mädchen waren bestürzt über meinen Ausbruch, sie umringten mich. Wir waren an diesem Abend aber streng bewacht; es war nicht erlaubt, miteinander zu reden.

Manchmal hatte ich auch Angst vor Frau Mahringer. Sie unterrichtete Mathematik, Chemie und Physik, und unser Deutschlehrer nannte sie einmal „die größte Mathematikerin nach Pythagoras". Damals sah ich sie lächeln – durch dieses Lob fühlte sie sich geschmeichelt.

Ich sei in meiner Dankbarkeit unterwürfig wie ein Hund, sagte meine Schwester, „nur weil sie uns den Aufenthalt im Internat ermöglicht?" Wahrscheinlich dachte Monika nicht mehr daran, dass wir noch vor kurzer Zeit in der einklassigen Volksschule in Werfenweng von einem bösartigen Lehrer gehänselt worden waren.

Es geschah selten, aber wenn Frau Mahringer jemanden strafte, war ihr Gesicht wie versteinert. Ihrem Gesichtsausdruck nach bestrafte sie mit Genugtuung. Ihre Ohrfeigen waren gefürchtet, sie schlug kraftvoll zu wie ein Mann. Alle wussten, sie war gerecht, und der Geohrfeigte wusste, er hatte die Strafe verdient. Mädchen behandelte sie nicht so hart. Mädchen demütigte sie manchmal, wenn sie ihr allzu „frühreif" vorkamen, denn: „Jede Frau, die sich die Lippen anstreicht, ist eine Hure."

Volker war erst in der dritten Klasse zu uns gekommen; seine Familie stammte aus Norddeutschland, sein Vater war Ingenieur. Er war ein intelligenter Schüler, er drückte sich gewählt aus und hatte eine sehr schöne Aussprache. Es war bekannt, dass er viel las. Nun hatte er sich aber etwas zuschulden kommen lassen, ich weiß nicht mehr, welches schwerwiegende Vergehen das war.

Frau Mahringer war weiß im Gesicht: „Komm heraus, Volker!", sagte sie mühsam beherrscht. Volker wusste, was ihn erwartete. Mit langsamem Schritt und stramm ging er nach vorne.

„Wie ein Held", dachte ich. Frau Mahringer legte den Kopf des Knaben in ihre rechte Hand, damit er nicht ausweichen konnte, mit der Linken holte sie weit aus und schlug mit gewaltiger Wucht zu. Dabei war ihre Miene wutverzerrt. Volker hatte Tränen in den Augen, aber er weinte nicht. „Ich hoffe, das ist für euch alle ein Exempel!", sagte sie, dann ging der Unterricht weiter.

In der Pause stand Volker dann allein auf dem Gang in einem Winkel, wir alle mieden ihn. Durfte man sich nähern, oder würde seine Demütigung dadurch noch verstärkt? Ich litt mit ihm, wollte gern auf ihn zugehen und wagte es nicht. Auch konnte ich nicht gut gegen meine eigene Gönnerin Stellung nehmen. Mich tröstete, dass niemand aus der Klasse dies tat, obwohl keiner auf sie angewiesen war wie ich.

Morgen! Mir kam Mutter in den Sinn: Morgen ist alles wieder gut, oder zumindest besser. Am nächsten Morgen hatte ich die Möglichkeit, unbefangen mit Volker zu reden. Er hatte mir Bücher geliehen; ich brachte eines davon zurück, und wir sprachen über den Vorfall.

Mutter – plötzlich hatte ich Sehnsucht nach ihr. Der Groll darüber, dass sie mich Gustls Kind zuliebe von der Schule daheimbehalten hätte, war verflogen. Ich zählte die Tage bis ich meine Familie wiedersehen würde. Ausgerechnet als ich diesem Gedanken nachhing und dahinterkam, dass ich Mutter beschuldigte und nicht Vater, der eigentlich bestimmt hatte: „Du bleibst daheim von der Schule!", rief Frau Mahringer mich mit einer Frage an die Tafel.

Ich merkte, dass sie mir half, war beruhigt und löste meine Aufgabe. „Warum bist du so ängstlich?", fragte sie mich nach dem Unterricht. „Wie ein verschrecktes Huhn hast du heute ausgesehen, als ich dich an die Tafel holte. Aber du hast sofort reagiert und die Aufgabe gelöst, das ist selbständiges Denken." Dieses Lob war für mich mehr wert als jedes andere, das ich je bekommen hatte.

Am Samstag daheim. Ich hatte erwartet, dass die Eltern sich freuen würden, mich zu sehen, aber sie schimpften und polterten gleichzeitig los. „Du brauchst uns, deine Eltern, wohl nicht mehr, seit diese Lehrerin dich verwöhnt?", sagte Mutter in bitterem Ton. „Aber ..." – „Schweig, wir sind auch nicht blöd!"

Ich schlich wie geprügelt dem Wald zu und hoffte, Franz zu treffen. Aber es kam nur Rosalia des Weges, die ich nach ihrem Bruder fragte. „Der hat im November in Gastein eine Lehre angefangen", sagte sie.

Jetzt hätte ich gern die Zeit beschleunigen mögen. Um wie viel? Um vier oder fünf Jahre, dann wäre ich die Braut von Franz, und niemand dürfte mich mehr beleidigen.

1–2. Familie Walcher (1941); Katharina an der Seite ihrer Mutter,
Monika an der ihres Vaters

3. Die Herkunfts-
familie des Vaters
(1917); vgl. die
Beschreibung auf
S. 123 f.

4. Die Herkunfts-
familie der Mutter
(um 1927); vgl. die
Beschreibung auf
S. 123

5. Das Elternhaus der Mutter in Werfenweng (um 1935); davor, neben den Eltern, zwei Söhne, die jüngste Tochter Klara und ein Enkelkind

7. ... und zwischen ihren Schwestern Klara und Wawi (um 1932)

6. Katharinas Mutter stehend neben ihrer älteren Schwester Wawi (um 1922)

9. Die Großmutter mit fast 90 Jahren vor dem Bergbauernhof in Werfenweng (um 1965)

8. Die Großeltern am Tag ihrer goldenen Hochzeit (1953)

10. Katharina (2. Reihe, rechts außen) und ihre Schwester Monika (1. Reihe, links außen) als die zwei „Kleinen" im Elisabethinum in St. Johann im Schuljahr 1949/50

11. Familie Walcher (1955); vorne: Manfred und Martha; stehend:
Monika, Günther; Katharina zwischen ihren Eltern

Pfarrwerfen / St. Johann

Beten oder arbeiten?

An jenem Abend sagten die Eltern: „Wir ziehen nach Pfarrwerfen." Vaters Arbeitgeber, ein Sägewerksbesitzer, brauchte uns als Arbeitskräfte für seinen Bauernhof; Vater und Günther sollten nebenbei auch im Sägewerk arbeiten. Wir zogen also wieder einmal um. Tante Klara war nach der Geburt ihres Kindes nicht zufriedener als zuvor. Wir hätten sie nicht genug unterstützt, Mutter sei dauernd krank, und an mir hätte sie wenig Hilfe gehabt.

In Pfarrwerfen wohnten wir im Ort, unmittelbar neben der Bahnhaltestelle und einer Gemischtwarenhandlung, alles war in Minuten erreichbar. Auch der Bauernhof, auf dem wir nun arbeiten sollten, lag direkt neben dem Bahngleis am Ufer der Salzach. Jetzt wäre auch der Schulbesuch in Bischofshofen möglich gewesen und die Zugfahrt hin und retour, aber wir durften das angefangene Schuljahr im Elisabethinum abschließen.

Zum Hauptschulabschluss gab die vierte Klasse ein Abschiedsfest. Die Lehrerin der Haushaltungsschule ließ uns Mädchen ein Menü kochen, wir Schülerinnen servierten an diesem Abend selbst. Alle Lehrpersonen waren eingeladen. Ich durfte die Lehrerschaft bedienen, das machte mir außerordentlich viel Spaß. Ich war kein Neuling im Service, weil ich auch im Internat immer wieder beim Servieren geholfen hatte.

In diesem Jahr hatte ich mich gut erholt, ich war nicht mehr bucklig. Ich hatte viel Anerkennung erfahren, hatte den Vorzug* im Abschlusszeugnis nur um eine Note verpasst, obwohl ich in der dritten Klasse ein halbes Jahr von der Schule hatte daheimbleiben müssen.

Frau Mahringer hatte für mich eine Lehrstelle in einem Gemischtwarenhaus in Wagrain besorgt, aber meine Eltern sagten Nein. Mutter bräuchte mich dringend in der Landwirtschaft in Pfarrwerfen.

Obwohl ich es nicht mehr genau weiß, glaube ich, dass wir uns bei Frau Mahringer nie für die große Hilfe bedankt haben. Ich schämte mich, dass meine Eltern ihre Hilfe angenommen hatten, obwohl Vater selbst manchmal behauptete, dass er gut verdiene. Am letzten Schultag suchte ich sie überall, verabschiedete mich von den geistlichen Schwestern, von den Kameradinnen, Frau Fachlehrer Mahringer fand ich nicht. Wie bei so vielen Abschieden in unserem Wanderleben, gab es nie mehr ein Wiedersehen.

Das neue Heim in Pfarrwerfen war ein altes Holzhaus, Erdgeschoß und Giebelzimmer bewohnte unsere Familie, im ersten Stock wohnte eine fünfköpfige Familie mit Hund. Mein Bruder und ich schliefen im Giebelzimmer.

Am ersten Ferientag wurde ich durch lautes Geschrei aus dem Schlaf gerissen, jemand schrie immer wieder meinen Namen. Es schrie und schrie, bis Günther rief: „Herrgott noch einmal, steh auf! Mutter ruft nach dir!"

Draußen war es noch fast dunkel, ich tappte die Stiege hinunter, warf mir im Gehen mein Kleid über. Mutter stand da und sagte zornig: „Du musst jetzt *schon* helfen! Vater braucht dich auf dem Feld, er ist schon vorausgegangen, das Grünfutter mähen." Sie stellte mir ein Paar Gummistiefel her, ohne Strümpfe schlüpfte ich hinein, mich fror. „Wenn du auf Trab kommst, wird dir schon warm werden. Beweg dich ein bisschen!"

Wie ein begossener Pudel trabte ich auf das Feld, wo Vater schon die Sense schwang. Ich rechte das vom Tau nasse Gras zusammen und lud es auf den Wagen. Vorher hatte ich in der Küche einen Blick auf die Uhr erhascht, es war fünf Uhr, Nebel hingen über dem Land. „Wie bei Großvater", dachte ich. „Wer hat diese Arbeit gemacht, als ich noch in der Schule war?", rief ich meinem Vater hinterher. „Das hat Günther getan, aber der arbeitet zwölf Stunden im Sägewerk. Gönne ihm diese Stunde länger im Bett! Jetzt bist du ja da, wir sind froh, dass die Schule endlich vorbei ist."

Beim Frühstück hatte Mutter, die schon die Kühe gemolken, die Milch entrahmt und nebenbei Mus gekocht hatte, wieder einen Anlass zum Schimpfen, weil ich ihr Rufen von der Straße aus so lange nicht gehört hatte. „Wir müssen uns schämen für dich", sagte sie, „alle Nachbarn hören mich, nur du nicht." Jetzt schämte ich mich auch, nahm mir vor, am nächsten Morgen hellhöriger zu sein.

Ab 10. Juli 1950 arbeitete ich auf dem Hof mit. Ich war müde und zornig. Erst einen Monat nach der Schulentlassung wurde ich vierzehn Jahre alt. Visionen und Ahnungen lebten in mir: „Das hier ist noch nicht alles. Irgendwann zeige ich euch allen, was ich kann, ihr werdet schauen!"

Die Ehrwürdige Schwester Oberin hatte mir beim Abschied vom Internat einen Vorschlag gemacht, nämlich, ob ich nicht als Novizin ins Kloster eintreten wolle. Ich würde bestimmt eine würdige Braut Christi sein, da sei sie völlig sicher. Mit großem Ernst brachte ich diesen Wunsch meinen Eltern vor. Ihre Gesichter veränderten sich, sie waren betreten und zornig: „Diese Himmelhennen", schimpfte Vater, „möchten uns unser Kind abspenstig machen!" Als er meine Betroffenheit sah, wurde er sehr ernst: „Dirndl, ich sage dir, es gibt keinen Jesus und keinen Gott. Das haben *die* sich ausgedacht, um das Volk für dumm zu verkaufen und niederzuhalten!" Er redete sich in Rage, und ich stand da wie begossen. Die geistlichen Schwestern, die Fachlehrerin Mahringer oder der Dechant, der uns in der vierten Hauptschulklasse in Religion unterrichtete – waren sie alle Lügner? Wem konnte ich glauben, wem vertrauen? Ich erwog, nach St. Johann zu fahren und im Elisabethinum der Ehrwürdigen Schwester Oberin meine innere Not zu klagen. Das wäre mir aber als Verrat an meinen Eltern vorgekommen. Schließlich glaubte ich meinem Vater, aber etwas in mir zerbröckelte. Ich machte die Arbeiten, die mir aufgetragen wurden, und sehnte mich wieder einmal danach, tot zu sein.

Meine Eltern sahen meine Trauer und taten in ihrem Interesse einen klugen Schachzug: Im Dorf war ein Tanzkurs ausgeschrieben. Herr Knabl, der Tanzlehrer, wohnte in unserem Ort. Er fragte mich, ob ich an seinem Tanzkurs teilnehmen wolle, denn es hätten sich mehr Burschen als Mädchen angemeldet. Vater sagte: „Das Dirndl ist fleißig, warum soll es nicht tanzen lernen?"

Ich war anfangs nicht begeistert, aber das Tanzen gefiel mir bald. Meist wählte mich Herr Knabl als Vortänzerin. Walzer konnte ich schon, ich ließ mich führen „wie eine Feder" und war als Tänzerin gefragt. Die Burschen tanzten eckig und ungeschickt, sie getrauten sich kaum, die Mädchen anzufassen. Mit Herrn Knabl zu tanzen war eine Auszeichnung. Er war ein älterer Herr, mindestens fünfundvierzig, graue Schläfen, schlank, geschmeidig, elegant, gefühlvoll. Jedes Mal gegen Ende der Tanzstunde legte er eine Tangoplatte auf, stellte die Beleuchtung auf Rot und verbeugte sich vor mir. Die „Ehrwürdigen Schwestern" und Frau Mahringer waren vergessen.

Mutter ging mit mir in ein Textilgeschäft, um ein Kleid für den Tanzkurs zu kaufen, aber was die Verkäuferin uns auch vorlegte, alles war mir viel zu groß. „Sie ist ja noch ein richtiges Kind", rief sie, „an ihr ist noch gar nichts dran!" Ich wurde verlegen. Ich war mit vierzehn Jahren einen Meter fünfzig groß und wog siebenunddreißig Kilo. Das Haar trug ich glatt nach hinten gekämmt und in zwei lange, dünne Zöpfe geflochten, die bis an die Taille reichten.

„Warum tanzte Herr Knabl mit mir, mit dem Kind?", fragte ich mich. Bestimmt gefiel ich ihm nicht, er war nur höflich. Ich gefiel den Burschen nicht, niemandem gefiel ich, sie tanzten mit mir, weil zu wenig Mädchen da waren. Welchen Sinn hatte mein Leben? Angeschrieen und herabgesetzt zu werden – war es das?

Herr Knabl bemerkte meine Stimmungen und fragte, ob ich mit ihm reden möchte. Nach der Tanzstunde hakte er mich unter und sagte: „Jetzt gehen wir zu mir, vielleicht magst du mir sagen, was dich bedrückt." Ich war froh, jemandem von meinen Zweifeln erzählen zu dürfen. Er sperrte seine Wohnungstür auf und bat mich, Platz zu nehmen. In mir brach ein Damm, ich redete über Dinge, die ich eigentlich nicht preisgeben wollte. Er schenkte uns beiden Kognak ein und ließ mich reden und weinen, weinen und reden.

Der Kognak tat seine Wirkung, mir schien plötzlich alles zum Lachen. Er stimmte mit ein, als er sagte: „Siehst du, Katharina, man kann alles von zwei Seiten betrachten. Ich helfe dir, von zu Hause wegzukommen, wenn du dies willst. Aber wir überstürzen nichts. Deine Eltern müssen einverstanden sein, denn du bist erst vierzehn." Dann begleitete er mich bis vor unsere Haustür. Ich fühlte mich ernstgenommen, fühlte mich nicht mehr schutzlos einem dunklen Schicksal ausgeliefert.

Am nächsten Tanzabend war ich, wie immer, die Vortänzerin. „Darf ich bitten, schöne Frau?", fragte er mit frechem Grinsen, das ich ebenso erwidern konnte; ich war nicht beleidigt, sondern belustigt. In einer Pause zeigte er mir einen Zeitungsausschnitt, es war eine Stellenausschreibung. Die Inhaberin einer Papierwarenhandlung suchte ein Dienstmädchen, das bereit war, nicht nur im Haushalt, sondern auch im Geschäft mitzuhelfen. Geschäft – das gefiel mir, das war eine halbe Stufe besser als Dienstmädchen, oder als „nur" Dienstmädchen zu sein.

Nach einigen Wochen des Ringens mit meinen Eltern gaben sie nach, und ich fing den Dienst bei Frau Heidegger in St. Johann an. Mutter begleitete mich, was mich sehr freute; im Zug redete ich ohne Unterlass. Zum Neuanfang kaufte Mutter mir einige neue Sachen. Die Verkäuferin kannte uns noch vom Einkauf vor etwa einem Jahr. Ich war gewachsen und ein bisschen weiblicher geworden. Sie lobte meine Figur. Stolz drehte ich mich vor dem Spiegel, zumindest in dieser Stunde gefiel ich mir.

Monika absolvierte die restliche Hauptschulzeit in Bischofshofen, Martha und Manfred waren noch Volksschüler. Ich verlor den Kontakt zu meinen kleinen Geschwistern, zuerst schon durch das Jahr im Elisabethinum, danach trennte uns der Altersunterschied immer mehr. Sechs beziehungsweise sieben Jahre sind in diesem Alter ein großer Abstand.

Günther war Lehrling bei einem Maurermeister. Mir schien, dass er mit seinen ernsten Augen am meisten von uns Geschwistern unserer Mutter glich. Ich hörte ihn nie lachen, deswegen freute es mich für ihn, wenn er mit Freunden ausging und sie manchmal mit nach Hause brachte.

Eine gewöhnungsbedürftige Umgebung

Meine Chefin war eine Frau von fünfundzwanzig Jahren, seit drei Jahren Witwe, aber keine traurige. Conny, ihr Sohn, war fünf Jahre alt. Ihr Mann war um zwanzig Jahre älter gewesen als sie, er war völlig überraschend an Herzstillstand gestorben.

„Wo hast du ihn kennengelernt", fragten Freundinnen, die täglich bei uns zu Gast waren. „Im Krieg, im letzten Kriegsjahr, im Luftschutzkeller. Er war Offizier, ich war Arbeitsmaid in Salzburg." – „Und?", bohrten die anderen weiter. „Alle Maiden hatten braune Kostüme an, ich aber trug einen erdbeerroten, engen Pullover. Ich habe ihn schmachtend und hingebungsvoll angesehen." Ich stellte mir vor, wie schön sie als junge Maid gewesen war – groß und schlank, mit dem erdbeerroten Pullover und mit schulterlangem, kastanienrotem Haar.

„Er ließ sich von seiner Frau scheiden, wir heirateten bald nach Kriegsende. Es war eine glückliche Ehe. Aber heute bin ich nicht mehr so sicher, ob ich ihm treu geblieben wäre."

Ich war um zehn Jahre jünger als Frau Heidegger, zehn Jahre älter als Conny. Das wäre eine gute Voraussetzung, dass wir gut miteinander auskommen, meinte Frau Heidegger. Ich habe da nicht mitgespielt, denn ich war mit wenig Humor gesegnet. Ihr Lebenswandel überraschte und entsetzte mich ein ums andere Mal. Sie lachte über meine „Verklemmtheit", wie sie meine Schüchternheit den Männern gegenüber nannte, die uns besuchten.

Wenn sie sich zum Ausgehen schönmachte, musste ich ihr langes Haar mit hundert Bürstenstrichen bearbeiten, bis es glänzte. Ihren Rücken massierte ich mit duftendem Öl. Der Büstenhalter wurde mit Watte aufgepolstert, die ich mit Stecknadeln befestigen musste. Auf diese Weise täuschte Frau Heidegger Fülle vor, wo die Natur geizig gewesen war. „Du kannst leicht grinsen", sagte sie zu mir, „für diese Dinge bist du noch zu jung." Ich grinste schadenfroh bei dem Gedanken, dass die Nadeln sie in die Brüste stechen könnten oder dass ihr Liebhaber sich sticht, wenn er ihr aus der Wäsche hilft. Wenn einer ihrer Verehrer mir einen langen Blick schenkte, wurde ich rot und ging ihm aus dem Weg. Wenn sie diese Männerblicke, die auf mir verweilten, bemerkte, wies sie mich ohne Anlass scharf zurecht.

An ihren Ausgeh-Abenden trug ich zwei Polsterstühle in die Küche, weil Conny dann bei mir in der Küche auf den Stühlen schlief. Noch war er so klein, dass er darauf Platz hatte, wenn er sich zusammenrollte. Dann las ich ihm Geschichten vor und war froh über seine Nähe und sein Fragen, denn ich war oft traurig, hätte aber nicht sagen können, warum.

Tags darauf schlief Frau Heidegger meist lange. Ich hatte schon das Geschäft aufgesperrt, die Zeitungen sortiert, die mit abgelaufenem Datum in Bündel geschnürt, um sie an den Verlag zu retournieren, die ersten Kundschaften bedient, das Kind gewaschen, angezogen, mit Milch und Marmeladebrot versorgt und in den Kindergarten geschickt, als Frau Heidegger irgendwann aus dem Schlafzimmer rief: „Kathi, komm schnell, mach die Vorhänge auf! Bring mir ein Glas Wasser und richte das grüne Kleid heraus! Und bring dann gleich meine Robe von gestern in die Reinigung!"

Der Nachttopf war mit einem Stück Teppich abgedeckt; sie machte sich nie die Mühe, durch das Wohnzimmer aufs Klosett zu gehen, um ihre Notdurft zu verrichten. Wozu hatte man denn ein Dienstmädchen? Es war ihr egal, wie sehr es in der ganzen Wohnung stank.

Das Geschäft nahm die Stirnseite der gesamten Wohnung ein, durch einen Vorhang kam man in das Büro mit einem Schreibtisch und einem Einbaukasten, in dem ich meine Habseligkeiten aufbewahren durfte. Ich hatte für meine Sachen keinen eigenen Schrank, den ich hätte absperren können. Links vom Büro befand sich die Küche mit Fenster zum Hof; vom Büro kam man in eine kleine Diele mit dem Kleiderschrank, angrenzend waren Bad und Toilette, dann ein großes, elegantes Wohnzimmer und schließlich das Schlafzimmer, in dem Mutter und Sohn schliefen.

Im Geschäft verkauften wir Zeitschriften, Schulbedarf, Füllfedern, Papier und Zigaretten. Mir gefiel diese Tätigkeit, weil meine Freundlichkeit erwidert wurde. Hedwig, das Dienstmädchen aus dem Nachbarhaus, einem Malergeschäft, wurde meine Freundin; sie war Südtirolerin, mollig, mit dichtem, braunem Haar.

Ich schloss mich einer Jugendgruppe der Katholischen Jungschar an, wir trafen uns zwei Mal im Monat im Pfarrhaus. Der neue Katechet war ein fescher Mann, der allen Mädchen gefiel. Die Jungschar belebte in der Adventzeit den Brauch des „Anklöckelns"*, um auf das Weihnachtsfest vorzubereiten. Wir probten Lieder wie: „Wer klopfet an …" Dann zogen wir an vier Donnerstagabenden singend von Bauernhof zu Bauernhof, klopften an Türen, die uns bereitwillig aufgetan wurden.

Wir kleideten uns wie arme Bauersleute, mit langen Kitteln, Kopftüchern und derben Schuhen. Wir hatten einen Beutel, um die Gaben, die man uns Herbergsuchenden gab, zu sammeln und heimzutragen. Die einen gaben Obst und Kletzenbrot, andere manchmal ein paar Schilling als Zeichen, wie einfache Leute dem Jesuskind ihre Aufwartung machten. Groß war unsere Freude, wenn wir in die Stube gebeten und zu Tee oder Glühwein eingeladen wurden. Hin und wieder spielte jemand mit Ziehharmonika oder Zither Lieder und Weisen, manchmal tanzten wir. Es kam vor, dass es spät wurde, bis wir aufbrachen. Der Heimweg durch frisch verschneite Hohlwege war beschwerlich, wir hatten eine oder zwei Taschenlampen dabei, die spärlich den Weg ausleuchteten.

An einem Abend geschah für mich ein kleines Wunder. Ich wagte vor Glück kaum zu atmen: Der Herr Katechet nahm mich im Gehen um die Taille, wir lachten, und jeder passte seine Schritte dem Rhythmus des anderen an. Mein Herz brannte lichterloh. Obwohl ich müde war von meinem Tagwerk, vom Waten in tiefem Schnee und vom Glühwein, wünschte ich, dieser Weg möge bis zum Morgen dauern.

Ganz plötzlich ließ er mich los, er gab mir einen unsanften Schubs, und ich verstand: In der Verkleidung hatte er mich mit meiner Freundin Hedwig verwechselt. Ernüchtert und halb erfroren kroch ich zu Hause auf mein Lager, und ehe ich mir durch Tränen Erleichterung verschaffte, war ich eingeschlafen.

Am nächsten Tag rief ich Hedwig vom Küchenfenster aus zu, ich hätte ihr etwas Wichtiges mitzuteilen. Dann sprudelte die Unerhörtheit, die ich erlebt hatte, wie bei einem überlaufenden Kochtopf aus mir heraus. Mir war es egal, ob jemand das Gespräch mit anhörte. Hedwig war betroffen, sie ging mit gesenktem Kopf ins Haus. Unsere Freundschaft aber hielt.

Im Winter hatten wir fast täglich schon am Vormittag Besuch von Sportlern wie dem Schispringer Toni Wieser, einmal waren Bubi Bradl* und Paul Ausserleitner* mit dabei. Sie saßen auf dem Sofa, auf dem ich nachts schlafen musste. Bekannte kamen dazu, ich hatte Tee zu servieren, musste im Geschäft die Kundschaft bedienen und nebenbei für Conny und mich ein Mittagessen kochen. Die Gesellschaft war zum Mittagessen meist irgendwo eingeladen, sodass ich über Mittag oft mit dem Kind allein war.

Wenn Besucher mich nicht kannten, sagte meine Chefin: „Das ist mein Madl." Sie hatten ihren Spaß mit mir und meiner Verlegenheit, weil ich rot wurde, wenn sie zweideutige Witze erzählten.

Doch dann dämpfte ein Unglück jäh den Übermut der Runde: Paul Ausserleitner verunglückte beim Schisprungtraining, er starb drei Tage später im Krankenhaus. Die Trauer im Freundeskreis war groß. Neben vielen Kollegen kam Stein Eriksen*, ein Sportlerkollege, zur Trauerfeier; auch er war bei uns zu Gast. Die Damen um Frau Heidegger nannten diesen Namen oft. Eriksen war ein liebenswerter und sehr schöner Mensch; mir gefiel er auch. Vor allem, weil er mich genauso nett und ernsthaft begrüßte wie alle anderen.

Manchmal vertrieben sich die Damen die Zeit damit, dass sie gegenseitig ihren „Typ" bestimmten, wie zum Beispiel: „Du bist der blonde Typ mit dem hellen Teint, du musst dir einen anderen Stil zulegen, eine andere Garderobe kaufen." Sie fanden unter sich verschiedenste Typen, rote oder dunkle, bis eine von ihnen fragte: „Welcher Typ ist eigentlich dein Madl?" Vor Verlegenheit hätte ich mich in diesem Augenblick lieber unsichtbar gemacht. Sie lachten, weil ich schon wieder rot wurde, doch dann hatten sie mich typisiert: „Sie ist noch kein Typ: aschblonde, farblose Haare, dünne, lange Zöpfe, keine Figur, eine graue Maus."

Zu unseren Gästen gehörte eine Zeit lang eine kleine, blonde Frau mit Wuschelkopf. Ihr Gesicht war rund wie der Mond, die Augen kniff sie zu, als blende sie ein Licht. „Sie ist die bestverdienende Hure", sagte Frau Heidegger über sie. „Ich kenne sie seit einiger Zeit, sie lebt in einer winzigen Wohnung, geht Tag und Nacht anschaffen." Nein, woher sie komme, wisse sie nicht, aber die Besatzer seien die beste und großzügigste Kundschaft.

Einmal wankte die kleine Blonde mit den Worten „Wie bin ich wieder bedient …" in die Wohnung. „Sie stecken das Geld in meinen Büstenhalter, in die Strumpfbänder, in die Handtasche. Neulich hat mich jemand ohnmächtig im Straßengraben gefunden. Ich brauchte drei Tage, bis ich wieder fähig war, dem Geschäft nachzugehen. Nein, ich tue nichts Besonderes, ich gebe mich einem Kerl auf einer Parkbank hin, schon stehen sie Schlange." – „Das muss ein raffiniertes Luder sein", mutmaßten die Damen. In ihrer Abwesenheit drehte sich das Gespräch oft um sie und um ihr Tun. „Für dieses Geschäft", so ging das Gespräch weiter, „musst du weder raffiniert noch schön oder klug sein", sagten sie lachend, und Frau Heidegger meinte dazu: „Dieses Geschäft würde mir auch gefallen. Wenn ich kein Kind hätte, wer weiß? Das Geld, steuerfrei, ein Vielfaches von dem, was ich mir hier jeden Tag mühsam verdiene." Ich sah sie an: „Mühsam?" Sie hatte meinen Blick richtig gedeutet, ihr Mund verzog sich zu einem spöttischen Lächeln.

Das muntere Geplauder ging weiter: „Dein Vater würde sterben vor Scham, und deine Mutter erst!" – „Meine Eltern sind unberührt in die Ehe gegangen", lachte sie, „zwei so rechtschaffene, ehrbare Menschen – und was haben sie davon?" Sie lachten und malten sich aus: Meine Chefin im Straßengraben, zugeschüttet mit Geld, das ihr die Besatzer in die Unterwäsche steckten. Ich musste an die Stecknadeln denken, die sie in ihrem Büstenhalter trug.

Ein Besuch bei der Familie

Jeden zweiten Sonntag hatte ich frei, fuhr schon am Samstag heim und freute mich darauf. Die Eltern hatten inzwischen in Pfarrwerfen eine Wohnung gemietet – in einem Haus, das eine Verwandte meiner Mutter gekauft hatte und neu renovieren ließ. Den Bauernhof hatte der Besitzer an ein jüngeres Ehepaar verpachtet.

Vater baute die Wohnung selbst aus, die Vermieter verrechneten seine Leistungen mit der Miete. Er arbeitete nun in einem Baumeisterbetrieb, er war als Zimmerer für die Verschalungen verantwortlich, während Günther in der gleichen Firma die Maurerlehre machte. Mutter fühlte sich nicht ausgelastet mit dem kleinen Haushalt, wie sie sagte. Die zwei Kleinen gingen in die Schule, Monika arbeitete in einem Schneiderbetrieb in Tenneck; auch sie hatte, wie ich, nur einmal im Monat frei.

Mutter kaufte Schafwolle von Bauern, ließ sie maschinell streichen* und strickte auf Bestellung Bauernjanker mit grünen Aufschlägen, auf die sie echte Hirschhornknöpfe nähte. Im Stutzenstricken war sie Meisterin. Sie kaufte zweifädige statt dreifädige Wolle, denn das Muster wirkte mit der dünneren Wolle plastischer. Sie strickte Rautenmuster und feine Zopfmuster. Die gestrickten Zöpfe liefen auseinander; zwischen den Zöpfen nahm sie Reihe um Reihe je zwei Maschen für die Wade auf, die sie zur Ferse hin wieder Reihe um Reihe zusammenstrickte.

Sie war bekannt für gediegene Arbeit und strickte vom frühen Morgen an. Die Hausarbeit war schnell erledigt, kochen musste sie für die Familie erst am Abend. Nach dem Abendessen strickte sie wieder, bis sie zu Bett ging, während Vater an den Abenden die Zeitung las, Radio hörte und mehr mit sich selbst politisierte, weil ihm Mutter keine Antworten gab. „Ich bin nicht so gescheit wie Vater und wie seine Kinder", sagte sie meistens. „Wir sind doch auch *deine* Kinder!", protestierten wir. „Ja, aber gescheit seid ihr wie Vater, gescheit bin ich nicht." Das ließen wir zwar nicht gelten, aber irgendwie dachten wir das auch, vor allem, weil sie das immer wieder von sich selbst so sagte.

Offensichtlich freuten sich die Eltern über meine Besuche, fast schien mir, als wären sie stolz auf mich. „Groß bist du geworden", sagte Mutter lächelnd. „Ja, und fesch", sagte Vater. „Erzähl, wie es dir geht!", erkundigte sich Mutter, während sie und ich nach dem Mittagessen den Weg durch das Dorf, in Richtung „Sieben-Mühlen" hinaufgingen. Es war Frühjahr, die Wiesen glänzten nass in frischem Grün, zwischen Schneeflecken wuchsen Schneeglöckchen.

Mit der Frage, wie es Großmutter und Großvater gehe, lenkte ich ab. „Sie sind gesund", sagte sie, „und sie fragen oft nach dir. Es ist schön mit anzusehen, wie friedlich die zwei alten Leute jetzt miteinander leben." – „Hat Großmutter vergessen, dass er sie geschlagen hat?" – „Weißt du, das ist lange her, Jahrzehnte beinahe. Er hat sie jeden Sonntag geschlagen, wenn er vom Wirtshaus heimkam; wir wissen nicht, warum. Einmal ist sie in der Nacht in den Wald geflohen, sie wollte sich in einen Schacht stürzen, wollte einfach Schluss machen." – „Wann war das, wie alt war sie damals?" Mutter dachte nach: „Ich war schon Magd in Altenmarkt, Mutter war damals Anfang fünfzig." – „Und?", fragte ich gespannt. „Sie hat es mir später erzählt", fuhr Mutter fort, „sie hatte vor, sich in den Schacht zu stürzen, um endlich Schluss zu machen mit dem Elend. Da kam der Mond hinter Wolken hervor, ein Reh trat auf die Lichtung, und es äugte zu ihr her, so meinte sie. Darauf ging sie wieder heim zu ihm. Vater hat so tief geschlafen, er hatte gar nicht bemerkt, dass sie aus dem Haus gegangen war." – „Weiter", bohrte ich. „In Wirklichkeit wollte sie doch leben, trotz allem – wie wir alle", gab Mutter zu bedenken. „Er hat mit den Jahren aufgehört, sich an Sonntagen zu betrinken."

„Was tun sie eigentlich in ihrem Austragstüberl*?", wollte ich wissen. „Vater hat noch seine Bienen, da hat er viel zu tun, diese Arbeit freut ihn ganz besonders. Er hackt für die junge Familie das ganze Jahr über das Holz, schlichtet es auf; dabei helfen die Enkelkinder. Sie mögen ihn sehr gern, und er genießt es, wenn sie den ganzen Tag nach ihm rufen: ‚Großvater, Großvater!'"

„Und Großmutter?", fragte ich weiter. „Großmutter hat seit vielen Jahren offene Beine, die Haut ist schlecht durchblutet, wird brüchig. Dann entsteht ein Loch im Gewebe, das ist zuerst wässrig, dann wird es schwarz. Sie hat Schmerzen, das Bein muss jeden Tag gesalbt und frisch verbunden werden. Eine Krankenschwester kommt ins Haus. Im Sommer sitzt sie manchmal im Garten, dann kugeln die Enkel zu ihren Füßen im Gras umher. Jetzt sind es vierzehn. Sie lehnen sich an ihre Knie und betteln um Geschichten. Ab Herbst sitzt Mutter wieder am Spinnrad. Mein Vater kauft die Schafwolle, die sie zu feinstem Garn spinnt."

„So fein", sagte meine Mutter, „so fein kann ich nicht spinnen." – „Das glaube ich nicht", sagte ich, „Oh doch, ich kaufe ihr das Zweifadengarn ab für Trachtenstutzen und zahle die Arbeit gut, damit sie ein paar Kreuzer für sich hat. Dieses Geld darf sie behalten, mein Vater lässt es ihr, obwohl er die Wolle bezahlt hat. Dein Vater gibt mir das Geld für das gesponnene Garn, er sagt: ‚Gib ihr mehr, als sie verlangt!' Er mag meine Mutter sehr gern und sie ihn auch."

„Wie hast du es getroffen bei Frau Heidegger", sagte Mutter, „erzähl!" Ich war mir nicht sicher, ob ich jetzt mit meiner Beichte anfangen sollte. Auf einmal schienen mir die Gespräche meiner Damen nicht mehr ganz so frivol, ihre Lästerungen in meine Richtung hatten nicht mehr dieselbe Schärfe. Deshalb sagte ich, dass mich die Arbeit bei Frau Heidegger sehr freue, dass sie mir im Geschäft alles anvertraue und ich darauf stolz sei. Dann rutschte mir ein Aber heraus.

„Aber was?", fragte Mutter streng. „Jeden Tag besucht uns Grit, eine kleine, betrunkene Frau", begann ich. „Sie liegt meistens im Straßengraben, wo die Besatzungssoldaten ihr viel Geld in den Büstenhalter und in das Höschen stecken. Manchmal ist sie ohnmächtig, dann bringt man sie nach Hause." – „Und diese Frau schämt sich nicht, das zu erzählen?" – „Das weiß ich nicht", sagte ich treuherzig, „alle lachen, meine Chefin und ihre Freundinnen. Frau Heidegger sagt, wenn sie kein Kind hätte, würde sie das auch machen, denn die Grit verdient mehr Geld, so viel kann man im Geschäft gar nicht verdienen."

„In welche Höhle bist du da geraten?", rief meine Mutter aus. „Reden dich auch Soldaten an?" – „Nein", sagte ich, „aber einmal musste ich am Abend bei den Eltern meiner Chefin etwas abholen. Ich ging gerade dort weg und schaute mich ängstlich um, als zwei Schwarze mich sahen und lachten. Ich rannte, so schnell ich konnte, sie hinter mir her. Keuchend kam ich vor unserem Geschäft an, suchte zitternd den Schlüssel, schlüpfte zur Tür hinein, lehnte mich, halb ohnmächtig vor Angst, innen an die Tür und sah, wie die zwei lachten und lachten." – „Die haben dich gefoppt", sagte Mutter, „denn wenn sie gewollt hätten, hätten sie dich hundertmal erwischt. Du musst zu Frau Heidegger sagen, dass du am Abend nicht mehr auf die Straße gehst, zumindest nicht allein!" Das versprach ich.

Als wir von unserem Spaziergang heimkamen, sagte Mutter: „Unser Dirndl hat eine Hure als Chefin." Vater sah kurz von seiner Zeitung auf: „Was du so als Hure bezeichnest …", und las weiter.

Tag und Nacht zu Diensten

Wenn Frau Heidegger selbstgefällig lachte, dann war sie verliebt, das spürte ich. „Er ist sehr charmant, sehr großzügig", erzählte sie ihrer Freundin. „Leider ist er verheiratet, aber er ist schwerreich, hat eine Fabrik und einige Geschäfte im ganzen Land, er kann sich zwei Frauen leisten", sage sie lachend.

Ich bekam den Auftrag, wenn „Radstadt" sich am Telefon meldete, zu fragen, ob ich etwas für meine Chefin notieren dürfe. Ich kannte die Familie, und als „Radstadt" wirklich am Apparat war, sagte ich versehentlich: „Grüß Gott, Herr Felser!"

Ein paar Stunden später kam Frau Heidegger von einem Essen zurück, und weil gerade keine Kundschaft im Geschäft war, rief sie in scharfem Ton: „Was hast du dir eigentlich dabei gedacht, ,Radstadt' mit Namen anzureden?" Ich stotterte: „Das ist mir herausgerutscht, ich kenne die Familie natürlich." – „Wieso natürlich?", schrie sie. „Wir haben in Radstadt sieben Jahre lang gewohnt."

Jetzt änderte meine Chefin den Ton: „Du bist ein sehr tüchtiges, vernünftiges Mädchen und wirst von diesem Vorfall zu keinem Menschen etwas sagen, verstehst du? Ich würde dich nicht gerne entlassen." Ich versprach nur zu gerne, nichts zu verraten; mir waren diese Dinge – ein Anruf hin oder her, ein Geflüster mehr oder weniger –, nicht so wichtig. Ich wollte kein Dienstmädchen sein, dem man nicht vertrauen kann. Deshalb erzählte ich auch meiner Freundin Hedwig nichts davon, obwohl es mir nicht leicht fiel, mich nicht zu verplappern. Wenn ich mich von Frau Heidegger ungerecht behandelt fühlte, keimten Hassgefühle auf, und ich erwog manchmal kurz, ob ich ihr Geheimnis weitersagen sollte. Aber die Arbeit im Geschäft freute mich, und so verzichtete ich auf ein kurzes Rachegefühl, das böse Folgen, auch für die Ehe von Herrn Felser, gehabt hätte.

Eines Tages beriet sich Frau Heidegger offensichtlich mit einer Freundin – sooft ich die Küche betrat, verstummte sie. Die Freundin nickte, Frau Heidegger fühlte sich in ihrer Idee bestätigt und bat mich, Platz zu nehmen. „Ich habe großes Vertrauen zu dir", sagte sie. „Ich werde für eine Woche mit Herrn Felser nach Rom fahren. Du kennst dich im Geschäft gut aus, da verlasse ich mich auf dich. Conny bleibt bei dir, ich habe schon mit ihm geredet. Aber, bitte, pass auf, was ich dir jetzt sage: Offiziell bin ich für meine Eltern und für alle meine Freunde im Krankenhaus in Salzburg, mit einer Magen-Darm-Geschichte." Das verstand ich jetzt nicht gleich. „Was? Wieso?" Die beiden Frauen wechselten einen Blick. „Schau, wenn mein Vater dich fragt, wo ich bin, sagst du, dass ich zu einer Untersuchung in das Landeskrankenhaus nach Salzburg musste und wahrscheinlich in einer Woche wieder da bin. Wenn meine Freunde fragen, sagst du dasselbe, ist das so schwer?" – „Ja – nein", erwiderte ich. „Also, warum nicht gleich?" Sie hinterließ mir eine Postfachadresse in Rom, „… aber nur, wenn dem Kind etwas passieren sollte!"

Ich war sehr aufgeregt, nicht, weil ich die Arbeit allein verantworten und auf das Kind aufpassen sollte, vielmehr fürchtete ich mich vor den Fragen der Bekannten von Frau Heidegger. Nach ihrer Abfahrt dauerte es keinen halben Tag, da erschien Herr Rohrer, der Vater. Ich leierte das mir eingetrichterte Sprüchlein herunter. Er sah mich an und ging ohne Gruß aus der Tür.

Freunde von Frau Heidegger trudelten ein. Grinsend baten sie mich, ob ich für sie Tee mache, sie möchten sich mit mir unterhalten. Ich schwitzte unter ihren Blicken, erzählte stotternd, was mir aufgetragen worden war, auf ihre Fangfragen wurde ich noch unsicherer. Am nächsten Tag war Herr Rohrer wieder da – zornig, schimpfend, mit den Armen fuchtelnd. Er sei in Salzburg gewesen, habe im Krankenhaus auch eine Frau Heidegger gefunden, aber diese Frau war peinlicherweise nicht seine Tochter. „Also", er pflanzte sich vor mir auf, „wo ist meine Tochter?" – „Mehr weiß ich nicht", sagte ich und fing zu weinen an. „Ist schon gut", sagte er, „du kannst schließlich nichts dafür."

Endlich war auch diese Woche um. Frau Heidegger war wieder zurück aus Rom, sie war grün im Gesicht und sah aus, als wäre sie wirklich krank. Sie habe sich in Rom eine Darmvergiftung geholt, sagte sie.

Mit ihren Eltern versöhnte sie sich wieder; ich weiß nicht, was sie ihnen erzählt hat. Ihre Freunde erschienen in Rudeln. Frivol und ekelhaft erlebte ich die Schilderung ihrer Romreise, laut und wild war das Gelächter. „Aber dein Madl kann nicht gut lügen", meinten sie und lachten selbst am meisten über den gelungenen Scherz.

In Rom hatte das Liebespaar Pech gehabt. Schon am zweiten Tag hatten sie einen Geschäftsfreund aus Salzburg und dessen Gattin getroffen, die bestimmt nicht schweigen würden. Die Situation in Rom und bei der Heimreise soll angespannt, kühl und höchst unerfreulich gewesen sein.

Von meiner Chefin kam kein Dank für meine Treue. Erst jetzt fiel mir auf, dass sie mich nie bei meinem Namen nannte. Sie redete mich immer nur mit „du" an oder sprach von „meinem Madl".

Dann war ein Galaball angesagt. Offiziere der Besatzungsmacht, Politiker und einflussreiche Geschäftsleute waren zu diesem Ereignis geladen. Meine Chefin würde wieder einmal die Schönste sein. Stundenlang waren wir beide mit ihrer Garderobe, mit dem Make-up und mit ihrem Haar beschäftigt. Conny und ich waren froh, als sie endlich weg war. Er verbrachte die Nacht bei mir in der Küche, und nach der Gute-Nacht-Geschichte schliefen wir fast gleichzeitig ein.

Irgendwann schrillte etwas, ich wischte mit der Hand durch die Luft, wollte den schrecklichen Ton verscheuchen, drehte mich auf die andere Seite, bis ich endlich kapierte, dass das Telefon klingelte. Schlaftrunken meldete ich mich.

„Sag einmal", herrschte mich ihre ungehaltene Stimme an, „warum kommst du so lange nicht zum Telefon?" Sie wartete keine Antwort ab. „Hör jetzt gut zu: Du kennst meine Pillen – sie nannte einen Namen – die brauche ich, denn ich habe schreckliches Magenweh. Bring sie ins Hotel herauf und gib sie an der Rezeption ab, aber ein bisschen schnell!"

Ich wusste, was auf diesem eleganten Pillendöschen stand: „Gegen Mundgeruch", und ich dachte nicht daran, mich um ein Uhr nachts anzuziehen, um dem Mundgeruch meiner Chefin abzuhelfen. „Soll sie küssen, wen sie will – mit oder ohne Mundgeruch", dachte ich boshaft.

Am nächsten Vormittag, als sie erwachte, sagte sie ohne Gruß: „Das ist ein Kündigungsgrund, meine Liebe, und du weißt das. Es ist Befehlsverweigerung." – „Ich darf um ein Uhr in der Nacht als Fünfzehnjährige nicht auf der Straße sein", sagte ich. Darauf entgegnete sie nichts. Am darauf folgenden Wochenende hatte ich frei. Es war Monatsende, und sie zahlte meinen Lohn, hundert Schilling, aus. Ich ahnte, dass ich sie nie mehr sehen würde.

Mutter holte für mich die Kastanien aus dem Feuer. Ich hatte nicht offiziell gekündigt. Frau Heidegger hatte es wohl auch nicht so ernst gemeint, aber nun wollte ich nicht mehr zurück. Mutter sagte: „Deine Sachen musst du dir selber holen." Ich war feige und erfand Ausreden; Mutter weigerte sich zuerst, für mich diesen Dienst zu tun, aber schließlich gab sie nach und fuhr nach St. Johann. Ich war sehr gespannt, was Frau Heidegger zu meiner Mutter sagen würde. „Es ist wohl besser so", sagte sie, sonst nichts.

ALTENMARKT

Bei Verwandten im Dienst

Ich war schon zwei Wochen daheim und ohne Arbeit. Ich stopfte Socken, manchmal schickte Mutter mich einkaufen. Ich hatte einfach keine Idee, was ich tun sollte. Mutter sagte zwar nichts, aber ich meinte, manchmal ihren Blick missbilligend auf mir zu spüren.

Als Vater von einem Besuch bei seinen Verwandten auf dem Koglerhof in Altenmarkt heimkam, sagte er: „Meine Schwester Rosa braucht zur Mithilfe auf dem Hof eine Dirn. Du hättest es gut bei ihr, weil sie selbst kein Mädchen hat. Du könntest von ihr kochen lernen, und vielleicht findet sie für dich einen Bauern, der dich heiratet. Sie selbst hat als junge Dirn auf den Erbhof in Altenmarkt eingeheiratet." – „Vater, ich bin noch nicht sechzehn!", rief ich empört. Mich schmerzte, dass er laut davon träumte, mich möglichst gut unter die Haube zu bringen – an einen Besitzenden, einen Großbauern womöglich. „Meine Tochter", würde er sagen, „hat einen Bauern geheiratet."

Wenn ich je Träume von einem besseren Leben gehabt habe, sind sie mir bei Tante Rosa auf dem Koglerhof bald abhanden gekommen. Schon eine Stunde nach meiner Ankunft fand ich mich auf dem Feld beim Mistausbreiten. Im Frühjahr, wenn der Boden noch gefroren war, war dies die erste Arbeit des Bauern. Der Erbhof war einer der schönsten in Altenmarkt, mit weiten, ebenen Feldern. Rupert, mein Vetter, und ein Taglöhner kamen mit dem Pferdegespann aufs Feld gefahren, warfen von beiden Seiten den Dung ab, und ich musste die Batzen Mist möglichst regelmäßig verteilen. Sie lachten, weil ich nicht nachkam. Ich war nicht fertig mit der einen Fuhre, als sie schon wieder mit der nächsten erschienen. Es war kein Kunststück, denn die Mistwagen wurden vom Bauern, meinem Onkel Ruapp, und Simon, dem Knecht, beladen – also waren vier Mannsbilder gegen mich, so sah ich es.

Ich hörte die Kirchturmuhr vier schlagen, fragte nach, wann es Jause gäbe, wann ich endlich von der ungewohnten Arbeit ausrasten dürfte. Rupert lachte, als wäre diese Frage ein Witz. Als die letzte Fuhre abgeladen war, hieß es: „Wenn der ganze Mist ausgebreitet ist, kannst heimkommen!"

Vater saß mit Tante Rosa in der Stube, er hatte eine Speckjause vor sich. Mir rann das Wasser im Mund zusammen, und ich zitterte vor Hunger und Müdigkeit. Sie sprachen gerade von mir. „Das Dirndl ist willig und tüchtig", sagte Vater, „einhundert Schilling im Monat zahlst du ihr aus, versichert ist sie bei mir, bis sie achtzehn ist. Und wenn sie will, darf sie in den Tanzkurs gehen." Das hörte Rupert. „Beim Tanzen werde ich auch dabei sein, damit ich sehe, wer sie heimbringt."

Vater verabschiedete sich, Tante Rosa zeigte mir meine künftige Kammer. Darin gab es einen Kleiderkasten, einen Tisch, einen Stuhl und ein Bett mit Strohsack. Ich hängte meine Kleider in den Kasten, setzte mich auf den Stuhl und wartete, bis sie mich zum Essen riefen. Ich ging vor das Haus, wusch mir am Brunnen Gesicht, Oberarme und Füße und getraute mich nicht, die Bluse auszuziehen, denn ich spürte, dass sie mich beobachteten.

Der Stubentisch, ein großer, runder Holztisch, war ganz weiß gescheuert; zum Essen kam ein Leinentischtuch drauf, das die Bäuerin zusammengefaltet in der Tischschublade aufbewahrte. Unter der Tischplatte waren Lederschlaufen, in die jeder Esser seinen Aluminiumlöffel schob, nachdem er ihn abgeschleckt hatte.

Zum Abendessen gab es außerordentlich gute geselchte Knödel mit Sauerkraut. Ich war anfangs wortkarg, dann wieder fühlte ich mich für das Schweigen am Tisch verantwortlich und erzählte etwas, aber die Tante lachte dauernd spöttisch und stellte alles, was ich sagte, in Frage. Onkel Ruapp lächelte vor sich hin. Ich half nach dem Essen beim Abwaschen, und weil niemand mich anredete, ging ich in meine Kammer.

Wenn ich doch bei Frau Heidegger geblieben wäre! Was gingen mich ihre oberflächlichen Freunde an? Spöttischen Menschen war ich nie gewachsen, von ihnen fühlte ich mich wie angeschüttet.

Auf dem Koglerhof waren wir viele Tage mit dem Mistausführen beschäftigt. Ich war diese Arbeit nicht gewohnt, Tante Rosa sagte, dass ich zu langsam sei und dass ich die Bauernarbeit schon noch lernen werde.

Jeden Samstag hatte ich in der Stube und im langen Vorhaus die alten Dielenböden zu putzen. Die breiten Bretter waren ausgetreten, aber sehr gepflegt. Im Ort war Tante Rosa für die gepflegten Holzböden und für ihre Genauigkeit bekannt. Sie stellte die Aschenlauge im Kessel in der Waschküche her; ich sollte sie sehr heiß verwenden. „Ob ein Boden ordentlich geputzt ist, sieht man erst, wenn er ganz trocken ist", betonte sie. Sie sah mir nicht zu, ob ich die Arbeit richtig machte, aber ich fühlte mich verpflichtet, mein Bestes zu geben. Ich kniete auf einem alten Tuch, machte Stück um Stück des Bodens nass, bürstete mit einer Reisbürste, so kräftig ich konnte, schüttete nochmals heiße Lauge drüber, um dann den nassen Fleck mit dem ausgewrungenen Tuch zu trocknen. Immer wieder schaute ich nach, ob man schon sehen könne, ob ich gut oder schlecht geputzt hatte. Ich brauchte für diese Arbeit mehr als zwei Stunden. „Das sollte mit der Zeit ein bisschen schneller gehen", sagte Rosa. Mein Kleid war nass bis zum Bauch, worüber sie lachte und sagte: „Du wirst einmal einen ‚nassen' Mann kriegen."

Am Abend verkündete Tante Rosa, dass das Dirndl den kostbaren Boden makellos geputzt hatte. Ich war zufrieden, die Tante konnte nicht nur spotten, sie lobte mich auch, wenn dazu ein Anlass war. Deswegen glaubte ich, dass sie mich mochte, und ich mochte sie auch. Ich fand, dass sie gerecht war, gerechter als meine Mutter.

Aufregende Welt des Tanzens

Ein Tanzkurs für Anfänger war ausgeschrieben. Ich brauchte mich nicht anzumelden, denn Herr Knabl gab an mehreren Orten Unterricht und wusste von meiner Mutter, dass ich nun in Altenmarkt war und teilnehmen wollte.

Obwohl mein Tag um fünf Uhr mit Stallarbeit und Melken begann und nach der Stallarbeit um sieben Uhr Abend endete, spürte ich an Tanzkursabenden keine Müdigkeit.

Zuvor gab es noch Knödel zu essen. Tante Rosa kochte jeden Abend Knödel. Das war ein Brauch, den ich nicht kannte. Ich fragte einmal, ob ihr nichts anderes zu kochen einfiele als Knödel. „Sie will einen neuen Brauch einführen", sagte sie darauf lachend. „Es wird dir aber nicht gelingen, denn das war bei uns immer schon so."

Schnell war ich gewaschen. Ich ging dazu in die Waschküche, die man absperren konnte. Unter dem kalten Wasserstrahl war man schnell wie neugeboren, dann lief ich leichtfüßig ins Dorf. Rupert kam etwas später nach. Er war sehr fesch, die Mädchen umringten ihn. Meistens tanzte Herr Knabl mit mir, und ich freute mich, den vertrauten Menschen zu sehen und seine Tänzerin zu sein.

Anfang der Fünfzigerjahre waren die Burschen Kavaliere, in den Pausen luden sie die Mädchen auf ein Getränk ein. Ich trank zum ersten Mal Wein. Die Wirkung war großartig, mein Gemüt wurde heiter, ich fühlte mich wohl und weich geborgen in den Armen meiner Tänzer. Es machte mir Freude, eng zu tanzen, aber ich fühlte mich nicht begehrt, weil ich glaubte, dass andere Mädchen schöner, größer, auch schlagfertiger waren als ich. Ich vermisste den einen Freund, der zu mir gehören wollte.

Helmut, ein großer, hübscher Bursche, gefiel mir besonders. Meistens zahlte er für mich ein Achtel Wein und begleitete mich auf dem Heimweg. Das sahen seine Kameraden und glaubten, dass sie uns einen Strich durch die Rechnung machten, wenn sie sich anboten, mich ebenfalls zu begleiten. Mir war das recht – verschiedene Schlager singend, ging es bis zum großen Gatter. Dort verabschiedeten wir uns; ich wollte nicht, dass die Burschen mich bis vor das Haus begleiteten. „Kommt sonst deine Tante und hetzt den Hund auf uns?", fragten sie lachend. „Sie braucht keinen Hund. Vor ihr haben wir mehr Respekt als vor einem großen Hund", sagten sie und gingen winkend weg. Rupert war nie zu sehen, und wenn ich ihn fragte, warum er nicht mit mir nach Hause ginge, grinste er und antwortete: „Ich muss schauen, wer als Letzter geht, mit wem und wohin." Langsam gewöhnte ich mich an die schwere Arbeit und lebte die Tage von einem Tanzkursabend zum nächsten.

Im April 1952 feierte Königin Elizabeth von England den 26. Geburtstag. Rupert kaufte eine Zeitung mit Bildern von den englischen Festlichkeiten, von der Königin und ihrem Prinzgemahl. „Sie ist nur um zehn Jahre älter als ich", dachte ich, „vielleicht bin ich in zehn Jahren auch so glücklich wie sie, mit einem so feschen Mann?" Der Prinz gefiel mir sehr, ich verliebte mich in ihn. Immer ging er zwei Schritte hinter seiner Frau, das imponierte mir sehr; ich würde darauf achten, dass Helmut diesen Respektabstand auch einhielt. Dann dachte ich aber doch, dass ich Helmut Unrecht tat, wenn ich mich in den Prinzen verliebte. Auch Helmut war blond, groß und sehr fesch!

Einen Mann gab es im Tanzkurs, der bestimmt immer zwei Schritte hinter mir gehen würde: Sebastian Mooser. Er war doppelt so alt wie ich, von Beruf Schneidermeister, er besaß ein kleines Haus; seine Mutter lebte bei ihm. Sebastian war leider nicht groß, und er hatte einen Klumpfuß. „Fräulein Katharina", sagte er zu mir, „Sie sind ein sehr ernsthaftes Mädchen, Sie gefallen mir. Ich möchte Sie sehr gerne zu mir nach Hause einladen und meiner Mutter vorstellen." Ich verstand es immer wieder, seinem Drängen auszuweichen. Ich hätte mich geschämt, mich mit ihm zu zeigen.

Almgespenster

Eines Abends fragte Tante Rosa, ob ich vor Onkel Ruapp Angst hätte, wenn ich mit ihm allein wäre. Ich muss sie verständnislos angeschaut haben. Mein gutmütiger Onkel, der keiner Fliege etwas zu Leide tat? Ich schüttelte den Kopf. „Du und dein Onkel, ihr werdet morgen für drei Tage auf unsere Alm gehen", erklärte sie. „Er wird die Zäune richten, und du putzt die Hütte sauber und kochst für euch zwei das Essen. Du kannst doch kochen?" Ich verteidigte mich: „Ich habe bei Frau Heidegger auch gekocht, sie hat mir nie geholfen." – „In zwei oder drei Wochen werden wir mit dem Vieh auf die Alm fahren, dann muss in der Hütte und im Tret alles vorbereitet sein."

Der Weg zur Alm war weit. Mit Ross und Wagen, voll beladen mit Werkzeug, Bettwäsche und Lebensmittel, war man vier Stunden unterwegs. Als wir einige Kurven von daheim entfernt waren, hielt Onkel Ruapp das Pferd an, zog aus seinem Janker eine Schnapsflasche und trank einen kräftigen Schluck. Dann reichte er sie mir, ich netzte meine Lippen mit dem scharfen Gesöff. „Tu nicht so zimperlich!", sagte er, aber als ein Wanderer uns einholte, steckte er die Flasche schnell weg. Der hatte schon genug gesehen und meinte: „Gib mir einen Schluck, das Dirndl mag eh nicht!"

Der Weg zog sich in die Länge, auch deshalb, weil wir immer wieder Pausen einlegten. Das letzte Stück war sehr steil, es war weit nach Mittag. Ich war sehr müde, den ganzen Weg gingen wir neben dem Wagen her, das Ross hatte an der Last ohnehin schwer genug zu ziehen.

Vor der Hütte spannte Onkel Ruapp das Pferd aus und ließ es auf die Weide. Zu mir sagte er, ich solle die Lebensmittel abladen und uns etwas zum Essen richten. Vor der Hütte stand der Brunntrog mit sprudelndem Wasser. Ich trank von dem frischen Quellwasser, zog die Schuhe aus und stieg in den Trog. „Jetzt sollst du aber kochen", sagte Onkel Ruapp, „ich habe Hunger."

Früher war eine offene Feuerstelle im Wohnraum der Almhütte, seit wenigen Jahren gab es einen richtigen Herd. Trockene Späne lagen bereit zum Anzünden. Ich freute mich, dass es mir in Windeseile gelang, Feuer zu machen. Ich stellte ein paar Kartoffeln zu, schnitt Speck und Wurst auf, machte Spiegeleier auf geröstetem Speck mit Wurst.

Nach einem gemütlichen Essen gab es aber keinen Aufschub mehr. Ich machte Wasser heiß und begann die Kammer der Sennerin, dann die Stube zu putzen. Das Bett musste bezogen werden. Tante Rosa hatte gemustertes Bettzeug mitgegeben. Das übrige Bettzeug verstaute ich in dem großen, alten Bauernkasten. Die Fenster würde ich am nächsten Tag putzen.

Der Onkel wirtschaftete draußen, er besserte Zäune aus. Auf dem Dach fehlten ein paar Schindeln, die er einsetzte. Zum Abendessen gab es Wurstsalat und Bier dazu. Ich trank ein kleines Glas Bier, das mir schnell zu Kopf stieg; deshalb verabschiedete ich mich mit einem stillen Gruß und ging auf den Heuboden, um zu schlafen. Onkel Ruapp schlief im frisch bezogenen Bett in der einzigen Kammer.

Ich muss sofort eingeschlafen sein und wusste nicht, wie spät es war, als ich erwachte. Es raschelte, knarrte und seufzte in der Hütte, mir wurde unheimlich. An den Wänden bewegten sich Schatten, ich kroch in die Kleider, weil mir kalt war. Etwas war über meine Decke gehuscht, da überlegte ich nicht mehr lange, sprang die steilen Stufen hinunter, sauste in die Kammer, wo Onkel Ruapp schlief, und hechtete in das Bett an seine Seite. Schnell kehrte er mir den Rücken zu. „Was tust du da?", fragte er. „Onkel Ruapp, bitte darf ich bei dir schlafen? Mir ist so kalt, und ich fürchte mich." – „Dummes Dirndl", sagte er, „geh nur wieder hinauf auf den Heuboden, du brauchst dich nicht zu fürchten." Er schubste mich aus dem Bett, und ich schlich wieder die steile Holzstiege hinauf.

In dieser schlaflosen Nacht erinnerte ich mich an den Sommer vor vier Jahren. Ich war damals zwölf, und unsere Familie bewirtschafte das Lienbacher-Gut in St. Johann. Hedwig Lienbacher war auf der Alm des Koglerhofs zur Mahd eingeladen. Ich war dabei als „Anstandswauwau". Tante Rosa und mein Vater wollten Rupert und Hedwig, zwei Erben von Großbauern, zusammenspannen – Grundbesitz zu Grundbesitz.

Nach einem anstrengenden Tag saßen wir vor der Hütte, die Sennin hatte ein gutes Schwarzbeermus* gekocht. Wir sangen Lieder, der Knecht spielte auf der Ziehharmonika, Rupert saß neben Hedwig; die zwei ließen ihre Augen nicht voneinander. Zum Schlafen wies uns Onkel Ruapp einen Platz auf dem Heuboden zu. Es raschelte und kicherte und seufzte, bis jeder sich gut gebettet hatte. Ich hörte noch, wie Hedwig flüsterte: „Nicht, die Kathi ist ja auch da!", und Rupert antwortete: „Die schläft ja schon."

Nach einer Woche nahmen Hedwig und ich damals wieder Abschied vom Koglerhof. Später sagte mein Vater: „Dem Rupert gefiele die Hedwig, aber Rosa sagt: ‚Hübsch ist sie schon, aber zur Arbeit zu langsam.'"

Ehe ich in dieser Nacht wieder einschlafen konnte, kam mir noch in den Sinn, dass Hedwig nach dieser Woche nie mehr so war wie vorher; sie sah aus, als wartete sie auf etwas, das aber nicht eintraf.

Einmal nahm sie mich mit in die Waschküche, sie hatte im Kessel heißes Wasser gemacht. „Komm, wir zwei baden heute, mitten unter der Woche, wir machen daraus ein Fest!" Sie verriegelte die Türe, und wir zogen uns aus. Ich starrte sie an, wie sie, eine stattliche, erwachsene Frau mit großen Brüsten, vor mir stand. Ich konnte meinen Blick nicht von dem schwarzen Pelz wenden, der Hedwig bis zum Bauchnabel reichte, wie ein Höschen. So etwas hatte ich noch nie gesehen.

Auch sie sah mich an, ich war sehr aufgeregt. „Du bist ja noch ein Kind, flach und mager", sagte sie, „wann willst du eine Frau werden?"

Inzwischen war ich sechzehn, und ich war immer noch keine Frau. Ich fühlte nach meinem Körper, kein Pelz, ganz kleine Knospen an den Rippen. Es wunderte mich, dass Helmut mich mochte.

Schweigend nahmen Onkel Ruapp und ich das Frühstück ein, schweigend ging er an seine Arbeit und ich an meine. „Noch eine zweite Nacht wie diese", dachte ich, „das halte ich nicht aus." Beim Spinnwebenabkehren und Putzen aber war in der ganzen Hütte keine Spur von einem Gespenst oder Geist zu finden.

Am dritten Tag kamen wir gegen Abend heim auf den Hof. „Und?", fragte Tante Rosa. „Und?", fragte auch Rupert beim Essen und musterte mich unverfroren. Onkel Ruapp gab Rapport, zählte auf, was er erneuert und ausgebessert hatte, und fügte hinzu: „Das Dirndl ist tüchtig, sie hat gut gekocht."

Bis zum Umfallen

Anfang Juni hatten wir das Vieh auf die Alm getrieben: Kühe, Schweine, Jungvieh. Nur eine Kuh blieb daheim; ich musste sie melken, in der Früh und am Abend. Das ging schnell, es war mir nicht bewusst, wie flink ich arbeitete. Vater sagte mir später, dass Rosa ihm erzählt habe, sie sei einige Male in den Stall gegangen, um zu sehen, ob ich das Euter der Kuh auch wirklich ganz leer gemolken hätte.

Die Zeit für den Getreideschnitt war gekommen. Seit Jahrhunderten schnitten Frauen das Korn mit der Sichel, das war ein schier endloses Sich-Bücken. Mit kräftiger Hand musste man ein möglichst großes Büschel Halme fassen, sodass man für eine Garbe nur drei Mal zulangen musste. Tante Rosa zeigte mir den Griff und wie man das Band legte, mit dem die Männer die Garben dann zu binden hatten. Mir gelang das nicht. Ich brauchte fünf Fäuste voll Getreidehalme für eine anständige Garbe. Kopfschüttelnd ging die Tante weg und reihte sich vorne bei den Frauen ein.

Sieben Taglöhnerinnen waren zum „Schneiden" gekommen. Korn und Weizen waren gut gereift, die Ähren standen aufrecht. In diesem Sommer hatte es keine Hagelschauer gegeben, die sonst den Getreidebestand oft so hinwalzten, dass die Ähren nicht mehr aufstanden und am Boden verfaulten.

Ich mühte mich ab, wollte beweisen, dass ich Garben machen konnte, weil ich den Spott der Erwachsenen fürchtete. Schweiß rann in Bächen über meinen Rücken, vor meinen Augen wurde es für Augenblicke dunkel, dann musste ich mich übergeben. Am liebsten hätte ich mich zusammengerollt und wäre auf einer Garbe liegen geblieben.

„Sie wird schon wissen, warum ihr schlecht ist", höhnte eine Schnitterin, „Bäuerin, pass besser auf deine Dirn auf!" Es half nichts. Ich nahm die Sichel wieder zur Hand und bemühte mich, meine Leistung zu bringen, da bemerkte ich, dass sie mich „abgeschnitten" hatten. Ich stand wie auf einer Insel, inmitten von Halmen, die noch zu schneiden waren – links und rechts lagen fertige Garben; die anderen waren mir weit voraus!

Das war eine Schande! Mutter hatte mir einmal erzählt, dass es eine Schande sei, abgeschnitten zu werden. Das Gelächter der Schnitterinnen und manche Spottlieder wogten wie die Ähren über dem Feld und schlugen über mir zusammen. Ich weinte vor Demütigung und Zorn, zitterte am ganzen Leib und hoffte nur, dass auch dieser Tag irgendwann zu Ende sein würde.

Als das Mittagsglöcklein vom Giebelturm des Hauses bimmelte, wankte ich hinter den Schnitterinnen her, um die eine Stunde Pause zu nützen und Honigkrapfen zu essen.

Bei Tisch wurde nicht geredet, nur meine Tante unterbrach das Schweigen und sagte nach einer Weile: „Du wirst schon wissen, warum dir schlecht ist. Du bist wie deine Mutter, die hatte auch zwei ledige Kinder." Ich grinste sie blöd an, weil ich nicht wusste, was ich darauf sagen sollte.

Im Sommer war alle vier Wochen Waschtag. Wir wuschen zwei Tage lang die Bett- und Leibwäsche und die Stallkleider. Wir wechselten höchstens einmal pro Woche die Unterwäsche, obwohl sie täglich verschwitzt war. Tante Rosa bügelte und verteilte die Wäsche an die Familienmitglieder und an mich. Sie spöttelte, weil ich meine Taschentücher nicht von den anderen unterscheiden konnte: „Du wirst doch deine Taschentücher kennen!"

Nach einem Tanzabend hatte ich mit Helmut und seinen Freunden ziemlich viel getrunken. Sie begleiteten mich wie immer zu viert bis zum Gatter und verabschiedeten sich dort. Auf dem Weg zum Haus war mir so mulmig und wohlig zugleich. „Wenn ich mich nur ganz kurz hier ins Moos setzte – jetzt, sofort –, dann würde ich den Weg in meine Kammer leichter schaffen …", dachte ich.

Am nächsten Morgen erwachte ich in meinem Bett, auf der Bettdecke und in meinem Tanzkleid. Es war schon halb sechs vorbei. Ich wusste nicht, wie das passiert sein konnte. Schnell schlüpfte ich aus dem Kleid und in das Stallgewand und lief in den Stall, um die Kuh zu melken. Rupert trat an mich heran, grinste über beide Ohren und fragte: „Wie bist du gestern heimgekommen?" Von dem Zeitpunkt an, als ich mich in das feuchte Moos gesetzt hatte, wusste ich nichts mehr.

Der Tanzkurs war vorbei, er endete mit einem Abschluss-kränzchen, Helmut war mein Tanzpartner. Er war sehr zärtlich, unaufdringlich und stets für mich da; diese Verliebtheit genoss ich. Als er mich heimbegleitete, fragte er, ob ich mit ihm ein Wochenende auf eine Hütte ginge. „Dort wird musiziert und gesungen, und wir werden auch tanzen." Gern wollte ich zwei Tage mit ihm verbringen, aber ich musste die Tante um Erlaub-nis fragen.

Das war ein Gelächter und Geschrei, das Tante, Onkel und Vetter veranstalteten; sie überschütteten mich mit Spott und Verdächtigungen. Nein, diese Verantwortung könne sie nicht übernehmen, sagte Tante Rosa zu Helmut, sie habe meinem Vater versprochen, auf mich aufzupassen. Helmut ging mit ge-senktem Kopf weg. Ein Kreis junger Menschen wartete draußen auf der Gasse. „Helmut wird sich trösten", sagte Rupert, „wie ich sehe, sind einige Mädel dabei …"

Der Samstagnachmittag war gewöhnlich für Dienstboten frei, außer dass man am Abend in den Stall ging, aber an die-sem Samstag schickte Tante Rosa mich auf das Feld, um Steine vom Acker zu klauben und am Rain auf Haufen zu legen. Das war mir sogar recht: Hier konnte ich weinen und toben, mit aller Kraft meines Zornes Steine schmeißen und mich auf diese Weise abreagieren.

Ende des Sommers forderte Tante Rosa mich auf, mich zu ihr auf die Hausbank zu setzen. Vertraulich rückte sie nah zu mir heran: „Dirndl, du hast, seit du bei uns bist – das ist seit April –, keine einzige blutige Unterhose abgegeben." Ich hob die Schultern: „Nein, ‚das' habe ich nicht." – „Und", ihr Grant* gegen mich war zum Greifen, „willst nicht antworten?" Was sollte ich sagen? Ich war sechzehn, hatte aber noch nie die Regel gehabt. „Du bist wie deine Mutter. Wenn du ein Kind erwartest, dann sag es! Wenn nicht, könntest du auf dem Schallergut als Stallmagd anfangen, ich habe Frau Schaller gefragt. Ab Okto-ber brauche ich dich nicht mehr. Sie will dich nehmen, aber nur, wenn du kein Kind kriegst." – „Ich krieg' kein Kind."

Eine „bessere" Familie

Mein Vater begleitete mich, als ich mich bei Familie Schaller vorstellte. „Hundert Schilling Monatslohn ist genug", sagte Frau Schaller, „das Dirndl muss alles erst lernen: kochen, nähen, Tisch decken, servieren, und wie man sich benimmt, wenn wir Gäste haben." Vater war einverstanden.

Es gab keine geregelte Freizeit und auch keinen Urlaub. Weder meine Tante noch Frau Schaller zahlten Urlaubs- oder Weihnachtsgeld. Warum sollten sie? Das „Dirndl" wusste nichts von Arbeitsrecht und Pensionsanspruch, wozu auch? Es würde einmal heiraten, wenn es Glück hatte. Es war willig, und bei jedem Tadel fühlte es sich schuldig und hoffte, mit Unterwürfigkeit seine Fehler wieder gutzumachen. Einen freien Sonntag im Monat, und heimfahren durfte ich am Sonntagvormittag, sobald ich im Stall fertig war. Abends zum Melken musste ich wieder da sein.

„Dass du mit den Schaller-Söhnen kein Techtelmechtel anfängst!" Diese Empfehlung gab mir die Tante mit auf den Weg. „In dieser Familie sind noch immer die Mägde beschuldigt und aus dem Haus gejagt worden, wenn ‚so was' aufkam, niemals die eigenen Söhne!"

„Du hättest einen netten Schneidermeister haben können, wenn du gewollt hättest", sagte Vater einmal. Er verstand meine Haltung nicht. Mutter sah mich stumm an, aber ich erriet ihre Gedanken: „So einen ehrlichen Menschen habe ich auch einmal abgewiesen." – „Einen Kleineren, als ich selbst bin, möchte ich auch nicht heiraten", mischte sich Monika in das Gespräch, und Martha, schon mit neun Jahren überzeugt von sich selbst, trumpfte auf: „Ich heirate nur einen, der groß ist und dunkle Locken hat."

Auf dem Hof der Familie Schaller mussten Dienstboten noch länger arbeiten als auf dem Koglerhof. In diesem Haushalt lebten neun Personen, das waren „der Herr Chef" und „die Frau", wie wir Dienstboten Frau Schaller nannten, die Köchin Julie, fünf Söhne und ich, die Stalldirn.

Der älteste der Söhne war einundzwanzig Jahre alt, der jüngste neun. Den älteren Burschen wich ich zuerst aus. Sie schienen mir überheblich, redeten spöttisch über Mädchen und darüber, was sie, die Herrensöhne für einen „Zulauf an Weibern" hätten. Und die meisten seien „nichts wert". Mit dieser Aussage hielten sie mich von vornherein auf Abstand. Mit den jüngeren Söhnen verband mich ein kameradschaftliches Verhältnis, beinahe als wäre ich ihre Schwester. Auch der Chef mochte mich – wenn er von mir redete, sagte er „unser Dirnei"; durch dieses „unser" fühlte ich mich ein bisschen wie in die Familie aufgenommen.

Den Schülern half ich bei ihren Hausaufgaben, das gefiel mir sehr. An manchen Abenden bat mich auch Sepp, der eine Elektrikerlehre machte, ob ich ihm bei den Aufgaben für die Berufsschule helfen könnte. Wir saßen über die Hefte gebeugt, Schulter an Schulter, und ich genoss sein Vertrauen und die Nähe. Manchmal schaute Frau Schaller herein und zog sich wieder zurück.

Herr Schaller war ein rothaariger Hüne mit rundem Gesicht und einer tiefen Bassstimme, ein Blickfang für Frauen. Das sah man, wenn er mit seiner Gattin in die Kirche ging. Sie war eine schöne Frau, von zierlicher Gestalt, mit beachtlicher Oberweite und schwarzer, üppiger Haarpracht. Ich sah in ihr eine Matrone, die dauernd nörgelte, die „die Jungen" allzu gern herabsetzte und ständig wegen der „Wechseljahre" jammerte. Ich hatte keine Ahnung, was das bedeutete. Julie klärte mich auf; auch sie meinte, dass es für alle peinlich sei, wenn sie dauernd von sich und von diesem Thema redete. Wir Jungen grinsten dann hinter vorgehaltener Hand, und sie regte sich noch mehr auf.

Außer einem mittelgroßen Betrieb und der kleinen Landwirtschaft besaß der Herr Chef eine Jagd und ein Fischwasser; er belieferte den eigenen Haushalt mit Wildfleisch, Fasanen und Bachforellen. Die Köchin und ich mussten erst lernen, diese Speisen zuzubereiten. In dieser Hinsicht hatte Frau Schaller recht, wenn sie behauptete, dass ich noch gar nichts könne. Sie selbst war eine exzellente Köchin, hatte im Hotel „Hirschen" in

Salzburg kochen gelernt. „Damals mussten meine Eltern viel Lehrgeld hinlegen", sagte sie, „es war eine Auszeichnung für ein Mädchen, im ‚Hirschen' überhaupt genommen zu werden."

Julie erzählte mir später, dass im „Hirschen" von jeher nur Mädchen aus besseren Häusern die Lehre machen durften. Und dass diese Mädchen dann gern von wohlhabenden Männern geheiratet wurden. „Nur, weil sie gut kochen können?", wunderte ich mich. Julie sagte, dass ich naiv sei. Ich wusste nicht, warum, aber ich ließ ihre Feststellung so stehen. Ich hatte schon verstanden, dass ich nicht zur Kategorie der „Hirschenköchinnen" gehörte. Ich war für den Stall zuständig: zwei Kühe, zwei Schweine und Hühner. Ich musste die Tiere füttern, die Kühe melken, den Mist hinausbringen, die Kühe von der Kette lassen, damit sie zur Tränke trotteten und wieder zurück in den Stall, wo ich sie wieder ankettete.

Wir tranken die warme Kuhmilch nicht nur zum Frühstück, sondern zu allen Mahlzeiten. Außerdem standen auf dem Speiseplan oft Mehlspeisen, für deren Zubereitung man die Milch brauchte.

Kurt kam manchmal zu mir in den Stall, sah mir grinsend bei der Arbeit zu, neckte mich ein bisschen und nahm mir die Scheibtruhe aus den Händen, um den Mist auf den Misthaufen zu bringen. Abwechselnd war ich in Walter, dann wieder in Kurt oder in Sepp verliebt, aber ich achtete darauf, dass sie es nicht merkten. Ich ging ihnen aus dem Weg, sooft sie mich anschauten.

Wenn ich müde zu Bett ging, verkroch ich mich wohlig darin und träumte, dass der Polster oder die Tuchent der Angebetete sei. Zugleich hoffte ich, dass die Chefleute und auch der jeweils Erwählte meine Gefühle nicht errieten. Und was würde Tante Rosa sagen, wenn sie um meine Träume wüsste: „Wie deine Mutter ..."

Einmal sollte ich ein Huhn köpfen, es rupfen und zum Kochen vorbereiten. „Ich kann das nicht", sagte ich zur Frau. „Aber das ist die Arbeit der Stalldirn, das ist ein Befehl!" Ich fing die Henne, ging mit ihr in die Waschküche und sagte: „Entschuldige, aber ich muss dich köpfen." Die Henne rannte an den Wänden entlang, ich mit der Hacke in der Hand hinterher. Die Henne gackerte und flatterte, ich schrie, immer wenn ich sie beinahe gefasst hätte. Endlich erschien Frau Schaller in der Tür. „Bist du noch nicht weiter?", rief sie entrüstet. Mit einem Griff hielt sie die Henne fest, ich rannte aus der Waschküche. Halb lachend, halb zornig sagte sie nachher: „Sie ist tot, du kannst sie jetzt rupfen." Bei jeder Feder, die ich der kopflosen Henne ausreißen musste, bat ich sie um Verzeihung. Ein Gutes hatte meine Feigheit: Das nächste Todesurteil über ein Huhn wurde von der Köchin vollstreckt, einschließlich Rupfen. Zwar musste ich mir dann bei Tisch das Gespött der gesamten Familie anhören, auch der Chef lachte, aber er sagte nichts.

Julie und ich bewohnten miteinander ein schönes, kleines Zimmer mit weißen Möbeln und einem Schreibtisch am Fenster. Wir vertrugen uns gut. Sie gefiel mir, weil sie sich nicht einschüchtern ließ von den Chefleuten und ihren Söhnen. Sie war mindestens Mitte zwanzig wenn nicht gar schon gegen dreißig und noch ledig. Anzüglichkeiten der Schaller-Söhne parierte sie schlagfertig und mit Gelächter. Sie war sehr hübsch, lachte gern, dann hüpften die großen Brüste und das Bäuchlein; das sah freundlich aus, man konnte ihr nie böse sein.

Vor dem Erwachsenwerden

Die Familie Schaller war 1952 die erste in Altenmarkt, die einen Volkswagen-Käfer kaufte. Auch ein Kühlschrank wurde angeschafft; so ein Gerät hatte ich vorher nie gesehen.

Es war praktisch, wir ernteten Gemüse und lernten, wie man es tiefgefriert. Weißkraut wurde zu Sauerkraut verarbeitet. Julie schälte die oberen Blätter von den Krautköpfen, viertelte sie, und schnitt den Strunk heraus. Kurt übernahm die schweißtreibende Arbeit des Krauthobelns, Frau Schaller schlichtete das fein gehobelte Kraut in das vorbereitete Holzfass und würzte Lage um Lage mit Salz, Kümmel, Lorbeerblättern, Wacholderbeeren und Senfkörnern. Ich wurde dazu auserkoren, das Kraut festzustampfen, denn diese Arbeit sollte eine Jungfrau machen

– angeblich, damit das Kraut im Fass nicht schimmelte. So stand ich barfuß im Fass und stampfte, bis der Saft als weißer Schaum über dem Gemisch stand.

Vorher hatte ich im Brunntrog meine Füße gewaschen, Kurt hatte mich auf den Armen zum Krautfass getragen, und ich hatte mich zappelnd und lachend gewehrt. Am Abend vor dem Einschlafen spürte ich dieser Berührung nach. Mein Gefühl für ihn war wieder einmal himmelhochjauchzend, allerdings nur, solange er keine gemeinen Witze über Mädchen erzählte.

Ende Oktober wurden die Gartenbeete abgeerntet. Karotten und schwarze Rettiche wurden im Keller in Sand vergraben, der Lauch blieb in den Beeten stehen, ihn konnte man im Winter auch gefroren verwenden. Winterendivien ließen wir im Frühbeet und deckten dieses mit Stroh ab. Er reifte auf diese Weise, wurde gelb und mild und diente uns im Winter als wertvoller Vitaminspender. In unserem Haus war es Brauch, dass am 2. November die Beete abgeerntet und umgegraben waren. Die allerletzte Arbeit im Freien war das Zusammenrechen des dürren Laubes. Wir verwendeten es als Einstreu.

Mitten unter der Arbeit – Julie und ich hatten Großwäsche – rief mich Frau Schaller in ihr Büro. Hatte sie mich durchschaut, dass ich dauernd in einen ihrer Söhne verliebt war? Würde ich mich herausreden können?

Ein eleganter Herr stand auf, als ich eintrat, Frau Schaller war sichtlich nervös. Er begrüßte mich, sagte, dass ihn das Jugendamt schicke, weil man erfahren habe, dass ich weit über achtzig Stunden pro Woche arbeite, nur einen freien Tag im Monat bewilligt bekäme, und dass das strafbar sei. Er müsse meine Aussage zu Protokoll nehmen, dass ich ausdrücklich mit dieser Regelung einverstanden sei. Jetzt zitterten mir die Knie. Ich wollte meiner Chefin nicht schaden, aber einmal im Monat schon am Samstag heimfahren dürfen wollte ich schon gern. Das sagte ich auch so, und Frau Schaller und ich unterschrieben das Protokoll.

Als der Mann gegangen war und ich wieder am Waschbottich stand, kam die Frau zu uns in die Waschküche. Händeringend beschwor sie mich, dass ich das nicht hätte tun dürfen:

„Wer bitte, kannst du mir das sagen, wer soll am Samstagabend und am Sonntag früh in den Stall gehen? Wenn ich eine für diese Arbeit finde, kannst du sie aber selber bezahlen!", schrie sie ganz außer sich. Ich machte ein trotziges Gesicht und schwieg.

Bei Tisch war die Freizeit der Dienstboten an diesem Tag ein großes Thema. „Wer hat das überhaupt gemeldet?", fragte Herr Schaller. Jetzt sahen alle mich an. Ich reagierte auf diesen Verdacht nicht. Die Frau meinte, dass man „heutzutage" keinem Dienstboten mehr trauen könne, man wisse ja nie … Jetzt mischte Julie sich ein: Sie verbat sich solche Verdächtigungen und sagte: „Sie, Herr Chef, führen selbst eine Firma, Sie kennen doch die Gesetze." Die Frau bekam einen Hitzeausbruch, ihr Gesicht wurde hochrot, sie fasste sich an die Brust und lief aus der Küche.

Verschiedene Namen von Bekannten wurden genannt, die in Frage kämen, dass sie vielleicht die Familie beim Jugendamt verpfiffen hätten, bis Herr Schaller sagte: „Neider gibt es immer." Zu mir gewandt ergänzte er: „Morgen gehe ich zur Gebietskrankenkasse und melde dich an." – „Aber ich bin doch durch meinen Vater versichert", sagte ich. „Ich riskiere nicht, dass ich angezeigt werde", entgegnete er.

Die Frau musste sich erholen, sie litt nach dem Vorfall mit der Jugendfürsorge tagelang an Migräne. Wir Dienstmädchen und ihre Söhne lästerten darüber bei Tisch. Julie sagte: „Wenn wir bei jedem Ärger einen Migräneanfall kriegen würden, wo kämen wir da hin?" – „Wir bekämen selten etwas zu essen", lachte Kurt. „Wie gut", ergänzte Sepp, „dass wir Madln haben, die nicht labil sind."

Ohne Chefleute war die Stimmung bei Tisch locker, witzig, ich fühlte mich angenommen und war wieder einmal in alle Schaller-Söhne gleichzeitig verliebt. Julie sah meinen verklärten Blick und schickte mich in die Waschküche, um die Wollsachen zu waschen. Das waren mindestens fünfzig Paar Socken, die gerubbelt und gewendet werden mussten.

Im Dorf traf ich eines Tages Tante Rosa. Ich hatte sie nicht mehr gesehen, seit ich vom Koglerhof weg war. Sie schien erfreut, mich zu sehen, musterte mich freundlich, wie mir schien, und sagte: „Fesch bist du geworden, ein bisschen runder, das steht dir gut. Und dass du tüchtig bist, hab' ich auch gehört. Du hilfst den Schaller-Buben bei den Hausaufgaben, sogar dem Sepp, der für die Berufsschule lernt." Als ich bejahte, fügte sie hinzu: „Das ist erstaunlich, dass ein Dirndl wie du den Söhnen einer solchen Familie etwas beibringen kann." – „Ich mache das gern", sagte ich, wie um mich zu rechtfertigen. „Pass gut auf dich auf!", sagte die Tante, und ich wusste, was sie damit sagen wollte.

Am Abend sperrte ich das Zimmer ab, damit Julie mich nicht überraschen konnte. Dann stellte ich mich nackt vor den Spiegel, um selbst zu sehen, warum ich fesch sein sollte. Ich war überrascht von meinem Spiegelbild: Ich war nicht mehr kindlich flach, meine Hände suchten die Wölbungen meiner Brüste, um die Größe zu prüfen; unten bedeckte ein kleiner, dunkler Pelz den Schamhügel. Ich war eine Frau, endlich! Wie viel Glück wartete jetzt auf mich?

Dann klopfte Julie an die Tür, und fragte, was das denn solle. Hastig zog ich mich an und sperrte auf: „Entschuldige, ich habe zugesperrt, weil der Sepp mir nachgelaufen ist; er wollte mich kitzeln." Nicht auszudenken, wenn sie ihn zur Rede gestellt hätte! Mein Gesicht brannte vor Erregung und Scham.

Wenn die Mäuse Kirchtag halten

„Weißt du schon, dass wir ab nächster Woche allein hier wirtschaften dürfen?", fragte Julie. „Sie fahren nach Rom – für zwei Wochen. Walter begleitet die Eltern, die Frau will es so." Mir war das egal. „Aber alle anderen bleiben da", fügte sie hinzu, „wir werden kontrolliert, wirst schon sehen." Ich war mit meinen Gedanken und Träumen woanders, weder in Rom noch im Hause Schaller. „Wir müssen das Haus gründlich putzen, die Matratzen hinaus auf den Balkon tragen und klopfen, alle Betten frisch überziehen und die Wäsche waschen und bügeln, das wird von uns erwartet", beschloss Julie ihre Neuigkeiten.

Bald darauf stand der VW-Käfer voll bepackt zur Abreise bereit. „Ihr bekommt ein schönes Geschenk", rief uns Frau Schaller noch aus dem abfahrenden Auto zu.

Diese vierzehn Tage haben wir zwei Dienstmädchen geschuftet, als ginge es darum, von den Böden zu essen. Wir schrubbten,
bohnerten und wichsten, wir klopften, schleppten und schwitz-
ten. Das Wetter war gut, die Sonne schien mild von einem klaren Herbsthimmel. Wir fragten morgens, ehe sie aus dem Haus
gingen, die Schaller-Söhne, was sie sich zum Essen wünschten.
„Egal, es ist alles gut, was ihr kocht." Wir jungen Menschen hatten Spaß miteinander. Es tat gut, witzig und ein bisschen frech
sein zu können, ohne dass jemand händeringend und mit hoch-
rotem Kopf, uns alle verfluchend, aus der Küche stürzte.

Nur einmal haben wir etwas angestellt, dafür schämte ich
mich noch Jahre danach: Sepp brachte uns auf die Idee: Wir
schnitten altes Brot in Würfel, tränkten diese mit viel Rum und
gaben sie den Hühnern zu fressen. Die Hühner gackerten aufgeregt und reckten dabei die Hälse, der Hahn krähte, als wäre
er heiser, die Tiere hüpften auf einem Bein und fielen schließlich um. Es sah furchtbar komisch aus, wir lachten Tränen. Die
Burschen kamen immer wieder mit neuen, rumgetränkten Brot-
brocken in den Stall, bis wir Angst bekamen, das Hühnervolk
könnte verenden.

Wenn ich bei dem Arbeitstempo, das Julie vorgab, fragte, ob
wir ganz blöd seien, motivierte sie mich mit den Worten: „Die
soll nicht denken, dass wir feiern, nur, weil sie nicht den ganzen
Tag hinter uns steht und jammert!" An den Abenden heizten
wir den Kessel in der Waschküche, und wir badeten. Es gab
auch in diesem Haus trotz Kühlschrank, Telefon und VW-Käfer
keine Badewanne, aber das tat unserem Vergnügen, fast täglich
im großen Holzbottich zu liegen, keinen Abbruch. Die Schüler
schickten wir ins Bett, die anderen zwei, Sepp und Kurt fragten,
ob sie auch baden dürften. Wir hatten nichts dagegen, aber dass
der Kessel geheizt war, dafür waren die Dienstmädel zuständig.
Auf diese Weise kamen wir jeden Abend noch später ins Bett,
saßen lange einträchtig in der Küche. Sepp brachte manchmal
Kekse oder Schokolade mit.

„Hoffentlich verraten uns Kurt und Sepp nicht", sagte ich zu Julie, als wir endlich in unserem Zimmer waren, „schließlich haben wir über ihre Mutter ziemlich gelästert." – „Ach was", sagte Julie, „sie lästern ja selbst über ihre Eltern, meistens über die hysterische Mutter." Mir war plötzlich bang vor deren Rückkehr.

Das Haus war blank geputzt, Brot war gebacken. Am letzten Tag wollten wir zu Mittag etwas Besonderes kochen – als Belohnung für unsere Leistung und als würdigen Abschluss von zwei Wochen Freiheit: Schweinsbraten und Serviettenknödel, dazu Blaukraut. Sepp schnalzte in Vorfreude schon am Morgen mit der Zunge, ehe er zur Arbeit ging.

Als er Punkt zwölf mit einer Packung Pralinen in die Küche stürzte, blieb ihm vor Überraschung der Mund offen. „Ihr seid schon da?", war die überflüssige Frage, als er seine Mutter sah. „Wie gut, dass wir um einen Tag früher gekommen sind", sagte diese in aggressivem Ton, „ist die Katze aus dem Haus, feiern die Mäuse Kirchtag." – „Julie und Kathi haben geschuftet, als gehörte das alles ihnen persönlich", verteidigte uns der Bursche. „Du bist wohl verliebt in eine von den beiden", schrie die Frau.

Herr Schaller hingegen kam mit den Worten „Brav haben sie gearbeitet, es ist überall blitzblank" zur Tür herein, begrüßte uns mit Händedruck und bedankte sich. Walter und Kurt grinsten verlegen, der Auftritt ihrer Mutter war einfach peinlich. „Sind wir zu diesem herrlichen Mahl ebenfalls eingeladen?", fragte Walter scheinheilig.

Jetzt würden wir die Portionen teilen müssen; mir war der Appetit vergangen. Ich wollte auf das Essen verzichten, aber Sepp erwischte mich am Schürzenzipfel, ehe ich in unserem Zimmer verschwinden konnte. Er lachte, drückte mich kurz an sich und sagte: „Es ist lieb zu sehen, wie schnell du rot wirst. In deinem Gesicht kann ich jeden Gedanken ablesen, und meine Frau Mutter kann das auch. Sie wird dir heute genug Gelegenheit geben, rot zu werden." Die Frau war schlecht gelaunt, gerade so, als ob *wir* Urlaub gemacht hätten, und *sie* hätte das Haus geputzt.

„Wieso kocht ihr mitten in der Woche ein so großes Menü?",
war ihr erster Satz, als wir die Teller gefüllt hatten. Jetzt hielt Julie sich nicht mehr zurück: „Wir haben geschuftet und geputzt,
Frau Schaller, und heute wollen wir uns dafür selbst belohnen.
Und ich will nichts mehr hören, sonst kündige ich noch vor
Weihnachten!" Ich liebte diese Julie, die mich zwar wie ein Kind
behandelte, mich aber immer schützte. Aber wenn sie vor Weihnachten ging – nicht auszudenken, wie ich ohne sie zu leiden
hätte! Zu leiden und zu arbeiten.

Die Frau ließ das Essen stehen und ging händeringend hinaus. „Gott sei Dank", sagte Kurt, „jetzt bleibt mehr für uns."
Walter erzählte von der Fahrt, von Rom, vom Hotel und von
den schönen Römerinnen.

Der Chef war sehr ernst, als er zu Julie sagte: „Das war aber
nicht dein Ernst, liebe Julie, dass du kündigen willst?" – „Herr
Schaller", sagte sie heftig, „ich weiß, was ich und das junge
Dirndl geleistet haben, ohne Freizeit, ohne zu rasten. Auf gar
keinen Fall lasse ich mich noch länger ungerechtfertigt herun-
termachen."

Die Koffer waren ausgepackt. Seidenwäsche, Herrenhemden, Pullover, die extra gewaschen werden mussten, warteten
in der Waschküche auf fleißige Hände. Kleinlaut, wie wir sie
noch nie gesehen hatten, sagte die Frau: „Ich habe für euch
Lederhandschuhe gekauft, aber ich habe sie im Hotel liegen gelassen, es tut mir leid." – „Dann telefonieren Sie doch, und man
wird sie schicken", sagte Julie barsch. Die Handschuhe sind nie
angekommen, und Julie sah sich darin bestätigt, dass sie nie
welche für uns gekauft hatte.

Mutter als Kämpferin

„Nein, frei habt ihr zu Weihnachten nicht", sagte die Frau. „Wie
denkt ihr euch das eigentlich – so viel Arbeit, soll ich die allein
bewältigen? Ihr dürft am Heiligen Abend mit uns feiern, wo
dürfen Dienstboten das sonst? Und am 25. Dezember, bitte sehr,
haben wir zwanzig Gäste! Die ganze Verwandtschaft, die mit

Argusaugen meine Küche testet, die Torten, meine Lebkuchen und die Hirschpastete. Ich kaufe euch sogar eine weiße Servierschürze, dass ich mich mit euch nicht schämen muss."

Ich weinte, denn es war das erste Mal, dass ich am Heiligen Abend nicht daheim sein würde, das konnte ich mir nicht vorstellen. Zwar gab es bei uns nur Bratwürste und Sauerkraut, ziemlich trockene Kekse, und als Geschenk ein Paar Strümpfe oder eine warme Unterhose. Aber hier wurde man von den noblen Gästen der Familie Schaller gemustert wie ein Stück Vieh. Die Damen wachten darüber, ob man beim Servieren Fehler machte, und die männlichen Gäste verfolgten jede unserer Bewegungen mit glänzenden Äuglein.

Noch am Abend schrieb ich heim. Am 22. Dezember stand meine Mutter schon am Vormittag bei Frau Schaller im Büro. Ich wurde später gerufen, und wir setzten uns in die Küche. Frau Schaller wollte Mutter gerade etwas anbieten, als ihr Mann eintrat. „Was für eine Überraschung", sagte er charmant, „ich habe Sie immer bewundert, als Sie als junges Mädel bei Ruapp und Rosa in Dienst waren. Sie sind jedem aufgefallen, mit Ihrem schönen Haar." – „Ein Herr wie Sie", antwortete meine Mutter, „hat ein armes Dirndl gar nicht bemerkt, da machen wir uns doch nichts vor." Ihr Gesichtsausdruck war ernst und sehr stolz. Darauf sagte er nichts mehr.

So wie an diesem Tag hatte ich Mutter noch nie gesehen, stolz und sicher gab sie Antworten, die mich überraschten. Sie war gut angezogen, hatte einen grünen Mantel mit Glockenschnitt, ihre schlanken Beine kamen gut zur Geltung. „Die aufgesteckten Zöpfe – fast so schön wie bei Kaiserin Sisi", dachte ich. Mit diesem Auftreten hatte sie offenbar bei Frau Schaller schon ein Nachgeben erwirkt.

„Darf Kathi mich zum Bahnhof begleiten?", fragte Mutter, als sie vom Tisch aufstand. Ohne eine Antwort abzuwarten, flitzte ich, um meine Strickjacke zu holen. Der Abschied zwischen meiner Mutter und den Chefleuten war höflich und distanziert. „Komm bitte gleich zurück", rief die Frau, „die Julie braucht dich dringend!" „Soll sie sich einmal selbst aus ihrem Büro bequemen", sagte Mutter nachher zu mir, „man hört, dass sie für ihren Mann die Buchhaltung macht, in der Hauptsache aber liest sie billige Romanhefte." – „Ich habe mit ihr ausgemacht, dass du über Neujahr vier Tage frei kriegst." – „Oje, wer wird statt mir in den Stall gehen?" – „Ihre Söhne sind auch noch da", sagte Mutter, damit hatte sie recht, aber ich fürchtete schon das Gezeter meiner Chefin.

„Wir werden deine Großmutter besuchen", sagte Mutter, „ich habe es ihr schon versprochen." Die Großeltern – ich hatte lange Zeit nicht mehr an sie gedacht! Ich freute mich, wieder einmal alle sehen zu können.

Mutter hatte etwas auf dem Herzen, das spürte ich, und es fiel ihr schwer, darüber zu sprechen. „Kind", sagte sie, „wie ist es zwischen dir und den feschen Schaller-Söhnen? Du denkst doch daran, dass die Chefleute nie ein Mädel aus unserem Stand als Schwiegertochter anerkennen würden?" – „Mutter, jetzt fängst du auch noch damit an!", entgegnete ich entsetzt und ein wenig beleidigt. „Tante Rosa hat mich schon ausdrücklich vor einem Gspusi* gewarnt. Ich bin doch nicht dumm!" – „Das hat mit gescheit oder dumm nichts zu tun", sagte sie ernst.

„Und dein Chef?" – „Er ist sehr lieb." Sie erschrak schon wieder. „Fast wie ein Vater. Immer verteidigt er mich gegen die Sticheleien seiner Frau", antwortete ich.

„Darfst du schon allein kochen, und wie geht es dir dabei – ich meine, für so viele Leute?", fragte Mutter. „Bei uns ist es Brauch, dass einen Sonntag ich koche und Julie in die Messe geht und den anderen Sonntag umgekehrt. Dann muss ich bis elf Uhr, bis alle heimkommen, Wildragout mit Serviettenknödel, Semmelkren und eine Rindsuppe mit selbst gemachten Schöberln* fertig haben. Beim Kochen bin ich meistens sehr aufgeregt, dass mir alles gelingt und dass ich rechtzeitig fertig werde. Die Frau, meist noch im Pelzmantel, kostet die Speisen mit spitzen Lippen und bemängelt: ‚Da hätte noch ein bisschen mehr Majoran, in die Sauce ein bisschen mehr Rotwein gehört.' Oft bin ich den Tränen nahe, bis der Chef sagt: ‚Mir schmeckt es ausgezeichnet, Klothilde.'"

„*Tüchtig* ist sie", sagte meine Mutter, „und Lehrjahre sind keine Herrenjahre, Kind! Jetzt musst du aber gleich gehen, mein

Zug kommt bald. Was ich fast vergessen hätte: Einen schönen Gruß von Herrn Knabl, im Jänner beginnt in Altenmarkt wieder ein Tanzkurs, du bist herzlich eingeladen." – „Fein! Ich bin dabei, sag es ihm."

Zu Hause angekommen, übersah ich die Miene von Frau Schaller und ging in die Küche zu Julie, die dabei war, Kekse zu glasieren. Julie grinste ein bisschen: „Deine Mutter ist eine schneidige Frau, es taugt mir, wie sie dem Chef mit der Wahrheit herausrückte. Warum bist du nicht so mutig?"

Da ich darauf nichts zu sagen wusste, setzte Julie fort: „Wir haben inzwischen ausgemacht, dass du am 30. und 31. Dezember und auch noch am 1. und 2. Jänner frei hast. Sepp wird für dich die Arbeit im Stall erledigen. Ich gehe nach dem 3. Jänner für eine Woche heim, über Dreikönig. Meiner Mutter geht es nicht so gut. Ich kenne dich doch, das wirst du schaffen." – „Ihr zwei regelt das für euch selber, mich braucht ihr nicht weiter dazu …", sagte die Frau, die plötzlich in der Tür stand. Wahrscheinlich hatte sie gelauscht, weil sie erfahren wollte, was meine Mutter gesagt hatte. „Heutzutage wird man vom Personal und dessen Müttern bestimmt, das hätte es früher nicht gegeben", sagte sie.

Am letzten Tag des Jahres machten Mutter und ich einen Spaziergang. Wieder einmal saßen wir bei den Mühlen, und das Gespräch drehte sich um Herrn Schaller. „Warum warst du so zornig, als er dich anredete, wie gut du ihm als Dirndl gefallen hast? Von wo habt ihr euch gekannt?" – „Ich war wie du Magd auf dem Koglerhof, ich habe es dir nie erzählt, weil du zu jung warst." Ohne mein Erstaunen über diese Neuigkeit zu registrieren, setzte sie fort: „Was denkt sich der Schaller eigentlich, er könnte mir erzählen, nach zwanzig Jahren und mehr, dass er mich ledige Magd beachtet hätte? Weißt, Kind, das macht mich so zornig, Falschheit und Frotzelei vertrage ich nicht!"

Im Sommer 1931 begegnet auf einer Alm oberhalb von Werfenweng der jungen Katharina Kreidl ein schneidiger Bursch. Ein
Rudel junger Männer aus Altenmarkt zieht an einem Sonntag
auf dem Ladenberg von Almhütte zu Almhütte. Sie haben einen
Ziehharmonikaspieler dabei und sind zum Spaß auf „Braut-
schau". Sie wollen schauen, ob es auf den Almen in dieser Gegend saubere Bauerntöchter gibt. Dem Mathias Walcher gefällt
die blonde Katharina, und auch sie fühlt sich zu dem gut ausse-
henden, frechen Mann hingezogen. Er fordert sie zum Tanz auf
und verspricht, in einer Woche wiederzukommen.

Er kommt wie versprochen, aber nicht auf die Weise, wie sie
es sich vorstellt. In einer Samstagnacht steht er plötzlich in ihrer
Kammer. Katharina freut sich, sie will ihn am nächsten Morgen
den Eltern vorstellen. Aber als sie erwacht, ist der Platz neben
ihr leer. Mathias lässt sich nicht auf Versprechen ein, er bleibt
wochenlang weg, um überraschend, wie es ihm gefällt, aufzu-
tauchen und sich den Platz in ihrem Bett zu erschmeicheln.

Bei Tanzunterhaltungen ist Lois, der Vater ihres Kindes, an
ihrer Seite. Ab und zu taucht Mathias auf, aber er tanzt nicht
mit Katharina. Sie nimmt sich vor, diesem „Windhund" einen
Korb zu geben, falls er sich ihr wieder nähern sollte. Wenn er
ihnen auf dem Heimweg nachschleicht, schickt Katharina den
Lois weg.

Gegen Ende des Jahres fragt Mathias, ob sie nicht ab Lichtmess bei seiner Schwester Rosa auf dem Koglerhof arbeiten
wolle. Mathias überredet sie, dass sie von daheim weggeht, von
der kleinen „Keusche"*, wie er sagt, wo sie nie etwas verdienen
wird. „Bei meiner Schwester auf dem großen Erbhof kannst du
viel lernen. Rosa ist tüchtig, sie kocht sehr gut, du wirst ihr in
der Küche zur Hand gehen."

Katharinas Vater warnt vor dem unüberlegten Schritt, die
Mutter ist ratlos, weil ihr die Tochter fehlen wird, und wohl
auch, weil sie weiß, dass so unüberlegte Schritte selten gut ausgehen. Lois, der Vater ihres ledigen Kindes, weint. Er sagt kein
ungutes Wort über Mathias, er bittet nicht, er sagt nur: „Hof-

fentlich bereut es nie." Aber sie ist verliebt und glaubt, nie mehr ohne Mathias leben zu wollen.

Ab Lichtmess 1932 ist sie Magd auf dem Koglerhof. Sie schläft in einer kleinen, kalten Kammer, Mathias teilt an Samstagen das schmale Bett mit ihr. Auch Rosa freut sich, wenn ihr Bruder auf den Hof kommt. Sie reden dann über Holzarbeit, über Holzpreise, und sie politisieren gerne. Ihr Mann Ruapp sitzt daneben und schweigt. An solchen Samstagnachmittagen beachtet Mathias Katharina kaum, nie richtet er das Wort an sie. Wenn ihre Arbeit getan ist, wenn der große, helle Dielenboden in der Stube geputzt ist, geht sie in ihre Kammer. Irgendwann, wenn sie schon schläft, kommt er zu ihr. „Geh, Dirndl, mach mir Platz!" – „Hättest früher kommen können", antwortet sie trotzig. „Hab dich nicht so, was glaubst du, worauf ich den ganzen Tag warte?"

„Ich weiß es von der ersten Stunde an, dass ich schwanger bin", sagt Katharina zu Mathias. Draußen ist Tauwetter, die Märzsonne hat schon Kraft, tropfende Eiszapfen, die vom Dach hängen, bewegen sich leicht im Wind. Ab diesem Tag bleibt Mathias weg. Rosa sieht in das blasse Gesicht Katharinas. „Er wird viel zu tun haben, auch andere Mütter haben schöne Töchter", ätzt sie der Dirn ins Gesicht.

Rosa selbst trägt ihren Bauch mit Stolz vor sich her, sie wird dem Erbhof einen Sohn schenken, während die Dirn nicht weiß, wie sie stehen oder gehen soll, damit der Bauch verborgen bleibt. Selbstverständlich wird Katharina nicht geschont; eine ledige Dirn hat sich diesen Zustand selbst zuzuschreiben.

Im Sommer ist das Getreide reif, es wird mit der Sichel geschnitten. Den ganzen Tag bückt sich die Schnitterin, richtet sich auf, bückt sich. Es gibt in den Dreißigerjahren für werdende Mütter keine Schonfrist, zumindest hat man auf dem Koglerhof nichts davon gehört. Der Bauer sieht, wie sehr Katharina unter der Last der Hitze und unter der Schande ihrer Mutterschaft leidet, auch, weil Mathias nicht zu ihr steht. Aber er wagt nicht, sie in Schutz zu nehmen, sie eine Stunde vor Feierabend ins Haus zu schicken oder ihr eine leichtere Arbeit zuzuteilen.

Schließlich hat seine Frau durch ihre Umsicht und Tüchtigkeit den Erbhof vor dem Ruin gerettet. Er selbst, ein gutmütiger

Wirrkopf, hatte sein Erbe den Bach hinab gewirtschaftet. Damit Rosa ihn heiratet, hat er einen Vertrag abgeschlossen, den sie diktierte und an den sie sich eisern hält: Sie heiratet ihn, obwohl sie einen anderen liebt. Sie wird ihrem Mann, dem Erbhofbauern, einen Sohn schenken, und danach wird die Ehe nicht mehr vollzogen. Dann hat er als Gatte kein Recht mehr. In den Nächten, wenn er nicht schlafen kann, weil er sich nach ihr sehnt, greift er zu ihr hinüber, sucht ihre Hand: „Tu dich schonen!", sagt sie und schiebt seine Hand weg.

Der Hoferbe ist im August geboren. Anfang Oktober wird die Magd von einem gesunden Buben entbunden. Neun Tage bleibt eine Wöchnerin im Bett; wenn sie früher aufsteht, könnte es einen Blutsturz geben, so die gängige Meinung damals. Freilich gelten für eine Dienstmagd andere Regeln. Wer hätte sie betreuen sollen, eine Leibschüssel ans Bett bringen? Die Magd steht auf, wirft sich eine Decke um und geht zum Plumpsklo hinter das Haus.

Die Hebamme legt das Neugeborene seiner Mutter an die Brust, massiert diese, damit die Milch zu fließen beginnt, aber Katharina bleibt trocken wie ihr versteinertes Gemüt. Vier Jahre zuvor hat sie ihren Sohn Lois geboren, ihn hat sein Großvater am zweiten Tag nach der Geburt aus dem Haus gebracht. Ihre Mutter trieb die Milch zurück, indem sie nasse, heiße Tücher auf die Brüste ihrer Tochter legte. So versiegte die Milch. Das Kind sucht mit offenem Mund, schreit, spürt wahrscheinlich die abwehrende Haltung seiner Mutter. Es strampelt und boxt und stemmt sich gegen ihren Körper, so empfindet es Katharina. Die Hebamme holt eine Packung Nestlé-Babynahrung aus ihrer Tasche und sagt, dass man nur warmes Wasser braucht, in dem man das Pulver auflöst. Dieser Muttermilchersatz ist sehr teuer, man bekommt Nestlé nur in der Apotheke. Dann liegt das Kind satt und zufrieden wieder in seinem Körbchen neben dem Bett der Mutter, aber alle vier Stunden verlangt es nach dem Fläschchen.

Katharina nimmt das Kind zum Trinken nicht zu sich ins Bett. Vor dem Füttern wickelt sie es und legt es wieder in den Korb. Freude, Zuwendung, Zärtlichkeit – woher sollte sie diese Empfindungen nehmen? Die Hebamme fragt, wer nachts aufstehe, um das Kind zu füttern. „Ich", sagt Katharina, verwundert ob dieser Frage. „Kind", sagt die alte Frau in gütigem Ton, „du kannst Blutungen bekommen." – „Und wenn?" Die Hebamme hat schon vernommen, dass der Kindsvater sich nicht mehr blicken lässt. Ehe sie geht, streicht sie über das wirre Haar der Wöchnerin.

Morgens bringt die Bäuerin Kaffee und ein Stück Brot ans Bett, mittags und abends eine Schottensuppe* und ein Stück trockenes Brot. Die Wöchnerin ist gesund, sie hat Hunger, getraut sich aber nicht, um normales Essen zu bitten.

An einem Sonntag hört sie Stimmen vor dem Haus. Die Besucher poltern, klopfen sich die Schuhe ab; den Tritten nach sind es viele, die in die Stube drängen. „Mathias", ruft Rosa absichtlich laut, „hast dich schon lange nicht mehr anschauen lassen. Kommt herein!" Mathias ist also doch gekommen! Erleichterung und Freude treiben Katharina Tränen in die Augen. Von drüben klingt Musik bis in die Kammer, Takte, Stampfen der Füße, es wird getanzt. So geht das mehrere Stunden, Katharina ist kurz eingeschlafen. Plötzlich hört man Lachen, die Stubentür wird geöffnet, die Gesellschaft zieht lärmend aus dem Haus.

Jetzt, jetzt muss er die Kammertür öffnen und fragen, wie es ihr und dem Kind geht. Doch die Haustür fällt ins Schloss, die letzten Schritte sind verhallt; er ist auf seinen Sohn nicht neugierig. Schande und Verantwortung für ein lediges Kind trägt allein die Frau.

Wenige Tage nach der Geburt besuchen ihre Mutter und Klara, die jüngste Schwester, die unglückliche Wöchnerin. Die Bäuerin hat mit dem Pfarrer die Taufe im Haus arrangiert. Klara, die Taufpatin, scheint die Einzige zu sein, die sich über das Kind freut. Die Bäuerin hat einen kleinen Altar in der Kammer hergerichtet, Kerzen und Weihwasser, beim Taufakt aber ist sie nicht anwesend. Ehe er wieder geht, reicht der Pfarrer der Wöchnerin die Fingerspitzen zum Gruß und sagt: „Viel Segen wünsch ich!"

Die Frauen haben dem Kind Strampelhose und Jäckchen geschenkt und zwölf Windeln. Die Mutter legt ihr in einem Kuvert ein bisschen Geld auf die Bettdecke; auch sie weiß nicht, was sie reden soll. Sie richten Grüße von Vater und den Geschwistern aus. Als die Mutter in die fragenden Augen von Katharina schaut, wagt sie es, Grüße von Lois auszurichten. „Er würde dich, wenn du einverstanden bist, sofort heiraten." Katharina weint. „Das würde ich gern, aber das geht jetzt nicht mehr." Die Bäuerin bittet den Besuch in die Stube, sie hat Kuchen und Kaffee aufgetischt. „Wenn du aufstehen magst", sagt sie zu Katharina, „komm doch auch!" – „Danke, ich stehe lieber nicht auf." Das lässt ihr Stolz nicht zu, sich jetzt diese hinterhältige Höflichkeit bieten zu lassen.

Um etwas haben Mathias und Rosa sich gekümmert: Ohne mit der ledigen Mutter darüber zu reden, haben sie einen Pflegeplatz für Ernst, so heißt der Bub, besorgt. Wie nebenbei sagt Rosa, als sie am Montag das Frühstück ans Bett bringt: „Mathias hat für deinen Buben beim Pichlbauer um einen Platz geschaut. Morgen wird ihn jemand abholen."

Am nächsten Tag klopft Simon, der alte Knecht vom Pichlbauer, an Katharinas Kammertür. Er, ein kleiner buckliger Mann mit freundlichen Augen, gibt ihr linkisch die Hand und sagt: „Einen schönen Gruß von meiner Bäuerin, sie lässt ausrichten, dass sie gut auf das Büabl schauen wird." Er sieht in das verschlossene Gesicht der jungen Frau, und als ob er ihren Schmerz nachempfinden würde, fügt er hinzu: „Die Pichlbauermutter ist eine herzensgute Frau, sie hat neben den eigenen dreizehn fremde Kinder aufgezogen, und alle sind tüchtige Leut' geworden." Katharina steht auf, wickelt ihr Kind noch einmal, zieht ihm die Taufgarnitur an, drückt es an sich und legt es in das bereitgestellte Körbchen. Das Geld im Kuvert übergibt sie Simon. „Die Pichlbauermutter soll Nestlé-Babynahrung kaufen", sagt sie. Dann begleitet sie Simon vor die Haustür, da steht das Pferdefuhrwerk. Sie stellt den Korb mit dem neun Tage alten Säugling auf den Wagen, vor die Füße Simons, der die Zügel in die Hand nimmt. Dann rumpelt das Pferdefuhrwerk auf dem Weg davon.

Katharina kleidet sich an und geht, ohne jemandem etwas zu sagen, zur Bauernkrankenkassa; sie weiß, dass ihr ein paar Schilling Geburtsgeld zustehen. Der Schalterbeamte sagt, dass die Bäuerin das Geld schon abgeholt hat. Diese lacht amüsiert, als Katharina sie zur Rede stellt. „Glaubst du, ich füttere dich umsonst mehr als eine Woche durch?"

„Meine beste Erinnerung an diese Zeit", so erzählte die ältere Katharina ihrer Tochter, die genau zwanzig Jahre später einen Sommer lang auf dem Koglerhof diente, „habe ich an den Bauern. Er hat öfter zu mir gesagt: ,Jetzt kannst aber fast nimmer'. Das hat er nur gesagt, wenn es sonst niemand hören konnte. Seine gutmütigen Augen haben mich das schwere Los leichter ertragen lassen. Aber denk dir, ich bin nie krank geworden. Nein, krank geworden bin ich nie. Ich bin so dankbar!"

„Jetzt verstehe ich", sagte die jüngere Katharina zu ihrer Mutter, „dass Tante Rosa mich immer wieder gefrotzelt hat, ob mich keiner auslache, wenn ich zu Fronleichnam beim Prangergehen* den Jungfrauenkranz getragen habe. Warum ist die Tante zu einem Kind wie mir so gemein?" – „Sie kann nicht an das Ehrliche im Menschen glauben", antwortete meine Mutter.

Ich war sehr froh, dass ich ein paar Tage daheim sein konnte. Nachdem ich Mutters Geschichte mit unserem Vater kannte, verstand ich sie besser, ihre Schwermütigkeit und auch den Groll, der sich für uns oft überraschend über Vater entlud.

Als wir vom Spaziergang zu den Mühlen heimkamen, sagte Vater freundlich wie immer: „Wo seid ihr so lange gewesen? Ich habe inzwischen Leberknödel gekocht, bestimmt seid ihr hungrig." Die Familie saß vollzählig um den Tisch. Mutters Gesicht war verschlossen, ich nahm an, sie wärmte wieder und wieder ihre schlimmen Erinnerungen auf. Ich beobachtete Vater. Er war aufmerksam und heiter, aber als ich seinen Blick auffing, war mir, als wisse er, was Mutter und ich geredet hatten.

Ab diesem Tag wollte ich mich nicht mehr beleidigen lassen, nur weil ich eine Dirn war. Das zeigte ich nicht offen, aber Frau Schaller sollte mich nicht mehr verletzen können. Das glaubte ich zumindest in den ersten Tagen nach meinem Urlaub daheim. Was konnte sie dafür, dass sie in einem Herrschaftshaus geboren wurde? Trotz aller Ungerechtigkeiten dankbar zu sein für alles, was ich in ihrem Haushalt lernte – auch das hat Mutter mir beigebracht.

Ich meldete mich wieder zum Tanzkurs an, Herr Knabl freute sich. Frau Schaller spottete ein bisschen, ob ich wohl vorhabe, mir im Tanzkurs einen Prinzen zu angeln, oder warum sonst ich immer wieder in den Tanzkurs ginge. „Weil Herr Knabl mich gebeten hat zu kommen, denn es melden sich mehr Burschen an als Mädchen."

Ich fragte Julie, ob sie mitkomme, aber sie wollte vom Tanzen nichts wissen. Wenn sie dabei gewesen wäre, hätte ich mich mehr beschützt gefühlt. So aber lief ich manchmal heim, bevor Herr Knabl die Tangobeleuchtung einschaltete, weil ich mich ausgeliefert fühlte, wenn ein Bursch zudringlich war. Wenn ich außer Atem daheim ankam und die Haustür hinter mir abschloss, öffnete Frau Schaller die Tür von ihrem Büro, lächelte vielsagend und meinte: „Bist um deine Unschuld gelaufen?"

Am vorletzten Kursabend holte Gerhard mich zum Foxtrott. Er war Handwerker und wohnte in unserer Nachbarschaft in Miete. Mit ihm zu tanzen war ein Vergnügen, so weich und doch bestimmend führte er. Er zog mich an sich, hielt mich wieder auf Abstand, um schließlich mein Kinn zu heben und mich zu bitten, ihm doch in die Augen zu schauen. „Warum schaust du mich nicht an? Traust du dir selbst nicht oder mir nicht?" Lachend zog er mich wieder in seine Arme. Mir wurde heiß; ich wusste, ich durfte mich nicht verlieben. Wir tranken Wein an der Bar, ich war aufgewühlt und überlegte, wie ich es anstellen könnte, heil aus dieser Situation zu entkommen. Ob ich Herrn Knabl bitten sollte, dass er mich heimbringt? Aber der war umringt von Damen und sehr beschäftigt.

Gerhard und ich fanden uns zum Tango, er flüsterte mir verrückte Dinge ins Ohr, kraulte meinen Nacken, ich wollte mich nicht mehr wehren. In diesem Moment sagte er: „Einmal musst du es doch wissen, kleines Schäfchen." Ich würde mich heute fallen lassen, wollte nichts mehr denken. Tangorhythmen und seine zärtlichen Hände trugen mich weg, und ich fühlte mich schweben.

Wie aus dem Boden gewachsen, stand Julie vor uns. „Komm jetzt mit heim!", sagte sie leise, aber bestimmt. Gerhard ließ mich los, ich folgte Julie nach draußen. An der klaren Luft war ich mit einem Schlag nüchtern. „Julie", rief ich, „wie bin ich froh, dass du gekommen bist." – „Ja, das habe ich gesehen." – „Aber wieso hast du mich heute abgeholt?" – „Ich hatte so ein Gefühl", sagte sie, erklärte aber nicht, welches Gefühl das gewesen sei, das sie bewog, ihre Kollegin vom Tanzen abzuholen. „Es gibt Frauen und Mädchen, die senden Signale aus, wenn sie tief innen warm sind wie ein Backofen. Männer merken das, auch wenn sie sonst noch so derb sind. Diese Signale verstehen sie alle."

Zu Hause, im warmen Bett und in Sicherheit, weinte ich vor Erleichterung: „Weißt, Julie, ich habe gespürt, dass ich heute schwanger geworden wäre. Dann hätten mich meine Eltern verstoßen. Mutter sagt immer: ‚Komm mir ja mit keinem ledigen Kind heim!'" Julie entrüstete sich: „Aber wie das geht, haben sie dir nicht erklärt?"

„Meinst du, Julie, dass Großvater deswegen meine Großmutter geschlagen hat, als sie jung waren?" – „Weswegen?", fragte Julie. „Wenn sie warm war wie ein Backofen, hat er das gespürt und hatte doch nicht die Kraft, ihr auszuweichen, und so gab es jedes Jahr ein Kind, das er eigentlich nicht wollte." – „Das weiß ich nicht", sagte Julie, „das ist mir zu hoch. Es könnte aber stimmen, was du sagen willst. Deswegen geschieht so viel Unglück, weil die Leute nicht wissen, was sie tun. In ihrem Verlangen sind sie fast wie Tiere. Darum nennt man in der Bibel das Weib ‚Schlange und Verführerin', so, als ob der Mann nicht beteiligt wäre." – „Bist du gescheit, Julie! Ich möchte immer mit dir so reden – und arbeiten", rief ich. Sie lachte: „Wir werden sehen, von mir aus können wir immer wieder auf dem gleichen Dienstplatz arbeiten, du und ich. Schlaf jetzt, morgen musst du wieder früh aus den Federn!"

Ab jetzt rief Gerhard, sooft er Julie und mich draußen arbeiten sah: „Julie, du Luder! Wieso gönnst du mir nicht dieses bisschen Glück?" Aus seinem Lachen konnte man gut heraushören, wie ernst er ein Techtelmechtel mit mir genommen hätte.

Undank oder Unrecht?

Frau Schaller kam mit einem Brief in die Waschküche: „Post für dich", sagte sie zu mir und wiegte ein Kuvert in den Händen. „Ist das nicht die Schrift deiner Mutter?" Ich nahm ihr den Brief aus der Hand und lief auf unser Zimmer. Ich war sehr aufgeregt. Die Frau stand noch immer in der Waschküche und unterhielt sich mit Julie. Ich wusste nicht, was ich sagen sollte, falls sie fragte, was es bei mir zu Hause so Wichtiges gebe.

Mutter hatte geschrieben, dass Frau Puchner, eine Geschäftsfrau in Pfarrwerfen, nach mir gefragt hatte, ob ich bei ihr in Dienst treten möchte. Sie bot monatlich vierhundert Schilling Lohn, Urlaubs- und Weihnachtsgeld extra. Ich versteckte den Brief in meiner Schublade und sagte zur Frau dass eine Hochzeit in der Familie bevorstehe. „Man muss es dir lassen", sagte sie, „lügen kannst du nicht, oder warum bist du jetzt so rot geworden?"

Am nächsten Morgen war unsere Chefin krank: Fieber und Migräne. Ich wurde zu ihr ins Zimmer gerufen. Sie schrie: Ob das mein Dank dafür sei, dass ich von ihr alles habe lernen dürfen – und nun werde sie so hintergangen. Nun würde ich sie im Stich lassen und für viel Geld als Wirtschafterin arbeiten. Am liebsten würde sie jetzt Lehrgeld von so einem dahergelaufenen Dienstboten verlangen. Ein Undank sei das, der zum Himmel schreie!

„Frau Schaller, ich habe noch nicht zugesagt", stotterte ich. Aber woher wusste sie überhaupt, was in dem Brief meiner Mutter stand? „Unser Zimmer ist unversperrt, Kathi, Schäfchen – sie kramt in unseren Schubladen", sagte Julie.

„Ich verlange, dass du bleibst, bis ich eine neue Stallmagd gefunden habe!", schrie die Frau. Das versprach ich mit leiser Stimme und war froh, zumindest vorläufig ihrer Gegenwart zu entkommen. Julie bestärkte mich darin, die Gelegenheit zu nützen, um endlich gerecht für meine Leistungen bezahlt zu werden.

An Mutter schrieb ich, dass Frau Schaller meinen Brief heimlich gelesen und sich sehr aufgeregt hätte. Und ob sie niemanden wisse, der nun an meiner Stelle bei Familie Schaller Dienst tun könnte. Sie könne Frau Puchner aber meine Zusage geben.

Die Stimmung im Haus war ab diesem Tag für mich fast unerträglich. Die Frau ging mit verweinten Augen umher und jammerte, schimpfte und beschuldigte mich, hielt mir kleine Fehler vor, die mir beim Kochen ab und zu unterliefen. Dann zwinkerte Julie mir aufmunternd zu, was heißen mochte: „Nimm es nicht schwer!"

Der Chef sagte in seiner leutseligen Art: „Unser Dirnei will uns verlassen – ich und alle meine Söhne sind traurig."

Ich hatte nicht damit gerechnet, niemand hatte damit gerechnet, dass meine Mutter der Situation so ein jähes Ende bereiten würde. Unangemeldet stand sie eines Tages in unserer Küche und sagte: „Mein Kind wird am Ende dieses Monats nach Pfarrwerfen kommen. Kündigungszeit hat sie keine, denn sie hat keinen Vertrag. Sie hatte nie Urlaub, hat kein Urlaubsgeld bekommen und kein Weihnachtsgeld, was ihr zugestanden wäre. Sie hat als Jugendliche viel zu viele Stunden gearbeitet, und falls Kathi am letzten Februar nicht daheim erscheint, zeige ich Sie an!" Sie forderte von der Frau auch noch, dass ich für die entgangenen Sonderzahlungen eine Entschädigung bekommen müsse, und zu mir gewandt sagte sie: „Günther wird dich am letzten Arbeitstag hier abholen, er wird dir helfen, deine Sachen zum Bahnhof zu tragen." Dieses Mal wagte ich es nicht, Mutter ein Stück zu begleiten.

Am Mittagstisch herrschte Schweigen, die Situation war für mich fast unerträglich. Ich überlegte, ob ich nicht einen Rückzieher machen und weiterhin um einhundert Schilling fast dreihundert Stunden pro Monat arbeiten sollte. Julie fragte, ob ich noch bei Trost wäre, und ob ich die leisesten Anzeichen vernommen hätte, dass die Chefleute mir eine Lohnerhöhung angeboten oder Urlaubs- und Weihnachtsgeld zugesagt hätten. Nein, das hatten sie nicht. Die Frau knallte die Türen, wo immer sie sich bewegte.

Ich brauchte an diesem Abend eine Arbeit, die mich ablenkte, denn an Schlaf war nicht zu denken. Ich begann, Männerhemden zu bügeln. Wir hatten ein elektrisches Bügeleisen. Die Wäsche wurde mit einem in Wasser getauchten Wedel

„eingesprengt". Die Hemdkrägen waren gestärkt. Um sie glatt zu bekommen, machte man ein Taschentuch nass, streckte den Kragen mit Sorgfalt und bügelte lange über das nasse Taschentuch; es durfte natürlich kein Fältchen im Hemdkragen sein. An diesem Abend wollte ich alle Herrenhemden bügeln, zwanzig Stück, denn nächste Woche war ich nicht mehr da, und Julie würde genug zu tun haben; außerdem konnte ich auf diese Weise meine Unruhe und Aufregung abreagieren.

Für ein Hemd durfte man zwölf Minuten brauchen, dann war man gut. Als ich bei Schaller angefangen hatte und erst lernen musste, Herrenhemden richtig zu bügeln, passierte es mir manchmal, dass ein Kragen nicht mehr weiß, sondern vom heißen Eisen gelb war. Dann musste man Zitronensaft draufträufeln, und wenn man Glück hatte, wurde der Stoff dadurch gebleicht; wenn nicht, musste das Hemd noch einmal in die Wäsche. „Das kostet Zeit und Geld", jammerte die Frau, wenn sie mich dabei erwischte, wie ich mit Zitronensaft versuchte, den versengten Stoff wieder weiß zu kriegen.

Sepp und Kurt kamen zu mir ins Bügelzimmer. „Dirndl", sagten sie, „wie machst du uns traurig. Komm, hör auf zu bügeln, wir trinken zum Abschied ein Glaserl Wein aus Vaters Keller!" Julie war schon in der Küche, sie hatte eine Flasche Rotwein und Gläser bereitgestellt. Ich war verlegen, wusste nicht, wohin ich schauen sollte, als Sepp sagte: „Wie ist das bei dir? Du lockst wie ein Weibchen, und sobald man dich anlacht, schaust du weg." Kurt sagte: „Weil sie nicht weiß, dass sie ein Weibchen ist. Wir werden nie vergessen, wie liebevoll du uns an Sonntagen den Kopf gewaschen hast. Einem nach dem anderen. Man hat gemerkt, dass du immer verliebt in uns warst …"

Das wurde damals von mir verlangt – den Burschen in einer Waschschüssel den Kopf zu waschen. An warmen Tagen taten wir das vor dem Haus, wo ich einen Krug mit warmem Wasser zum Abspülen der Haare bereitstellte. Nun erinnerte ich mich wieder, wie sehr so viel Nähe mich aufgewühlt und schwach gemacht hatte. Wahrscheinlich war ich bei diesem Tun öfter als einmal „warm wie ein Backofen" gewesen. „Sei froh", sagte Julie später, als wir zu Bett gegangen waren, „sei froh, dass nichts passiert ist! Die Frau hätte dich als Verführerin hingestellt. Nach ihrer Auffassung wären ihre Söhne deine Opfer gewesen." Über diese Sichtweise mussten wir beide lachen.

„Eigentlich bist du uns schon noch etwas schuldig", hatte Kurt bei dem Geplänkel gesagt. „Was?", fragte ich erschrocken. „Was bekommen wir dafür, dass wir sehr oft, ja, fast jeden Sonntag früh, bevor die Kirchgänger kamen, die Leiter unter deinem Kammerfenster weggetragen haben?" – „Die ,Fensterlbuben' haben nach Julie gerufen, sie haben Julie gefragt, ob sie das Fenster aufmacht, nicht mich", behauptete ich, um von mir abzulenken. „Ja", riefen sie lachend, und auch Julie wieherte jetzt vor Lachen, „sie haben Julie gebeten, das Fenster aufzumachen, aber um bei dir zu schlafen, nicht bei Julie! Aber Julie hat stets wie ein Drache über deine Unschuld gewacht."

Wir alle lachten Tränen, da trat der Chef ein. „Was ist da so lustig?", fragte er. „Wir verabschieden unser Dirnei, und da müssen wir mit ihr ernsthaft abrechnen", war die Antwort. „Darf ich wissen, was sie angestellt hat?", fragte er launig. „So eine kriegen wir nie mehr", sagte er und stieß mit mir an. Ich war gerührt und erwartete, dass er eine Lohnerhöhung vorschlägt. Hätte er das getan – Lohnerhöhung um einhundert Schilling –, ich hätte die Kündigung rückgängig gemacht.

Als Julie und ich in unserem Zimmer waren, sagte sie: „Kathi, deine Art, alles zu glauben, macht mir Sorgen. Denkst du, wenn der Chef sagt, dass wir nie mehr ein Mädel wie dich bekommen, dass er dir deswegen mehr Lohn zahlt?" – „Ja, ganz kurz hatte ich das erwartet, und ich wäre geblieben." – „Das konnte ich von deinem Gesicht ablesen", sagte sie, „genau das macht dich so einmalig und so schutzlos. Der Chef hat dir ein kleines Kompliment gemacht, mehr nicht." – „Ich glaube, ich habe jetzt alles verstanden", sagte ich.

Am nächsten Morgen sagte die Frau beim Frühstück, dass Erika, die zehn Jahre alte Kuh, an den Schlachthof verkauft worden sei. „Wir kriegen keine Magd, die in den Stall geht", erklärte der Chef. „Weil die jungen Dinger sich nicht mehr dreckig machen wollen", ergänzte seine Frau. An diesem Tag hatte ich Erika also ein letztes Mal gemolken, wie gut, dass ich das noch nicht gewusst hatte. Frau Schaller weinte schon wieder, dieses Mal um Erika, die „ein Leben lang" im Stall gestanden war und die Familie mit bester Milch versorgt hatte. Und die nun ein Schicksal erwartete, das sie nicht verdiente. „Dir ist alles egal, du hast kein Gefühl", sagte sie zu mir. „Kannst du das mit ansehen, dass Erika ins Schlachthaus muss?" Als ich nicht reagierte, ging sie händeringend in ihr Büro.

Als ein Knecht aus dem Schlachthaus vor der Tür stand, um das Tier abzuholen, zitterten meine Beine. Erika trottete aus dem Stall, Tränen rannen aus ihren Augen, und Frau Schaller sagte vorwurfsvoll: „Ein Tier fühlt genau wie ein Mensch, das könnt ihr hier sehen."

PFARRWERFEN

Als Köchin in einem Geschäftshaushalt

Endlich daheim! Die Spannungen der letzten Tage abschütteln, wieder zu Hause sein, das war ein gutes Gefühl. Vater grinste wie immer und sagte: „Du kannst sehr gut kochen, sagt Mutter. Du kannst froh sein, dass Tante Rosa dich bei Schaller empfohlen hat, damals." – „Aber die Kastanien aus dem Feuer holen musste ich", regte Mutter sich jetzt auf. „Du warst zu feig", rief sie in Vaters Richtung, „von dir aus hätte das Kind noch zehn Jahre um hundert Schilling weitergeschuftet! Schließlich hast du mit Frau Schaller den Hungerlohn ausgehandelt."

Mutter war nicht mehr die Kriegerin mit der Haarkrone, die aus dem Nichts aufgetaucht war, um Recht für ihre Tochter zu erwirken, die den Chef angefunkelt hatte, sodass seine Zweimetergestalt schrumpfte. Jetzt war ihr Gesicht grau, der linke Mundwinkel war schief, das linke Augenlid hing über das Auge; ihr Gesicht war entstellt, seit sie damals die Gesichtslähmung hatte. Der giftgrüne, glockig geschnittene Wintermantel war weggehängt. Sie trug eine geflickte Schürze und einen hundertmal gewaschenen Kittel.

„Sie hat selbst einen Verstand", verteidigte sich Vater, „und sie hat ein ebenso gutes Mundwerk wie ihre Mutter." – „Danke, Mutter, dass du mich herausgeholt hast, ich hätte mich nie getraut, ein Wort zu sagen", versuchte ich, Frieden zu stiften. Ich schlief schlecht in der ersten Nacht zu Hause, ich zerbrach mir den Kopf: Bin ich nach Vater geraten oder nach Mutter? Ein gutes Mundwerk, ja vielleicht, aber wenn es darauf ankam, war ich oft zu feig, um für mich zu reden.

Frau Puchner bat mich, ob ich sofort bei ihr anfangen könne. Eigentlich wollte ich zwei Wochen Urlaub machen, schaffte es aber nicht, Nein zu sagen.

Ich war nun nicht mehr Stallmagd, sondern Köchin in einem großen Geschäftshaushalt. Frau Puchner, ihre vier Kinder, zwei Verkäuferinnen und ich lebten in diesem Haushalt. Ihren Mann hatte Frau Puchner nach dem Krieg verloren, er war an Lungenkrebs gestorben. Sie war wahrscheinlich einmal eine schöne Frau gewesen, jetzt war sie ein Schatten ihrer selbst, abgearbeitet und müde. Dennoch bewunderte und schätzte ich sie sehr.

Die Atmosphäre im Haus war getragen von gegenseitiger Achtung, Frau Puchner sprach uns Angestellte mit Vornamen und mit „Sie" an. Die Kinder waren gut erzogen, die Mutter hatte es verstanden, die Kinder mit den Worten „Was würde euer Vati dazu sagen?" zum Gehorsam zu erziehen. Gerhard, der Älteste, ein Jahr älter als ich, arbeitete in Salzburg auf einer Bank. Susanne war zwei Jahre jünger als er und bei ihrer Mutter in der Lehre, Viktor und Walter gingen in Bischofshofen in die Hauptschule.

Frau Puchner gab mir einen Dienstvertrag, mir waren zwei Wochen Urlaub, Urlaubsgeld und Weihnachtsgeld zugesichert und pro Monat vierhundert Schilling Gehalt. Eine geregelte tägliche Arbeitszeit war selbstverständlich.

Meist stand ich um sechs Uhr auf und bereitete das Frühstück vor. Frau Puchner ordnete um diese Zeit schon im Geschäft manche Dinge, sie räumte Stellagen ein oder aus. Sobald die Kinder im Wohnzimmer Platz genommen hatten, setzten sich alle zu Tisch, um sich auf den Tag vorzubereiten. Anweisungen, Fragen, Gegenfragen, alles wurde in freundlichem Ton ausgetauscht, aus dem Radio erklang meist klassische Musik. Gerhard fragte manchmal, ob ich ein bestimmtes Stück oder einen Komponisten kenne, wer diese oder jene Oper dirigierte. Stets musste ich verneinen und erklärte, ich hätte bis jetzt keine Zeit gehabt, mich für derlei Dinge zu interessieren. Ich wollte nicht zugeben, dass ich lieber Tanzmusik oder Volksmusik hörte. Wenn die Schüler aus dem Haus waren, bat Frau Puchner mich ins Geschäft und ordnete an, was ich an diesem Tag zu kochen hätte. Sie stellte die Lebensmittel dafür zusammen, und ich musste in ein Buch das Datum und die verwendete Menge eintragen; die Kosten berechnete sie monatlich. Auf diese Weise hatte sie Kontrolle über die Haushaltsführung. Das gefiel mir; ich übernahm diese Haltung und schreibe seither Einnahmen und Ausgaben täglich auf, bis heute.

Jede von uns Angestellten hatte im Dachgeschoß ein eigenes Zimmer. Meines war mit Holzmöbeln einfach eingerichtet. Es lag hin zur Hauptstraße, während die Zimmer der beiden Verkäuferinnen, Gitti und Maria, die Fenster zum Innenhof hatten. Die beiden waren seit vielen Jahren bei Frau Puchner im Dienst und hatten sich ihre Zimmer nach eigenem Geschmack eingerichtet. Zu ihnen hielt ich einen gewissen Respektabstand, schließlich waren sie fast zehn Jahre älter als ich, und das ist viel, wenn man nicht einmal achtzehn ist.

Susanne Puchner stand mir näher. Wir gingen abends spazieren oder gemeinsam nach Werfen ins Kino, wenn Susannes Mutter dies erlaubte. Wir waren unbeschwert und manchmal kindisch. Frau Puchner erbarmte mir, denn meist saß sie abends am Schreibtisch, machte Buchhaltung oder schrieb Bestellungen und hörte nebenbei klassische Musik. Oft rannen Tränen über ihre Wangen. Was mich noch mehr verwunderte: Sie konnte freundlich mit uns sprechen, während sie weinte. Ich fragte sie, ob es ihr nichts ausmache, wenn wir Mädchen weggingen und sie allein ließen. Dann sagte sie, dass sie froh sei über meine Unbekümmertheit und dass sie sich den Kindern gegenüber schuldig fühle, weil sie ihnen nur Schwermut biete. Sie freue sich, wenn sie Susanne lachen höre.

In dem großen Haus mit Warenmagazin, Heizraum und Kohlenkeller fehlte eine Waschküche; wir hatten im Jahr 1954 noch keine Waschmaschine. Die Feinwäsche wusch ich wöchentlich in der Badewanne und hängte sie auf eine Wäschespinne. Bett- und Tischwäsche, Geschäftsmäntel und sonstige Bekleidung mussten wir in einem Handwagen nach Werfen karren, wo wir bei Verwandten einmal im Monat die große Waschküche benutzen durften. Es mag ein verwegener Anblick gewesen sein, wenn wir, den Leiterwagen voll bepackt mit

Wäsche, über die Landstraße zogen. Meist meldete Gitti sich freiwillig, um mir zu helfen. Wir waren belustigt, wenn Menschen uns verwundert anstarrten, wir scherzten und spotteten über die offenen Münder und drehten den Leuten lange Nasen.

Waschen war eine anstrengende Tätigkeit. Der Waschkessel wurde geheizt, die Bettwäsche aus weißem Linnen wurde schon am Vorabend eingeweicht. Am nächsten Morgen fuhr ich nach dem Frühstück nach Werfen, um den Kessel zu heizen und die Weißwäsche zu sieden. Später kam Gitti nach, und wir bürsteten und wrangen die großen Wäschestücke. Im geschlossenen Raum, im Dampf des kochenden Wassers, rann uns schnell der Schweiß über den Rücken.

Gegen zehn Uhr brachte eine Magd für uns eine Jause, und wir durften uns kurz ausruhen. Das Mittagessen wurde gegen dreizehn Uhr in der Gesindestube für uns aufgetischt; die anderen hatten schon früher gegessen. Mittagspause gab es keine, dazu war unsere Zeit viel zu kostbar, aber wie waren wir zufrieden und stolz, wenn ein Waschtag vorbei war! Wir wussten, dass wir viel geleistet hatten.

Das große Haus sauberhalten, Berge von Wäsche bügeln, Fenster putzen, für acht Leute täglich zweimal kochen, Gemüse und Kräuter anbauen, Marmeladen einkochen, im Geschäft Gemüse aussortieren und verarbeiten – ich arbeitete mit viel Elan und Freude und war trotzdem abends oft unterwegs, ins Kino oder zum Tanzen. Wenn ich meinen Eltern davon erzählte, rief Mutter jedes Mal: „Gehst nicht schlafen, bist nicht zu müde?" Vater grinste ein wenig, und mir schien es manchmal, als würde er darauf warten, dass ich einen Verehrer anschleppte.

Monika, die in einer Schneiderwerkstätte in der Lehre war, war mir um Längen voraus, obwohl sie erst sechzehn war. Ihr Liebster war sechsundzwanzig, ein großer, fescher Mann und ein tüchtiger Beamter. „Das ist doch nichts Ernstes", sagte Mutter, „das ‚Kind' ist noch viel zu jung." – „Dirndl, sei gescheit", sagte Vater, „er ist um zehn Jahre älter als du, er ist tüchtig und sparsam, lass ihn nicht mehr los!"

Günther ließ sich nicht in die Karten schauen. Er war sportbegeistert, und es sah aus, als interessierten Mädchen ihn nicht.

Gegen Ende der Fastenzeit begann Frau Puchner, Eierfarben zu sieden. In großen Töpfen kochte sie Tischlerleim, den sie rot, braun, grün oder gelb einfärbte. Sie goss das heiße Gebräu in verschiedene Wannen. Wenn der gefärbte Leim fest war, stürzten wir ihn aus der Wanne und schnitten ihn in kleine Würfel; damit färbten wir gekochte Eier. Im Geschäft verkauften wir sowohl die Leimfarben als auch gefärbte Eier. Die Kundschaft war begeistert, denn diese Farben konnte man sonst nirgends kaufen. Die gefärbten Eier waren Unikate, keines glich dem anderen. Man konnte Muster und Figuren gestalten und dabei seine Fantasie spielen lassen. Die Ergebnisse waren oft nicht vorhersehbar, aber immer schön.

In der Karwoche waren die Abende lang, einmütig saßen wir Frauen um den großen Tisch. Abwechselnd sangen wir, jemand erzählte eine Geschichte, meist hörten wir aus dem Radio klassische Musik, oder Frau Puchner erzählte Begebenheiten aus der Zeit, als ihre Kinder noch klein waren.

Immer endeten ihre Geschichten mit dem Tod ihres Gatten, mit den traurigen Jahren, als er krank geworden und viel zu jung an Krebs gestorben war. Sie war allein auf sich gestellt in den schwierigen Nachkriegsjahren, mit vier kleinen Kindern. Das Geschäft zu führen kostete sie unendlich viel Energie. Dann war es vorbei mit Liedern und Musik aus dem Radio, Frau Puchner rannen Tränen über die Wangen. Wir wagten nicht, ihr ins Gesicht zu schauen oder etwas dazu zu sagen, so gerne wir ihr Trost zugesprochen hätten. Meist war es weit nach Mitternacht, wenn wir mit leisem Gutenachtgruß, bedrückt und scheu, aber heilfroh, der Situation zu entrinnen, zu Bett gingen.

Zwischen Träumerei und Wirklichkeit

Als im Frühjahr der Garten für die neue Saat vorbereitet werden sollte, wurde eine der Verkäuferinnen gebeten, mir bei der Arbeit zu helfen. Meist meldete sich Susanne freiwillig. Wir gruben Erde um, holten in einer Scheibtruhe Mist vom Nachbarn. Die anstrengende Arbeit machten wir wie nebenbei, denn wir erzählten uns von Kinofilmen, die wir gesehen hatten, wie „Bitterer Reis" mit Silvana Mangano. Ich träumte davon, einmal so berühmt und so schön zu sein wie sie, so mutig die Schenkel zu zeigen, so frech zu lachen. „Du möchtest so schwarze Haare haben und genauso ein freches Gesicht", grinste Susanne und bereitete so meinen Träumen ein Ende. Ich fühlte mich ertappt, denn ich war unglücklich mit meinem Vollmondgesicht und den dünnen Haaren. „Du wirst bestimmt eine ganz tüchtige Frau und bekommst viele Kinder", versuchte Susanne zu trösten. Sie hatte leicht reden, sie war die Tochter einer Geschäftsfrau, ihre Familie hatte Ansehen und Besitz. Egal, einmal wollte auch ich die Welt aus den Angeln heben, auf welche Weise, wusste ich noch nicht.

In jener Zeit gehörte es für uns Mädchen zu den wichtigsten Dingen, für Tanzkurs und Abschlussball das richtige Kleid zu haben und ein bisschen umschwärmt zu sein. So gerieten Gitti und ich in einen Wettstreit mit unserer Dienstgeberin. Kaufte Frau Puchner zum Ball ein Taftkleid für ihre Tochter, so kaufte ich – auf Gittis Rat hin – für mich ein ähnliches. Das konnte ich mir bei meinem Verdienst leisten. Susanne war knabenhaft schlank, ich hatte inzwischen weibliche Rundungen.

Susanne wurde im Tanzkurs von Kunibert verehrt, einem ernsten Mann aus gutem Hause, ich flog beim Tanzen von einem Arm zum nächsten. Während Kunibert Susanne in ritterlicher Manier nach Hause begleitete, trippelte ich wie das berühmte fünfte Rad am Wagen neben ihnen her. Kunibert war viel zu höflich, um mich wegzuschicken, und Susanne behauptete, dass sie froh sei, wenn ich nicht von ihrer Seite wich.

Zum Abschlussball begleitete Frau Puchner ihre Tochter. An diesem Abend hatte mich Fred als Tanzpartnerin ausgesucht, ein fescher, umschwärmter Junggeselle, der einen anspruchsvollen Posten am Gemeindeamt Bischofshofen hatte. Er blieb den ganzen Abend an meiner Seite. Wenn ich von anderen zum Tanz aufgefordert wurde, tanzte er nicht, sondern wartete, bis ich wieder bei ihm Platz nahm. Fred hatte Charme und Eleganz, führte auch mit Frau Puchner angeregte Gespräche, und ich hatte den Eindruck, dass er ihr als Verehrer ihrer Tochter besser gefallen hätte als der schlaksige Kunibert. Auf der Heimfahrt im Zug sagte sie zu mir: „Fred meint es mit Ihnen bestimmt nicht ernst." – „Darüber habe ich nicht nachgedacht", erwiderte ich knapp, aber in mir brannte die Demütigung.

In diesem Winter lebte ich den Fasching aus wie nie zuvor, selten ging ich vor vier Uhr morgens heim. Wenn in einer Runde gesungen wurde, vergaß ich die Zeit und vergaß auch, dass ich einen anstrengenden Arbeitstag vor mir hatte. Manchmal musste ich mich schnell umziehen, um noch rechtzeitig das Frühstück zu machen.

Frau Puchner bemerkte eines Morgens, dass ich einen hartnäckigen Husten habe. Dieser Husten gefalle ihr gar nicht, auf diese Weise habe auch ihr Mann gehustet.

Ein Kunde von uns, ein pensionierter Professor, verwickelte mich gerne in ein Gespräch. Er bereitete Susanne auf die Abschlussprüfung in der Berufsschule vor, und ich fragte, ob ich zum Unterricht mitkommen dürfe. Noch zwei Mädchen aus der Berufsschule waren dabei. Mir dauerte es meist viel zu lange, bis sie auf seine Fragen antworteten. Der Hauptschulstoff war in meinem Gedächtnis abrufbar, ja, ich lebte richtig auf an diesem Abend.

Der Herr Professor schwärmte am nächsten Tag im Geschäft von mir; das hätte er nicht tun sollen. Frau Puchner verbot mir, weiter an diesem Unterricht teilzunehmen. „Aber er hat doch gesagt, dass ich dabei sein darf", rief ich. „Ich aber bezahle die Stunden." Das war eindeutig. Sooft der Professor mich sah, sagte er: „Sie werden es weit bringen in Ihrem Leben."

Da ich mir selber nicht allzu viel zutraute, beschäftigte mich lange die Frage, was der Professor mit diesen Worten gemeint haben könnte. Auf keinen Fall wollte ich leben wie meine Mutter, die im Sommer den Bauern bei der Heuernte half, weil sie sich bei der schweren Arbeit „wie dahoam" fühlte. Freiwillig gaben ihr die Bauern einen kleinen Stundenlohn, von sich aus hätte sie nie einen Groschen gefordert. Und sie war zufrieden, wenn sie sich vom selbst verdienten Geld kleine Wünsche erfüllen konnte. Dann erzählte sie stolz, zu welcher Leistung sie imstande war und wie oft die Jungbäuerin sie gelobt habe.

An Regentagen räumte sie im Sägewerk auf, in dem auch Vater gearbeitet hatte. Bei der Herstellung von Brettern fiel Kappholz* an. Arbeiter füllten dieses Holz in einen großen Buckelkorb, den Mutter vom Sägekeller über eine steile Stiege bis zum Vorplatz trug. Dort kippte sie das Holz auf einen Anhänger, den sie am Abend nach Hause zog. Für diese Arbeit einen Mann einzustellen hätte sich für das Unternehmen nicht gerechnet. Mutter bekam, wenn es dem Unternehmer einfiel, ein paar Scheine, die er beiläufig aus seiner Jackentasche zog. Außerdem war sie zum jährlichen Betriebsausflug und zum Weihnachtsessen eingeladen.

Sie war am Abend hundemüde, wirkte aber trotzdem wie aufgezogen und erzählte, was sich im Sägekeller zugetragen oder Arbeiter ihr erzählt hatten. Wer sollte ihr zuhören?

Vater und Günther arbeiteten bei einer großen Baufirma in Bischofshofen. An den Abenden verschanzte sich Vater hinter seiner Zeitung, und Günther verschwand meist wortlos, sobald er gegessen hatte. Ich hatte meinen Kopf mit anderen Dingen voll, wollte erzählen, welche Bücher ich in der Bibliothek ausgeliehen hatte. Wir redeten, jeder über seine Interessen, aber keiner hörte dem anderen zu.

Günther hatte sich Schier gekauft und ging jeden Sonntag mit Kollegen in die Berge. Ich bewunderte ihn, für mich aber sah ich keine Möglichkeit mitzuhalten. Ich hatte nur einen freien Sonntag im Monat, und da wollte ich mich ausschlafen.

Meine Schwester Monika hatte sich gleichzeitig mit mir für einen freien Sonntag daheim angesagt. Wir gingen tanzen und hatten vor, den Sonntag zu verschlafen. Wir hätten unsere Mutter besser kennen sollen, denn schon um sieben Uhr stand sie im Zimmer, riss die Vorhänge auf und rief: „Faule Weiberleut, aufstehen, schämen tät ich mich, so lang zu schlafen!" Dann saßen wir in der Küche, lustlos und enttäuscht. Für Aufmunterung sorgten unsere kleinen Geschwister. Wir durften ihnen bei den Aufgaben helfen.

Martha war zwölf; sie war groß und dünn, ihr rotes Haar trug sie geflochten in dicke Zöpfe. In die Schule ging sie nur, weil es sein musste. Sie wollte Kellnerin werden und später einen reichen Mann heiraten. Manfred war ein rundlicher, drolliger Bub und von seinem Wesen her gemütlich. Er war auf seinen Lehrer nicht gut zu sprechen und wusste schon, dass er nicht in die Hauptschule gehen wollte. „Ich werde ein Handwerker wie Vater", sagte er. „Aber die Berufsschule musst du schon bestehen!", erwiderte ich ein wenig streitlustig. Mutter saß am Spinnrad, ihr Gesicht war verschlossen, Vater redete von den Plänen, dass der Schiklub Pfarrwerfen unter Mithilfe von Freiwilligen nun endlich darangehe, die geplante Schihütte zu bauen.

„Die Gemeinde hat ein Grundstück auf dem Ladenberg gekauft; wir können mit den Aushubarbeiten anfangen, sobald der Schnee weg ist. Die Jugend braucht solche Aufgaben, ihr werdet schon sehen, wie sie dafür zu begeistern sind. Der Bürgermeister hat mich gefragt, ob ich mitmache. Günther will an Wochenenden auch mitarbeiten." Mutter brummte übel gelaunt: „Der Walcher und der Bürgermeister, wer sonst?"

Eines Tages arbeitete ich allein im Garten von Frau Puchner, ich setzte Salatpflanzen, als ich merkte, dass mir jemand dabei zusah. Herr Knabl stand hinter mir, und als ich mich aufrichtete, fragte er, ob ich Lust hätte, mit ihm privat tanzen zu gehen. Mir schwindelte. Der elegante, gebildete Herr wollte mich ausführen? „Wir essen in einem gediegenen Restaurant, anschließend tanzen wir im Moccador, und ich reserviere für uns ein Zimmer im Hotel Sonnblick in Zell am See. Du willst doch?" Ich nickte zu allem, was er vorgeschlagen hatte, und zählte die Tage bis Samstag.

Wer waren alle meine Tanzkollegen, diese dummen, jungen Verehrer? Sie waren unsicher und plump, nie konnte man sich auf sie verlassen. Warum aber gefiel ich Herrn Knabl, wieso lud er mich ein, mit ihm in einem eleganten Restaurant zu essen? Er riskierte, von Bekannten gesehen zu werden, *mit mir* gesehen zu werden. Vielleicht macht er mir einen Heiratsantrag?

Dann erzählte ich Gitti von diesem Treffen. „Weißt du nicht, dass er dreißig Jahre älter ist als du, dass er geschieden ist und als Tanzlehrer viele Gelegenheiten hat, mit Frauen auszugehen?" Mir fiel die Begebenheit mit Gerhard ein, dass er sinnlich und werbend mit mir getanzt und es ebenfalls nicht so gemeint hatte. Nun fragte ich mich erst, warum Herr Knabl mich nicht offiziell bei Frau Puchner abholen wollte, sondern an einem abgelegenen Ort. Es fiel mir wie Schuppen von den Augen, und ich ärgerte mich, dass ich immer noch gleich naiv war. Wäre ich in ein Abenteuer gelaufen, wenn Gitti mich nicht aufgeklärt hätte? Wie weit konnte ich es im Leben tatsächlich bringen, wenn ich so gutgläubig war? Ich ließ die verabredete Stunde verstreichen und erfreute mich an der Vorstellung, dass Herr Knabl wartete und wartete, auf die Uhr sah und wartete.

„Sie haben einen komischen Husten", sagte Frau Puchner immer wieder. Ich fühlte mich nicht krank und sagte meist: „Das geht wieder vorbei." – „Wissen Sie", sagte sie, „seit mein Mann an Lungenkrebs gestorben ist, habe ich ein feines Gehör für Husten. Ich bitte Sie, lassen Sie sich untersuchen!" Das versprach ich halbherzig, doch bald sollten die Ereignisse von selbst ins Rollen kommen.

Meine Godn heiratet

Mutter klopfte bei Frau Puchner an das Küchenfenster, sie hielt einen Brief in Händen. „Von deiner Godn Lisi", sagte sie. „Ich lasse den Brief hier, du kannst ihn später lesen, ich will dich nicht von der Arbeit abhalten." – „Komm, setz dich her! Fünf Minuten lang darfst du mich schon aufhalten." – „Lisi wird heiraten, mit sechsunddreißig Jahren." Ich freute mich für sie. „Sie hat recht, nun muss sie endlich nicht mehr unter der Herrschaft ihrer Mutter schuften", sagte ich, „noch dazu ohne Lohn."

Jahrelang hatten die Eltern ihr den kleinen Schattegghof versprochen, als Abgeltung für die Jahre, die sie ohne Lohn daheim gearbeitet hatte – im Sommer als Sennerin und im Winter als Stallmagd. Dann hatte sie von ihrer Mutter erfahren, dass der jüngste Bruder den Hof erben würde.

Jahrzehnte später – da war sie fast neunzig – erzählte meine Godn: „Ich war so verletzt, dass ich mir keinen Rat wusste, als zum Bürgermeister zu gehen und zu fragen, wie ich daheim zu meinem Recht kommen kann. So viele Jahre vertröstet zu werden, ohne jeden Lohn und Urlaub, und dann auch noch leer ausgehen, das war zu viel. Der Bürgermeister sagte, dass mein Vater mir als Ausgleich für meine unentgeltlich geleisteten Dienste einen Bauplatz und das Holz für den Dachstuhl, die Türen und die Fenster bereitstellen müsse und eine größere Summe Geldes. Das hat er getan, und damit habe ich angefangen zu bauen."

Als alte Frau erzählte die Godn an jenem Tag auch von ihrer großen Liebe: „Das Schicksal war damals gegen mich", begann sie. „Ich ging viele Jahre mit einem Soldaten, der im Krieg in Litauen verwundet wurde. Nach der Beinamputation hatte man ihn in ein Lazarett nach Klagenfurt verlegt, dort habe ich ihn oft besucht. Als er entlassen wurde, kam er zu uns auf den Hof. Aus dieser Verbindung stammt meine Tochter Theresia.

Es war alles in bester Ordnung, wir haben uns gut verstanden, er hat sich umschulen lassen und eine Arbeit in einer Kanzlei angenommen. Aber eine Witwe hat ihn mir ausgespannt. Sie hat ihm erzählt, dass er mit mir armem Bauerndirndl schlecht gestellt ist und dass er mit mir als zukünftiger Frau ,sein bestes Vaterunser in den Sautrog beten würde'. Schließlich ist er zu ihr gezogen, sie haben geheiratet, und er hat sich auch um sein Kind nicht mehr gekümmert."

Meine Godn war nicht verbittert, sie klagte nicht an, dass er sich von einer anderen hatte überreden lassen, sie nannte es schlicht „das Schicksal war gegen mich".

Schließlich wurde für sie, die Bauerntochter Elisabeth Schweiger, im Mai 1954 eine große Hochzeit, eine richtige Bauernhochzeit, ausgerichtet. Sie heiratete in Altenmarkt, das Hochzeitsmahl war in Reitdorf. Bäuerinnen in der Tracht, Mannsbilder im Lodengewand, mit dem Gamsbart auf dem Hut, zogen standesbewusst in die Kirche ein. Die Braut strahlte vor Genugtuung und Stolz. Der Bräutigam war ein großer, fescher Mann; er war viele Jahre älter als Lisi und arbeitete beim Forst*.

Beim Hochzeitsmahl waren neben der engeren Familie fünfzig geladene Gäste; meine Eltern und ich waren ebenfalls dabei.

Es ging hoch her, gar manchen Spottvers musste sich das Brautpaar anhören: dass die Braut sehr spät „unter die Haube" gekommen sei, dass der Brautvater den Schwiegersohn zur Heirat hätte überreden müssen, aber nichts schien die Freude des Paares trüben zu können. Lärm und Lachen erfüllten die Gaststube, und nach jedem Gstanzl* spielte die Musik einen Tusch. Jodeln und Singen wechselte sich mit schneidigen Schuhplattlern ab. Lisis Eltern ließen sich die Hochzeit ihrer Tochter einiges kosten, es sollte nach Familienfrieden und Harmonie aussehen, obwohl meine Godn ihren Eltern mit dem Gericht hatte drohen müssen, bis sie ihr eine Entschädigung zahlten, die ihr vom Gesetz her zustand.

Tanzerei mit Folgen

Als endlich der Tanz vom Brautpaar eröffnet war, sprachen einige Burschen uns Mädchen an. Sie sagten, dass in Altenmarkt eine moderne Band spiele, und wir sollten uns doch nicht mit Bauernjodlern abfinden, wo in nächster Nähe Jazz und Blues gespielt werde. Ich war sofort Feuer und Flamme für diese Idee, die Burschen holten ihre Räder, wir Mädchen schwangen uns auf die Fahrradstangen, und in waghalsigem Tempo sausten wir die Straße bergab. Der Wind war eisig, ich hatte über dem Dirndlkleid nur eine dünne Jacke an. „Beim Tanzen wird dir wieder warm", sagte mein Begleiter.

Das war ein Hallo im Jazzkeller, ich stürzte mich ins Gewühl, flog von einem Arm zum nächsten und wusste nicht mehr, ob ich vom Wein oder von der Musik berauscht war, als ich plötzlich einen wahnsinnigen Stich in meinem Rücken spürte und nach Luft rang. Mein Tänzer dachte zuerst, dass ich nur einen Jux mache. Er lachte und wollte mich weiter herumwirbeln, ich aber hing bewusstlos in seinem Arm.

Als ich wieder aufwachte, lag ich im Bett, und Julie beugte sich über mich. „Wo bin ich?", fragte ich. „Sepp war auch im Jazzkeller, er hat gesehen, dass du beim Tanzen ohnmächtig geworden bist. Und weil deine Bekannten hilflos hin und her gerannt sind, hat er dich in sein Auto verfrachtet und hierher gebracht. Einige junge Leute haben erzählt, dass du mit Freunden von einer Bauernhochzeit weggefahren bist, um im Jazzkeller zu tanzen. Sie verständigen deine Eltern, sie werden sicher bald da sein."

Frau Schaller trat ein und fragte mich etwas, aber es war mir nicht möglich, zu antworten. Das Atmen tat sehr weh, ich musste die Luft anhalten und hatte ein Gefühl, als ob meine Lunge geschrumpft wäre. Der Schmerz erlaubte mir höchstens, einen Bruchteil der Luft einzuholen, die ich gebraucht hätte, um tief durchzuatmen.

Als meine Eltern kamen, berieten sie mit Frau Schaller, wie sie mich zum Zug bringen könnten. Schließlich sagte Frau Schaller, dass uns Sepp mit dem Auto zur Bahnstation bringen solle, von wo es mit dem Zug nicht mehr so weit sei bis Pfarrwerfen. Wie wir heimkamen, wie ich es bis zum Diwan in unserer Küche schaffte, weiß ich nicht mehr. Ich weiß aber noch, dass Mutter jammerte, wie sehr sie sich schämen müsse, dass ich am nächsten Tag, einem Montag, so wie es aussehe, nicht arbeitsfähig sein würde: „Nach einer Tanzerei! Wir sind auch tanzen gegangen, aber wir haben uns nie etwas anmerken lassen, sondern am nächsten Tag gearbeitet für zwei." Der Diwan begann zu rotieren, ich segelte einen steilen Hang hinunter und dachte, dass ich sterbe. Es war schön, so dahinzusegeln, bis es wieder einen Ruck gab, und der Diwan stand still. Unser Arzt stand an meinem Lager, er hatte mir gerade eine Spritze gegeben.

„Lungenentzündung", sagte er, „ich habe Penicillin gespritzt, du wirst bald wieder gesund sein. Ich schreibe die Krankmeldung für Frau Puchner." – „Für wie lange?", fragte Mutter. „Mindestens sechs Wochen", sagte er kurz angebunden. Mir war jetzt alles andere egal, denn ich konnte wieder ohne Schmerzen durchatmen. In langen Zügen sog ich die Luft ein, ein neues Lebensgefühl durchdrang mich, ein Gefühl der Freude und Leichtigkeit. Mutter sagte, sie wolle zu Frau Puchner gehen, um ihr anzubieten, dass sie meine Arbeit für mich erledige, „wenigstens putzen und bügeln". Sie schäme sich noch immer, dass mir – beim Tanzen – so etwas passierte.

Susanne nützte die Mittagspause im Geschäft und besuchte mich. Sie sagte, dass ihre Mutti und die Verkäuferinnen sich beim Kochen abwechselten; wer gerade Zeit hatte, machte Küchendienst. Nach Geschäftsschluss klopfte Frau Puchner selber an. Ich freute mich, ihr Besuch ehrte mich, und ich wusste, dass sie nicht so dachte wie Mutter, dass es zum Schämen sei, wenn man krank wurde. „Kurieren Sie sich gut aus!", sagte sie. „Ich will Sie nicht wieder bei der Arbeit sehen, ehe Sie Ihre Lungen haben röntgen lassen. Ich habe Sie ja oft auf Ihren Husten angeredet, wie Sie sich erinnern werden. Ich habe mit Dr. Fürthauer gesprochen. Er sagt, dass Sie Glück hatten, Sie sind dem Tod in letzter Minute von der Schaufel gesprungen." – „So also ist Sterben", dachte ich, „einfach loslassen und in einem Sog davontrudeln – schade, dass es mir nicht gelungen ist."

Ich war sehr schwach, ans Arbeiten war nicht zu denken. In den Nächten schwitzte ich, dass ich das Nachthemd wechseln musste. Einige Wochen lang schlief und schwitzte ich bei Tag und Nacht. Mutter machte jeden Freitag Dienst bei Familie Puchner. Nein, sie nahm keinen Lohn an, da hätte sie sich geschämt.

Nach vielen Wochen war ich zu Dr. Fürthauer bestellt. Er horchte mich ab, sagte, dass es in meiner Brust immer noch rasselte, und gab mir eine Überweisung zum Röntgen.

Nun versuchte ich, stundenweise aufzustehen, kleine Spaziergänge im Freien zu machen. Susanne und manchmal auch Gitti holten mich in der Mittagspause ab. Mutter sah mich stumm und ungläubig an – ein so junges Dirndl und kann nicht arbeiten, das hatte sie in ihrem Leben nie gesehen!

Als der Befund des Lungenfacharztes vorlag, war ein Kopfschütteln meiner Eltern die Antwort darauf. Das sollte wohl heißen. „Das gibt's ja gar nicht!" In dem Befund stand: „Der linke Lungenflügel ist vernarbt. Die Patientin hat eine offene Tuberkulose durchgemacht, die nicht behandelt wurde." Dr. Fürthauer fragte, ob ich wisse, wann das gewesen sein könnte. Ich erinnerte mich wieder, dass ich bei der Heuarbeit auf dem Feld ohnmächtig geworden war, da war ich zwölf. Dann bei Tante Klara – die Fieberschübe, das Erbrechen. Auch mit fünfzehn

Jahren, auf dem Koglerhof, hatte ich mich bei der Feldarbeit übergeben.

Er sah mich kopfschüttelnd an: „Du hattest offene TBC, und deine Lunge hat sich verkapselt, obwohl dich keiner geschont hat?" – „Geschont? Nein. Sie haben ihre üblichen Verdächtigungen ausgesprochen, weil mir oft schlecht war. Sie haben gelacht und mich gedemütigt." Es brach aus mir heraus wie ein Gebirgsbach. Ich erzählte, weinte und schrie, stoßweise wanden sich die Ungeheuerlichkeiten, die ich in den Jahren zum Erwachsenwerden erlebt hatte, von meiner Seele. Dr. Fürthauer ließ mich gewähren und wartete, bis ich mich beruhigt hatte, dann sagte er: „Weißt du eigentlich, welche Rossnatur du hast, wie widerstandsfähig du bist? Du wirst dich an mich erinnern, wenn du den hundertsten Geburtstag feierst." Jetzt konnte ich wieder lachen.

Ich war wieder in Diensten bei Frau Puchner, nach und nach erholte ich mich völlig, aber noch putzte Mutter statt mir die Holzböden und jätete und erntete für mich im Garten. Ich vergaß, mich bei Mutter zu bedanken, dass sie meine Arbeit übernommen hatte, während ich den Lohn dafür bekam. Ich vergaß auch, mich bei Frau Puchner zu bedanken, für ihre Geduld und dafür, dass sie mich schonte und die Verkäuferinnen dazu anhielt, das Magazin aufzuräumen, schwere Kisten zu verrücken oder Säcke auf einen Anhänger zu verladen.

Mein Vater sagte mit Stolz in der Stimme, dass ein Bauernsohn bei ihm um meine Hand angehalten hätte. „Er wird dich bald besuchen und um dich werben." Mein Vater schien keinen anderen Wunsch zu haben, als mich an einen Bauern zu verheiraten. Mich berührten diese Dinge nicht, ich stellte mir immer das Gleiche vor und ging auf in diesem Gefühl, wegzusegeln, leicht wie ein Schmetterling davonzufliegen.

Gitti machte sich Sorgen um mich. Ich sei wie abwesend, und sie sähe mit Sorge, dass ich mich sehr verändert hätte. Ich erzählte ihr von meinem Todeswunsch. Energisch hielt sie mir vor Augen, wie undankbar ich sei, und dass mein Organismus nach diesen Jahren wie gestählt sei, dass meine Heilung ohne Unterstützung durch Medikamente und ohne Schonung eingesetzt hatte. „Also", rief sie erbost, „wo bleibt dein Einsehen? Am liebsten würde ich dich übers Knie legen."

Nach und nach begriff ich, dass mit mir wahrscheinlich ein Wunder geschehen war. Ich meinte, jetzt zu wissen, wann die Heilung begonnen hatte: im Internat, im Elisabethinum, wo ich nichts tun musste als lernen und lesen. Das hatte ich Frau Fachlehrer Mahringer zu verdanken, die für mich sogar einen Teil der Kosten für das Internat aufgebracht hatte. Nach vielen Gesprächen mit Gitti heilte mein Weltschmerz. Ich arbeitete wieder mit Freude und stürzte mich im Fasching von neuem ins „Nachtleben".

Frau Puchner regte an, wir Mädchen sollten zumindest in der Fastenzeit zur Beichte gehen, sie lege allergrößten Wert darauf. Susanne und ich gingen an einem Sonntag in die Frühmesse, wo man Gelegenheit zur Beichte hatte. Beim Mittagessen erzählte Susanne in ihrer Unschuld, der Beichtvater habe sie gefragt, ob sie verheiratet wäre. Der Blick von Frau Puchner ruhte auf meinem Gesicht: „Und, Kathi, hat der Priester Sie auch gefragt?" – „Sie sind noch neugieriger als der Pfarrer", antwortete ich schnippisch.

Es war ungeschriebenes Gesetz, dass Bürgersöhne um Töchter aus bürgerlichen Familien warben. Gleich zu Gleich, damit möglichst keine Komplikationen aus einer Verbindung entstanden. Ein Jungunternehmer hielt um die Hand Susannes an.

Das Klima im Hause Puchner war irgendwie anders geworden. Ich konnte mir keinen Reim darauf machen. Maria, die Verkäuferin, kündigte, weil sie eine Arbeit in Salzburg mit besserer Verdienstmöglichkeit gefunden hatte. Gitti verlobte sich mit einem Geschäftsmann. Er war in den besten Jahren, es war nur eine Frage der Zeit, dass auch sie heiraten würde.

Frau Puchner fragte mich einmal unvermittelt: „Wo ist Ihr Herr Fred geblieben?" Tief betroffen stotterte ich, dass ich nie daran gedacht hätte, jetzt schon zu heiraten.

Im Herbst 1954 war ich ein paar Mal mit auf dem Ladenberg, wo die Schihütte im Bau war. Mutter kochte an Samstagen Braten, backte Kuchen, wir bereiteten Kartoffelsalat zu und trugen alles im Rucksack hinauf. Das waren damals Feste der Lebensfreude. Vater hatte es richtig vorausgesehen, die jungen Leute waren begeistert, die Arbeit war niemandem zu anstrengend, wir sangen, lachten und schufteten.

Auf nach Vorarlberg

Vorarlberg, das westlichste Bundesland, so weit weg wie ein anderer Kontinent, war im Jänner 1954 plötzlich in das Bewusstsein Österreichs gerückt: Im Großen Walsertal, in Blons, hatte sich ein Lawinenabgang ereignet, der Dutzenden Menschen das Leben gekostet hatte. Ganze Familien waren ausgelöscht worden. Aber Blons wurde wieder aufgebaut, in den steilen Hängen Lawinensicherungen errichtet.

Gegen Ende des Jahres 1954 fegte ein Orkan durch das Vorarlberger Oberland und verwüstete den Waldbestand. Tausende Festmeter Holz lagen am Boden, die Nachrichtensender überschlugen sich mit Schreckensmeldungen. Dann kam ein Aufruf von der Forstverwaltung der Stadt Feldkirch: Man suche Forstarbeiter, die sich die gefährlichen Aufräumarbeiten zutrauten.

Mein Vater war sofort Feuer und Flamme und meldete sich bei der Forstverwaltung in Feldkirch. Nach dem ersten Gespräch war ihm klar, dass er zwei Jahre mit den Aufräumungsarbeiten in Vorarlberg zu tun haben würde. Mutter sagte nicht viel, der schiefe, verkniffene Mund und ihre Augen aber sprachen Bände, und auch ich dachte dasselbe: Er witterte noch einmal seine Freiheit. „Ja, geh nur, geh und tob dich aus!", sprang es über Mutters Lippen. „Goggin"*, sagte er ein wenig zornig, „wir werden Tag und Nacht schuften, sonst nichts, und ich bringe einen Haufen Geld heim." Zu Mutters Leidwesen motivierte er Günther, mit nach Vorarlberg zu gehen, dann schlossen sich noch einige Burschen aus Pfarrwerfen an. „Und was wird aus der Schihütte?", wandte Mutter ein. „Die bauen halt andere fertig, wir sind zu ersetzen." – „Da hast du aber deine Meinung über dich selbst gründlich geändert", sagte Mutter streitlustig.

Im Februar 1955 fuhren sie ab in Richtung Feldkirch, voller Vorfreude auf Neues. Das westlichste Bundesland war für die meisten von uns ein weißer Fleck auf der Landkarte. Alle sechs Wochen machten die Männer für zwei Tage Heimaturlaub. Freitag in der Nacht fuhren sie mit dem Zug von Feldkirch ab, die Fahrt dauerte damals acht Stunden. Sonntagmittag ging es wieder zurück. Dazwischen schickten sie die Schmutzwäsche mit der Post, nur auf diese Weise hatten die Frauen daheim Anteil am Leben ihrer Männer.

Im Mai 1955 fragte mich Vater, ob ich mit ihm gehen möchte – als Köchin für zehn Waldarbeiter aus dem Pongau, in eine Baracke in der Nähe von Feldkirch. „Ich – zu zehn Holzknechten?", erwiderte ich, „diese groben Lümmel, nein, niemals!" Mutter fragte: „Warum eigentlich nicht? Du würdest viel Geld verdienen."

Einige Wochen später dachte ich wieder an das Angebot. Ich war unglücklich verliebt, ahnte, dass ich zum Narren gehalten wurde und schrieb an Vater, dass ich kommen wolle. Jetzt änderte Mutter ihre Meinung: „Bitte geh nicht nach Vorarlberg, dort heiratest du!" – „Ach was", sagte ich leichthin, „wohin denkst du?"

Frau Puchner nahm meine Kündigung an. „Ich habe kein Recht, Sie aufzuhalten", sagte sie. Ich würde bleiben, bis eine neue Köchin gefunden war. Susanne war verliebt, sie war nun Braut; wir hatten uns in den letzten Wochen weit voneinander entfernt.

Nur meine Mutter weinte, sooft wir uns sahen. Ich begriff das nicht, Günther war schließlich auch in Vorarlberg. Er schrieb launige Postkartengrüße. Er nannte Ortsnamen, die fremdartig klangen, wie Frastanz, Valduna, Fellengatter.

Den ganzen Juli 1955 regnete es in Strömen, Ende des Monats wollte ich nach Feldkirch aufbrechen. Eine Cousine von mir fuhr mit dem gleichen Zug in die Schweiz; sie ließ sich nach Bern in einen Haushalt verpflichten. Unser Zug in Richtung Feldkirch fuhr um Mitternacht von Bischofshofen ab.

Im Bahnhofsrestaurant waren ein paar betrunkene Kerle, die uns noch ausreden wollten, dass wir wegfahren, denn in

Vorarlberg gäbe es gerade Hochwasser. Sie lachten und signalisierten, dass sie sich auskannten mit dem Fremdsein. „In der Schweiz und in Vorarlberg habt ihr als Innerösterreicher nichts zu melden, dort zählt nur, wer etwas besitzt."

Der Zug war überfüllt. Als meine Cousine und ich endlich zwei Sitzplätze in einem Abteil ergatterten, halfen uns zwei Steirer, unser schweres Gepäck in das Netz zu heben. Auch sie fuhren in die Schweiz, um viel Geld zu verdienen. Jeder von uns glaubte daran, dass er in der Fremde ganz bestimmt das große Los ziehen werde.

Wir teilten unseren Proviant und tauschten Adressen aus. Ich war die Erste, die am Ziel ankam. Dann stand ich, übernächtig und müde, bei strömendem Regen mit meinem schweren Koffer auf dem Bahnhof Feldkirch.

Nach-Lese

„Je weiter man sich zurückerinnert,
umso mehr erklärt sich einem das Leben"[1]

Als ich mich 1955, dem Ruf meines Vaters folgend, nach Vorarlberg aufmachte, um für zehn Holzknechte aus dem Pongau zu kochen, wollte ich nicht lange bleiben. Ich wollte in die Schweiz, träumte von einem guten Posten mit hohem Verdienst in einem guten Haus. Ich träumte davon, einmal als vermögende Schweizerin zurückzukommen und „es" allen zu zeigen.

Aber da lief mir die „große Liebe" über den Weg, wie meine Mutter befürchtet hatte, und sie behielt nochmals recht: Ich „zog das Unglück an", bekam einen „nassen" Mann, wie sie prophezeit hatte.

Ist es ehernes Naturgesetz, unabwendbares Schicksal, in welche Familie man geboren wird? Wie weit ist das Leben, ist mein Denken und Handeln unbewusstes Nachahmen, weil Haltungen und Denkweisen der Eltern und Ahnen nicht in Frage gestellt werden?

Mit neunzehn Jahren, als Köchin, mit zehn Männern auf engstem Raum, spürte ich zum ersten Mal ein Hinausgeworfensein aus meiner Kindheit und hatte Heimweh nach meiner Mutter. Diese Männer passten auf, was ich redete, wen ich ansah und wie lange. Die Bewohner der Felsenau kamen, um mich, die Köchin der Holzer, zu bestaunen. Ich verstand ihren Dialekt

---

[1] Auch wenn ich die genaue Herkunft dieses Ausspruchs nicht angeben kann, möchte ich ihn als Motto über mein Schlusskapitel setzen, denn er hat mich bei meiner persönlichen Rückschau inspiriert.

nicht und nahm mir vor, nach wenigen Tagen wieder heimzufahren. Aber durfte ich die Männer im Stich lassen?

Es galt, selbständig zu entscheiden, was die Versorgung der Gruppe betraf. Ich musste mich behaupten gegen eine Männerwelt und gegen ein Ansinnen, das der Älteste bald an mich stellte: „Komm, tu nicht so blöd, kannst dir bei uns einen Batzen Geld verdienen!" Er sprach gleich in der Mehrzahl. Die verheirateten Holzer hatten Sehnsüchte, die sie sich nicht eingestehen wollten, während die Jungen Gelegenheit hatten, sich unter dem „Weibervolk" der Umgebung umzuschauen. Mein Vater, dem ich mich anvertraute, war sehr zornig, er stellte den Mann zur Rede und sprach ebenfalls in der Mehrzahl: „Lassts gefälligst meine Tochter in Ruhe!" Ich fühlte mich in Vaters Schutz, aber es war schließlich nicht verboten, die junge Dirn mit Blicken zu verfolgen.

Dann begegnete mir ein „arbeitsscheuer, nichtsnutziger Bursch", so betitelten ihn meine Landsleute. Sie konnten nicht begreifen, warum ich ihn und nicht einen der „Unsrigen" bevorzugte.

Viele Jahrzehnte habe ich unhinterfragt hochgehalten, was mir Eltern und Erzieher vorgebetet hatten. Auf alle Fälle war ich von Elternhaus und Kirche trefflich darauf vorbereitet, eine selbstlos dienende Frau zu werden. Den alkoholkranken, neunzehnjährigen Burschen, der sich mit Magenschmerzen auf dem Boden wälzte, der nur arbeiten konnte, wenn er die Schmerzen mit Schnaps betäubte – ich durfte auch ihn nicht im Stich lassen. Ohne nachzudenken, nahm ich ihm jede Verantwortung ab.

1956 fuhren die Holzer heim, die Schäden der Windwurfkatastrophe waren aufgearbeitet. Ich heiratete 1957, weil ein Kind unterwegs war. Dann folgten in zehn Jahren sieben Geburten, Elend, Angst und Überforderung – aber ich wusste, ich würde durchhalten. „Euch werde ich es noch zeigen …" – hatte ich es so gemeint?

Meine Familie, meine Eltern begriffen meine Entscheidungen nicht. Ich hatte jahrelang so sehr Heimweh, dass ich manchmal glaubte, verrückt zu werden. Besuche von daheim waren selten, Mutter oder Vater kamen höchstens einmal im Jahr. Aber wie hätte ich heimfahren können, mit so vielen kleinen Kindern und einem Mann, der mich brauchte? Außerdem war für die Zugfahrt kein Geld da.

Durch die Alkoholkrankheit meines Gatten waren wir Außenseiter. Ich –, eine „Zugereiste", von „dort unten herauf", aus „Innerösterreich", und er – aus dem verrufensten Stadtviertel von Feldkirch. Die Gesellschaft verachtete uns, Menschen griffen mich persönlich an, deshalb setzte sich ein Gedanke in mir fest: Ich werde ein Buch darüber schreiben, wie es ist, dieses Leben. In meiner Ohnmacht und Ausweglosigkeit polterte ich – noch im Verborgenen – der Gesellschaft entgegen: „Ihr sollt die Wahrheit erfahren, die ganze Welt soll es wissen!"

In den schwersten Jahren, als eine Katastrophe die nächste vorbereitete, erinnerte ich mich an mein Talent, ans Schreiben. Auf gut Glück sandte ich zwei Texte an die Redaktion der „Vorarlberger Nachrichten" und konnte dann von 1972 bis 1974 regelmäßig in der Rubrik „Blick der Frau" Kürzestgeschichten veröffentlichen, die zumeist aus dem eigenen Familienalltag gegriffen waren.

Ab dem Jahr 1976 begann ich, im Klub KÖLA[2]-Vorarlberg, unter der Leitung von Stefanie Job[3], Kurzgeschichten zu verfassen. Es waren Geschichten aus meinem Alltag, doch niemand hielt sie für wahre Geschichten. Professor Blauhut[4] gefielen sie, er veröffentlichte sie in der Literaturbeilage der „Bodensee-Hefte"[5]. Arrivierte Autoren im Klub fragten, wie ich dazu käme, mir „solche Widerlichkeiten" auszudenken und auch noch zu veröffentlichen.

Diese ersten Schritte, die Anerkennung meiner literarischen Tätigkeiten, waren für mich deshalb von sehr hohem Wert, weil ich plötzlich „Jemand" war und dadurch meinem Gatten in-

---

2   KÖLA: Klub österreichischer Literaturfreunde und Autoren

3   Job, Stefanie: http://www.literaturhaus.at/lh/service/auna/archive/job/

4   Blauhut, Robert: http://www.vorarlberg.at/vlb/felder/einzelaufnahmen/blauhut_robert_nachlass.htm

5   Bodensee-Hefte: 1950 gegründete Monatszeitschrift für den Bodenseeraum, erscheint seit 2004 als Neue Bodensee-Hefte.

nerlich davongegangen bin. Vielleicht habe ich ab diesem Zeitpunkt seine Lage begriffen.

Mein Mann starb 1982. Sieben Jahre danach begann ich, die Geschichte meiner Ehe zu schreiben – ich schrieb über Ausgrenzung, Scham, finanzielle Not, Gewalt und Ausweglosigkeit. Das bedeutete drei Jahre lang ringen, wüten, weinen. Immer wieder hineinzugehen in das eigene Innere – um irgendwann draufzukommen, dass die erwachsene Frau selbst entschieden hat. Dass ich ihn freiwillig geheiratet, dass es an mir gelegen hatte, wie oft ich mich demütigen ließ.

In diesem ersten Buch mit dem Titel „Frühere Hände"[6] nannte ich mich Katharina. Ich wollte nicht zugeben, dass *ich* die Frau des Alkoholikers war. Bei Lesungen wussten die meisten aber schon nach dem zweiten Satz, dass ich *meine* Geschichte erzählte. Trotzdem sprach ich bei Diskussionen viele Jahre lang von *ihr*, von Katharina. Eine Schülerin fragte, weshalb ich „sie, die Katharina" sage, wenn ich von mir erzählte. Meine Antwort war: „Es fällt mir leichter, von *ihren* Fehlern und Schwächen zu reden als von meinen."

Christa Wolf schreibt: „Das Vergangene ist nicht tot, es ist nicht einmal vergangen. Wir trennen es von uns ab und stellen uns fremd."[7] Durch das Geflecht der eigenen Erinnerungen zu gehen ist ein Wagnis. Du begibst dich in ein Labyrinth und weißt nicht, ob und wie du je wieder herauskommst. Man kann darin verrückt werden, und so mancher, der geglaubt hat, sich durchs Leben mogeln zu können, erleidet einen „eigenen, ganz persönlichen Tod", wie Angelika Aliti es ausdrückt.[8]

Ich bin beinahe verrückt geworden, denn ich habe mich plötzlich in einem Spiegel gesehen, als junge Frau, die ihre Kinder im Stich ließ, wenn sie geschlagen wurden. Bis dahin hatte ich mich für eine gute Mutter gehalten. Jetzt glaubte ich,

6   Elisabeth Amann: Frühere Hände, Wien u. a. 1996; 3. Auflage im Eigenverlag der Autorin, Feldkirch 2000. Restexemplare sind erhältlich unter: office@elisabethamann.com; Tel. 05522/82942.

7   Christa Wolf: Kindheitsmuster, Darmstadt-Neuwied 1977, S. 9.

8   Angelika Aliti: Die wilde Frau. Rückkehr zu den Quellen weiblicher Macht und Energie, Hamburg 1993, S. 245 ff.

mit diesen Schuldgefühlen nicht mehr leben zu können. Da trat im Spiegel meine Mutter zu mir. „Schau", sagte sie, „auch ich wollte euch nicht wehtun." – „Du auch nicht", sagte ich, „du auch nicht, Mutter."

Ich sah, dass sich Lebensgeschichten wiederholen, dass Haltungen übernommen werden von den Ahninnen und weitergegeben von Generation zu Generation. Eine wie die andere behaftet mit Schuld und Schuldgefühlen. Nun konnte ich meine Verfehlungen zugeben und meine Kinder um Verzeihung bitten.

Dass ich meine Lebensgeschichte von hinten aufrolle und erst jetzt meine Kindheitserinnerungen vorlege, liegt daran, dass ich durch das Buch „Frühere Hände" eine innere Befreiung erlebte. Ich befreite mich von dem eitlen Glauben, dass ich keine Fehler gemacht hätte. Als ich gelernt hatte, mir zu vergeben, konnte ich meinen Eltern vergeben. Nun konnte ich es wagen, noch einmal in das Labyrinth meiner Erinnerungen zu gehen.

Auch im neuen Buch nenne ich mich „Katharina" – aus denselben Gründen, die ich schon angeführt habe. Ich habe mich an Katharina gewöhnt, und es fällt mir leichter, ihre Schwächen und Fehler anzuschauen, um sie mir selbst zuzugeben.

Ich habe auch die Namen aller anderen Personen geändert, weil ich Probleme offen aussprechen wollte, ohne aber jemanden bloßzustellen und allzu Privates preiszugeben.

Mit den Kindheitserinnerungen stellte sich mir überraschend ein Schmerz in den Weg, der dem Schicksal meiner Mutter galt. Was wurde ihr alles angetan! Vor allem von meinem Vater, dem zärtlichen, immer heiteren, tüchtigen Mann, der für uns Kinder selbst die Schuhe herstellte und den Stoff für unsere Kleidchen zuschnitt. Er war seiner Zeit weit voraus, denn er badete uns Kleinkinder und ging mit uns spazieren. Er schob den Kinderwagen – welcher Mann hätte das Ende der Dreißigerjahre getan?

Meine Mutter aber demütigte er, spielte sie überheblich lächelnd an die Wand. Mit den Worten „Das kannst du nicht …" nahm er ihr die Arbeit aus der Hand, und er betrog sie immer wieder mit anderen Frauen. Ich sehe Mutters Augen – ernst, durchdringend und wissend. Und dennoch war sie so ohnmächtig in ihrer Stellung als „Magd". Sie war in ihrer einklassigen Volksschule die Beste, wie sie manchmal erzählte – wir glaubten ihr nicht.

Im Suchen nach Wahrheiten in der Vergangenheit erlebte ich Mutters Schmerz wieder und wieder. Seither spüre ich sie ganz nah, so, als ob sie in mir weiterlebt. Wenn meine Jüngste die Familienfotos unserer Ahnen betrachtet, ist sie tief gerührt. „Diese strengen, anklagenden Gesichter der Frauen – ich könnte weinen", sagt sie. Auch sie, obwohl sie ein völlig anderes Leben lebt.

Je weiter ich mich zurückerinnere, umso mehr erklärt sich das Leben – desto mehr kann ich lieben. Umso genauer sehe ich die vielen Facetten in mir und in den Charakteren der anderen Menschen. Wer von uns ist nicht aufmerksam und abwesend, tröstend und gleichgültig, fordernd und sich verschenkend? Wer ist nicht unendlich viel schuldig geblieben, wer nicht darauf angewiesen, dass ihm vergeben wird?

Glossar

anklöckeln, auch: anglöckeln – vorweihnachtlicher Brauch heidnischen Ursprungs, bei dem Menschen – vorwiegend an Donnerstagabenden im Dezember – verkleidet und/oder musizierend durch den Ort ziehen und für ihre Darbietungen beschenkt werden; in christlicher Deutung wird der Brauch mit der biblischen Herbergssuche und der Ankündigung der Geburt Jesu in Verbindung gebracht.

Arbeitsdienst – Kurzform für: Reichsarbeitsdienst (RAD); 1935 im nationalsozialistischen Deutschland geschaffene Einrichtung, in der „alle jungen Deutschen beiderlei Geschlechts" nach dem Schulabgang, spätestens ab dem 17. Lebensjahr, für ein halbes Jahr zu unentgeltlichen Arbeitsleistungen herangezogen wurden (v. a. Mithilfe in der Landwirtschaft, bei der Haushaltsführung in kinderreichen Familien, im Straßenbau u. Ä.) und während dieser Zeit großteils in Lagern untergebracht waren.

Aufruf – hier: in der Zeit kriegswirtschaftlicher Rationierungen während des Zweiten Weltkrieges wurde jeweils öffentlich verlautbart, wann bestimmte seltene Güter verfügbar waren und somit entsprechende Marken (z. B. für Textilien, Schuhe) eingelöst werden konnten

ausgelernt – mit abgeschlossener Lehre

ausradeln – mit dem Schubkarren wegbringen

Austragstüberl – Wohnraum (oder -räumlichkeiten) innerhalb eines Bauernhofes, in dem nach einer Hofübergabe das Altbauernpaar ein im Übergabevertrag zugesichertes Wohnrecht auf Lebenszeit genießt

Band (Getreide) – Getreidehalme, die zum Binden von Garben verwendet wurden

BDM-Lager – Abkürzung für: Bund Deutscher Mädel; der BDM war der weibliche Zweig der „Hitler-Jugend" (HJ), der einzigen, im NS-Staat zugelassenen Jugendorganisation, in der die zehn- bis achtzehnjährigen Kinder und Jugendlichen zum „Dienst am Volk" angehalten und dabei häufig in Lagern untergebracht wurden.

Boxer – dumpfer Schlag, Stoß, Rempler

brennen (Zucker) – in einem kleinen Gefäß auf offener Flamme zum Schmelzen bringen

Bubi Bradl – Josef Bradl (1918–1982), genannt Bubi bzw. Sepp, österreichischer Skispringer und ab 1958 Skisprungtrainer; sprang 1936 im slowenischen Planica als erster Mensch über die 100-Meter-Marke.

Buckelkorb – geflochtenes Behältnis mit Schulterriemen zum Transport von Lasten auf dem Rücken

Buschen – Büschel, Bündel von Zweigen

Dampfl – Sauerteig, der in warmem Wasser angesetzt, stehen gelassen und als Treibmittel dem Brotteig beigegeben wird

Einleger/in – Dienstboten, die mangels Sozial- und Pensionsversicherung im Alter auf die Versorgung durch die Bauern eines Ortes angewiesen waren und jeweils für eine bestimmte Zeit auf einzelnen Höfen untergebracht und verpflegt wurden

Erdäpfelgröstl – einfache Speise aus gerösteten Kartoffelscheiben

Forst – hier: Österreichische Bundesforste; 1923 gegründete Einrichtung zur Pflege und Bewirtschaftung des staatlichen Waldbesitzes; seit 1997 aus der staatlichen Verwaltung ausgegliedert; heute: Österreichische Bundesforste AG

Gasse – hier: Geh- und Fuhrweg zwischen einzelnen Anwesen außerhalb des Ortskerns

gestrickt (Holzbau) – Bauweise, bei der entsprechend zugehauene Holzbloche oder -balken waagrecht übereinander gesetzt und an den Enden verschränkt werden; auch: Blockbau, Schrotbau.

Godn – mundartlich für: Taufpatin, Firmpatin

Goggin – abschätzig für: dumme, begriffsstutzige Frau

Grant – Ärger, Groll

Gspusi – (heimliche) Liebschaft, Techtelmechtel

Gstanzl – auch: Schnadahüpfl; lustiges volkstümliches Spottlied oder Vierzeiler mit oft anzüglichem Text

Habergeiß – dämonische Figur bei Perchtenläufen oder Krampusumzügen in Gestalt einer Ziege, die einen Korb auf dem Rücken trägt, in dem sie angeblich Kinder mitnimmt

Hure – hier gemeint: Zita von Bourbon-Parma (1892–1989), letzte Kaiserin von Österreich; sie wurde für die geheimen Bemühungen ihres Ehemannes, Kaiser Karls I., um einen separaten Friedensschluss Österreich-Ungarns mit Frankreich verantwortlich gemacht; zwei Briefe Karls I. an Zitas Bruder, Sixtus Ferdinand Bourbon-Parma, und die darin festgehaltenen Zugeständnisse wurden nach deren Bekanntwerden im April 1918 in breiten Kreisen als Verrat, insbesondere am Bündnispartner Deutschland, gewertet.

Kappholz – Restholz das in Sägewerksbetrieben bei der Längenkappung von Rundhölzern anfällt und v. a. bei der Herstellung von Spannplatten oder als Brennholz verwendet wird

Karbidlampe – früher vor allem für die Fahrzeugbeleuchtung und im Bergbau verwendete Form der Gaslampe, in der aus dem Kontakt von Wasser mit Kalziumkarbid ein Gas entsteht, das bei seiner Verbrennung einen Lichtschein erzeugt

Karo-Kaffee – Markenname für einen aus Getreide hergestellten Ersatzkaffee, der einst von Kathreiners Malzkaffeefabriken hergestellt wurde und heute von Nestlé unter dem Namen „Caro" weitergeführt wird

Keusche – kleines, altes, baufälliges Haus

Kleiderschürze – ärmelloses Überkleid, das bei der Hausarbeit die darunter getragene Kleidung schonen sollte; typische Hausfrauenbekleidung

Kosaken – ehemals freie Reiterverbände, die sich v. a. in der Ukraine und Südrussland ansiedelten und oft im Widerstreit mit der russischen Zentralmacht standen; da sie überwiegend Gegner der Bolschewiki und in der Sowjetzeit verfolgt waren, kämpften Kosaken-Kavallerieverbände im Zweiten Weltkrieg an der Seite der deutschen Truppen, besonders im Rahmen der „Partisanenbekämpfung" in der Sowjetunion und in Jugoslawien; der Vormarsch der Roten Armee zwang auch die Kosaken samt ihren Familien zur Flucht nach Westen, wo sie von den westlichen Alliierten jedoch mehrheitlich ihren Kriegsgegnern ausgeliefert wurden.

Kostüm – aus Rock und Jacke bestehende Damenbekleidung, welcher auch die (hier gemeinte) Uniform des Bundes Deutscher Mädel entsprach

Mus – ein Teig aus Mehl, Milch und Salz, in Butterschmalz herausgebacken und zerkleinert, war eine nahrhafte Frühstücksspeise bei Bauern und Holzknechten

Omeletten – Palatschinken, Pfannkuchen

Paul Ausserleitner (1925-1952) – österreichischer Schispringer und Pionier des Schisprungsports in Österreich nach 1945; verunglückte im Jänner 1952 beim Training zum Dreikönigsspringen in seiner Heimatstadt Bischofshofen tödlich; die Bischofshofener Sprungschanze trägt seither den Namen Paul-Ausserleitner-Schanze.

Prangergehen – Teilnahme an der Prozession am Fronleichnamstag

Reisbürste – ursprünglich aus dem sehr widerstandsfähigen Reisstroh hergestellte und vorwiegend aus Italien importierte Bürste, später allgemeine Bezeichnung für Handbürsten

reuen (sich das Essen nicht reuen lassen) – sich nicht lumpen lassen, großzügig sein, nicht knausrig sein, nichts abgehen lassen

Ribbentrop – Joachim von Ribbentrop (1893–1946), nationalsozialistischer Politiker und Außenminister des Deutschen Reiches, 1938–1945; ab 1939 unterhielt er einen Sommersitz im Schloss Fuschl am Fuschlsee im Salzkammergut und leitete von dort teilweise auch seine Amtsgeschäfte; er wurde im ersten Nürnberger Prozess gegen die Hauptkriegsverbrecher u. a. wegen Kriegsverbrechen und Verbrechen gegen die Menschlichkeit zum Tod verurteilt und hingerichtet.

Scheibtruhe – Schubkarren

Schiff (Küchenherd) – Wasserbehälter im gemauerten Küchenherd oder Kachelofen

schlettern (Wäsche) – schwemmen; in klarem, heißem Wasser spülen

Schöberl – Rührteig aus Eiern, Milch, Mehl, evtl. Zucker und einer Prise Salz, der in heißem Fett herausgebacken und als Suppeneinlage verwendet wird

Schotten – aus Buttermilch hergestelltes, dem Topfen (Quark) ähnliches Milchprodukt

Schottensuppe – Schotten, ein topfenähnliches Produkt aus der Buttermilch, wurde in gesalzenem Wasser oder in einer Milchsuppe verrührt zum Frühstück oder anderen Tagesmahlzeiten zubereitet

Schwarzbeeren – Heidelbeeren

Schwarzbeermoas (Mais) – abgeholzte Waldfläche, die mit Heidelbeerstauden bewachsen ist

Schwarzbeermus – ein in Butterschmalz herausgebackener Teig aus Mehl, Milch und Salz wird gegen Ende der Backzeit mit Heidelbeeren versehen

Söller – balkonartiger Rundgang im Obergeschoß von Bauernhäusern

Sparherd – kleiner Herd zum Wärmen und Kochen, im Gegensatz zum traditionellen großen, gemauerten Küchenherd

Stein Eriksen (geb. 1927) – erfolgreicher norwegischer Schirennläufer der frühen 1950er Jahre

Störschuster – Schuhmacher, der sein Handwerk nicht (nur) in der eigenen Werkstätte, sondern in den Häusern der Kunden, besonders bei Bauern, ausübte und dort für die Dauer der Arbeit auch Kost und Quartier bekam

streichen (Wolle) – kämmen, kartätschen, kardieren; erster Schritt in der Wollverarbeitung, bei dem die Fasern ausgerichtet und zu einem Vlies verarbeitet werden

Stritzel, von: Strutz(en) – kleinere, länglich geformte Menge von Butter, Teig, Brot u. Ä.

Tito – Josip Broz Tito (1892–1980), während der Besetzung Jugoslawiens durch deutsche und italienische Truppen, 1941-45, Anführer der kommunistischen Volksbefreiungsarmee im Partisanenkrieg; ab 1945 Ministerpräsident der Volksrepublik Jugoslawien und als solcher verantwortlich für die Verfolgung und Vertreibung der deutschsprachigen Bevölkerung („Donauschwaben"), vor allem aus der Provinz Vojvodina; ab 1952 Präsident der Föderativen Volksrepublik Jugoslawien.

Tret – offener Unterstand für Tiere bzw. an die Almhütte angebauter Stall

Volkssturm – ab Herbst 1944 wurden alle bis dahin noch nicht eingezogenen Jungen und Männer zwischen 16 und 60 Jahren im Dritten Reich zum Verteidigungsdienst mit der Waffe verpflichtet; die schlecht ausgebildeten und zum Teil auch wenig motivierten Einheiten konnten den Vormarsch der Alliierten im Frühjahr 1945 nicht wesentlich aufhalten.

Vorzug (Schulzeugnis) – mit ausgezeichnetem Erfolg

Waffen-SS – ab Oktober 1939 verwendete Bezeichnung für eine auf die Person des Führers, Adolf Hitler, angelobte Elitetruppe im Dritten Reich; neben Luftwaffe, Marine und Wehrmacht bildete die Waffen-SS praktisch eine vierte Kampfeinheit, die trotz überdurchschnittlich hoher Verluste laufend vergrößert wurde und im Herbst 1944 ca. 900.000 Mitglieder umfasste.

Wawi – mundartliche Kurzform für Barbara

weichend (Bauernsohn) – Bezeichnung für Kinder von Bauern, die aufgrund einer größeren Zahl an Geschwistern den elterlichen Hof nicht übernehmen konnten, sondern sich eine andere Existenzbasis suchen mussten

Weißer Sonntag – Sonntag nach Ostern, an dem in Pfarrgemeinden traditionell die Erstkommunion abgehalten wird

Wunderkerze – Sternspritzer, Spritzkerze

z' Fleiß – zum Trotz, vorsätzlich, mit Absicht

Zopf, auch: **Milchzopf** – geflochtenes Hefeteiggebäck, Striezel

NACHWORT

Rita Garstenauer:
Lebens- und Überlebensstrategien einer
ländlichen Arbeiterfamilie Mitte des 20. Jahrhunderts

Elisabeth Amann beschreibt eine Kindheit und Jugend auf dem Land in einer Zeit des Übergangs. Die Erfahrungen, von denen sie erzählt, lassen sich nicht klar einordnen in ein Schema von Damals und Heute, von traditioneller bäuerlicher Lebenswelt und moderner Gesellschaft oder von bitterer Armut und relativem Wohlstand. Die Geschichte ihrer Kindheit und Jugend fällt in die Zeit des Zweiten Weltkriegs und ins erste Nachkriegsjahrzehnt. Diese Lebensphase, die wie keine andere von Veränderung geprägt ist, fällt bei ihr zusammen mit einer Zeit massiven Wandels in politischer, sozialer und wirtschaftlicher Hinsicht. Die Erzählperiode zieht sich von der Notzeit im Krieg über die unmittelbare Nachkriegszeit bis zur Mitte der Fünfzigerjahre, als der Wirtschaftsaufschwung spürbar wurde und verschiedene „moderne" Lebensformen auch auf dem Land Platz griffen.

Familien wie die von Elisabeth Amann sind für die Forschung schwer zu erfassen, weil selten schriftliche Quellen vorhanden sind, die Zeugnis über ihr Fortkommen geben. Dafür, dass sie selbst Wirtschaftsbücher geführt hätten, waren sie zu arm; dafür, dass sich staatliche Fürsorgeeinrichtungen für sie interessiert und Akten angelegt hätten, waren sie nicht arm genug. Wir wissen relativ wenig darüber, wie betroffene Familien oder Individuen den umfassenden sozialen Wandel erlebt und mitvollzogen haben, der seit den Fünfzigerjahren den ländlichen Raum sozial und wirtschaftlich grundlegend verändert hat.[1] Erzählungen wie die im vorliegenden Buch helfen, diese Lücke zu füllen.

Elisabeth Amanns Familie war keine Bauernfamilie, beide Eltern waren „weichende" Bauernkinder, das heißt, sie wurden im Erbgang zugunsten eines anderen Geschwisterteils vernachlässigt und bekamen unter Umständen eine Art Entschädigung dafür, die manchmal für eine Haushaltsgründung ausreichen konnte. Der Vater der Erzählerin war gelernter Zimmermann, was für einen Bauernsohn nicht selbstverständlich war. Die Berufsausbildung, die Geld kostete, ist als so eine Entschädigung zu verstehen.

Seine erworbenen fachlichen Kompetenzen verschafften der Familie denn auch ein relativ regelmäßiges Geldeinkommen. Von dem in den Fünfziger- und Sechzigerjahren favorisierten Modell, nach dem die Familie allein durch das Erwerbseinkommen des meist männlichen Haushaltsvorstandes versorgt sein und die Mutter als Hausfrau nur die häusliche Versorgungsarbeit leisten sollte,[2] war Elisabeth Amanns Familie in den Vierziger- und Fünfzigerjahren noch weit entfernt. Die Landwirtschaft etwa war immer wieder wichtig für das Auskommen der Familie – sei es, dass die Mutter und die Kinder Taglohnarbeit gegen Lebensmittel verrichteten, sei es, dass die ganze Familie sich auf einem Bauernhof verdingte oder einen Hof für den Besitzer gegen Entgelt selbständig verwaltete. Für die Familie, die während des gesamten Erzählzeitraums an der Grenze zur Armut lebte, war es immer notwendig, verschiedene Strategien für den Lebensunterhalt zu kombinieren.

Um diese Strategien zu erfassen, bietet sich ein Ansatz aus der Entwicklungsökonomie an, mit dem die wirtschaftlichen

---

1   Heinz Fassmann: Von der Agrar- zur Dienstleistungsgesellschaft. Sozialer Wandel in Österreich, in: Johann Burger, Elisabeth Morawek (Hg.): 1945–1995. Entwicklungslinien der Zweiten Republik. Sonderheft der Materialien zur Politischen Bildung, Wien 1995, S. 87–101, hier 91 f.

2   Ingrid Bauer: Frauen, Männer, Beziehungen. Zur Sozialgeschichte der Geschlechterverhältnisse in der Zweiten Republik, in: Burger/Morawek (Hg.): 1945–1995, S. 102-118, hier 108 f.

Strategien von ländlichen Familien in Entwicklungsländern beschrieben werden. Der „Livelihood-Ansatz" versucht, die Gesamtheit aller wirtschaftlichen Ressourcen und Tätigkeiten zu erfassen, die Familien in wenig entwickelten ländlichen Regionen zur Verfügung stehen, um ihren Lebensunterhalt zu bestreiten.[3] Dabei werden Mittel aus ganz verschiedenen Quellen berücksichtigt: Geld- oder Naturaleinkommen aus Lohnarbeit oder selbständiger Tätigkeit, Erträge aus eigener Landwirtschaft oder aus Sammlertätigkeiten und andere Eigenleistungen im Haushalt wie die Herstellung von Kleidung oder Gebrauchsartikeln, aber auch Transferleistungen wie Pensionen oder Kinderbeihilfen und Geschenke aus dem Verwandtenkreis. Die Grundlagen für diese Mittel bilden materielle und immaterielle Ressourcen – Besitz oder Verfügungsrecht an Grund, Boden und Häusern, aber auch berufliche Fertigkeiten, die ein Geldeinkommen ermöglichen, oder sozialer Status, der einen Anspruch auf Güter oder Chancen begründet. Durch die verschiedenen Fähigkeiten und Einsatzmöglichkeiten der Familien- oder Haushaltsmitglieder können unterschiedliche Strategien kombiniert werden.[4] In den Blick kommen dabei auch Wirtschaftspraktiken, die statistisch nicht als solche erfasst werden. Dies sind zum einen alle Haushaltsarbeiten für die Versorgung der Familienangehörigen sowie die Herstellung von Lebensmitteln und Gebrauchsgütern für den eigenen Bedarf.[5] Zum anderen sind damit alle informellen Arbeitsverhältnisse gemeint – von der bezahlten Schwarzarbeit, die der regulären Lohnarbeit noch recht ähnlich ist, bis zum Aushelfen bei Freunden oder Verwandten, für das man keinen Lohn, aber ein Anrecht auf Gegenhilfe erwirbt.

Die offizielle Statistik lässt zumindest eine Einschätzung

---

3   Frank Ellis: Rural livelihoods and diversity in developing countries, Oxford 2000, S. 3–20.

4   Ellis, Livelihoods, S. 11 f.

5   Diese Argumentation folgt dem Bielefelder Subsistenzansatz, der fordert, Hausarbeit in ihrer wirtschaftlichen Bedeutung anzuerkennen, auch wenn sie unentgeltlich geleistet wird. Vgl. Andrea Baier, Christa Müller: Der Bielefelder Subsistenzansatz, http://www.coforum.de/?1228 (17. 6. 2009).

zu, welche Bedeutung informelle Unterhaltsstrategien hatten, wenn man die „erhaltenen Personen" betrachtet – also all jene, die nicht selbst ein Einkommen aus selbständiger oder unselbständiger Arbeit oder aus Transferleistungen wie Pensionen bezogen. Laut der Volkszählung von 1951 machten im Bezirk St. Johann im Pongau, in dem Elisabeth Amann ihre Kindheit und Jugend erlebte, die „erhaltenen Personen" über 14 Jahren 9,6 % der Bevölkerung aus. Von diesen Personen kann angenommen werden, dass sie den Großteil ihrer Arbeitskraft in unbezahlter Subsistenz- oder informeller Erwerbsarbeit einsetzten. Hinzu kommen 15,7 % der Personen, die als „berufslose Selbständige" vorwiegend Alters-, Invaliditäts- oder Witwenpensionen bezogen.[6] Es kann angenommen werden, dass auch diese Personen einen Gutteil ihrer Arbeitskraft in informellen Wirtschaftstätigkeiten einsetzten, da ihre Pensionen nur für die Abgeltung einer Verringerung der Arbeitsfähigkeit durch Alter oder Invalidität konzipiert waren und den vollen Lebensunterhalt gar nicht decken sollten.[7]

Eine Handwerkerfamilie in Untertauern

Werfen wir einen Blick auf die verschiedenen Strategien, mit denen die Familie von Elisabeth Amann ihren Lebensunterhalt bestritt. Zu dem Zeitpunkt, an dem die Erzählung einsetzt, bestand die Familie aus zwei Erwachsenen und drei kleinen Kindern. Wirtschaftlich aktiv waren nur die Eltern, wobei der Vater

---

6   Eigene Berechnungen. Quelle: Österreichisches Statistisches Zentralamt: Ergebnisse der Volkszählung vom 1. Juni 1951 nach Gemeinden: Salzburg, Wien 1952 (=Volkszählungsergebnisse 1951, Heft 5); dasselbe: Ergebnisse der Volkszählung vom 21. März 1961: Salzburg, Wien 1952 (=Volkszählungsergebnisse 1961, Heft 5).

7   Für Österreich galt zu diesem Zeitpunkt die deutsche Reichsversicherungsordnung vom 19. Juli 1911, die mit 1. Jänner 1939 im damaligen „Land Österreich" Gültigkeit erlangte, und die 1955 vom Bundesgesetz vom 9. September 1955 über die Allgemeine Sozialversicherung, Bundesgesetzblatt Nr. 189/1955, abgelöst wurde. Vgl. Emmerich Talos: Staatliche Sozialpolitik in Österreich. Rekonstruktion und Analyse, Wien 1981, S. 343-345.

bei einer Baufirma als Zimmermann arbeitete und die Mutter den Haushalt führte und die Kinder versorgte.

Die Familie lebte in einem Wohnhaus mit mehreren Mietparteien in der kleinen Gemeinde Untertauern. Die Möbel gehörten der Familie und wurden bei jedem folgenden Umzug mitgenommen. Der Vater arbeitete auswärts und war nur zum Wochenende bei seiner Familie. Mit seinem Geldlohn wurde die Miete bezahlt und ein Teil der Lebensmittel gekauft. Gemüse wurde in – vermutlich gepachteten – Beeten angebaut; Fleisch wurde von Bauern bezogen – gegen Arbeitsleistung oder als Geschenk von Verwandten. Kleider und Schuhe stellten die Eltern weitgehend selbst her: Der Vater machte die Schuhe, die Mutter spann Wolle und strickte Strümpfe, Pullover und Westen, und die Kleider wurden von beiden Eltern gemeinsam geschneidert.

In dieser Konstellation durchlebte die Familie die Kriegsjahre, bis gegen Kriegsende, im Frühjahr 1945, eine Krisensituation eintrat, die sich aus der Sicht der Erzählerin vor allem als Konflikt der Eltern darstellt: Der Vater blieb über mehrere Wochen aus, die Mutter war ohne Geld und musste Lebensmittel von Verwandten erbetteln, im Taglohn bei Nachbarn erarbeiten oder gegen Strickarbeiten eintauschen. Zeitweilig wohnte eine Schwester der Mutter bei der Familie, sodass wiederum zwei erwachsene Arbeitskräfte vorhanden waren. Überdies verbesserte eine Liebesbeziehung zwischen der Schwester und einem benachbarten Bauern die Bedingungen der Familie für den Tausch von Arbeit gegen Lebensmittel.

Eine Familie von Dienstboten in Großarl

In dieser Situation setzte der Vater durch, dass die Familie die Mietwohnung aufgab und auf den Bauernhof zog, auf dem er beim Stallbau beschäftigt war. Da die Mutter mit den verschiedenen Arbeitsleistungen und Tauschgeschäften zwar Lebensmittel, aber kein Geld für die Miete erwirtschaften konnte, musste sie nachgeben. Aus der Perspektive eines Volksschulkindes kann die Erzählerin keine genaueren Details über die wirtschaftliche Lage der Familie anbieten. In der unmittelbaren Nachkriegszeit kann durchaus angenommen werden, dass der Vater keinen oder keinen ausreichenden Geldlohn erhielt, und dass die Versorgung seiner Familie mit Unterkunft und Verpflegung ein Teil seines Lohnes beim Stallbau war – zusätzlich zu dem Arrangement, das die Mutter zur Arbeit auf dem Hof und die Kinder zur Mithilfe nach ihren Möglichkeiten verpflichtete. Auch der Vater arbeitete auf dem Hof mit, neben seiner Arbeit als Zimmermann.

Welche Unterhaltsstrategien wurden angewandt? Die Familie gab ihren eigenen Haushalt auf und gliederte sich in einen fremden Haushalt ein. Die Mutter wurde von der selbständig wirtschaftenden Hausfrau zur Magd, was auch heißt, dass ihre Möglichkeit, Strategien selbst zu wählen, verringert war. Der Vater arbeitete als Zimmermann und Landarbeiter gleichzeitig, wobei seine Position in der Haushaltshierarchie durch eine enge Beziehung zur verwitweten Bäuerin besser war als die der restlichen Familie. Augenfällig ist in dieser Notsituation der unmittelbaren Nachkriegszeit die Abhängigkeit der Familie von der bäuerlichen Arbeitgeberin. In Zeiten allgemeiner Lebensmittelknappheit verschärfte sich die soziale Kluft zwischen den Land besitzenden Bauernfamilien und denen, die auf einen Arbeitslohn angewiesen waren.[8]

Als Gutsverwalter nahe St. Johann

Nachdem der Stallbau abgeschlossen war, scheint der Vater seine Tätigkeit bei der Baufirma beendet zu haben; eine Weile lebte die Familie noch auf dem Bauernhof, dann übernahmen die Eltern die Verwaltung eines Gutshofes. Sie betrieben selbständig Landwirtschaft mit der Hilfe einiger weniger Arbeitskräfte, und erhielten dafür Natural- und Geldlohn. Die Woh-

---

8   Vgl. Ernst Bruckmüller: Vom „Bauernstand" zur „Gesellschaft des ländlichen Raumes", in: Franz Ledermüller (Hg.): Geschichte der österreichischen Land- und Forstwirtschaft. Politik – Gesellschaft – Wirtschaft, Wien 2002, S. 409-591, hier 451.

nung war am Arbeitsplatz. Der Vater war Lohnempfänger und regulär angemeldet, wodurch die gesamte Familie in den Genuss einer Krankenversicherung kam. Lebensmittel wurden aus der Landwirtschaft bezogen und auf Rechnung des Arbeitgebers eingekauft. Bemerkenswert ist, dass die Erzählerin festhält, der Vater habe der Mutter jegliche Informationen über die Höhe des Geldlohnes vorenthalten. Die Mutter, die für die Hauswirtschaft zuständig war, wurde dadurch völlig vom Geldverkehr ausgeschlossen. Die Kinder mussten auf dem Hof mitarbeiten, aber die beiden älteren, Günther und Katharina, konnten die Hauptschule im Ort besuchen. Der Schulbesuch wurde von einer Lehrerin aufgrund der Begabung der Tochter angeregt; weil aber die Ausbildung des Sohnes für die Eltern Priorität hatte, wurden beide Kinder in die Hauptschule geschickt. Voraussetzung dafür war einerseits, dass die Schule im Ort nahe genug war und keine Anfahrt bezahlt werden musste, andererseits waren wahrscheinlich auch mehr Geldmittel verfügbar, um die nötigen Bücher und Hefte zu bezahlen.

Auf dem Bauernhof von Verwandten in Werfenweng

Die Verwaltertätigkeit der Eltern auf dem Gutshof war befristet. Das nächste Arrangement war schon relativ komplex, weil während dieser Periode der älteste Sohn seine Schullaufbahn beendete, wodurch seine Arbeitskraft für den Familienhaushalt voll verwertbar wurde. Der Vater nahm eine Stelle als Zimmermann an; die Mutter sprang für ihre Schwester ein, eine Bäuerin mit einer problematischen Schwangerschaft. Die Familie wohnte auf dem Bauernhof, allerdings als Inwohner in einer eigenen Wohneinheit. Die Arbeitskraft Katharinas wurde systematisch einbezogen, und während eines mehrwöchigen Spitalsaufenthalts der Mutter wurde sie sogar von der Schule freigestellt, damit sie deren Aufgaben möglichst umfassend übernehmen konnte.

Ihr Bruder Günther hatte die Schule nach acht Jahren beendet und ging mit dem Vater zum Bau. Er arbeitete dort schwarz; der Vater konnte so für den Vierzehnjährigen noch ein Jahr lang

Kinderbeihilfe beziehen. Diese Transferleistung konnte die Familie, konkret der Vater als Familienerhalter, ab 1950 beziehen.[9] Es geht nicht klar hervor, wie die Haushaltsgebarung der Eltern während dieser Periode genau aussah, aber es ist anzunehmen, dass die Ressourcen und Mittel relativ ungleich zwischen Mutter und Vater verteilt waren. Die Mutter arbeitete mit Katharina für die Wohnung bei ihrer Schwester; der Vater arbeitete wieder als qualifizierter Facharbeiter für einen Geldlohn und bezog überdies Kinderbeihilfe, im Fall des ältesten Bruders unrechtmäßig. Katharina setzte in dieser Situation eine Initiative, um zumindest die Schule besuchen zu können, indem sie ihre ehemalige Lehrerin um Intervention bat. Die Lehrerin setzte durch, dass die beiden älteren Töchter die Hauptschule besuchen konnten und einen Internatsplatz bekamen, unter anderem, indem sie selbst einen Teil des Schulgeldes bezahlte.

Wieder selbständig in Pfarrwerfen

Die nächste Etappe im wirtschaftlichen Fortkommen der Familie war wiederum die Bewirtschaftung eines Bauernhofes für einen abwesenden Besitzer. Der Bruder hatte eine Lohnarbeit und später ein Lehrverhältnis aufgenommen, und für die Bewirtschaftung des Hofes standen die Arbeitskraft des Vaters, der Mutter und Katharinas zur Verfügung. Eine mögliche Lehrstelle konnte Katharina nicht antreten, weil sie auf dem Hof gebraucht wurde. Die übrigen Kinder gingen noch zur Schule; es ist anzunehmen, dass auch sie mithelfen mussten.

Die letzte Wohnstätte im Erzählzeitraum war neuerlich eine Mietwohnung, wobei ein Teil der Miete dafür erlassen wurde, dass der Vater die Wohnung selbständig ausbaute. Der Vater arbeitete wieder als Zimmermann, Günther war Maurerlehrling, und da er bei seinen Eltern wohnte, ist anzunehmen, dass er Kostgeld bezahlte. Katharina arbeitete auswärts in Ge-

---

9 Bundesgesetz vom 16. Dezember 1949 über Kinderbeihilfen (Kinderbeihilfengesetz), Bundesgesetzblatt Nr. 31/1950.

schäftshaushalten und auf einem Bauernhof als Dienstmädchen und Magd. Sie wohnte am Arbeitsplatz und besuchte ihre Herkunftsfamilie regelmäßig. Ihre Schwester Monika hatte eine Schneiderlehre aufgenommen, und die noch jüngeren Geschwister gingen zur Schule. Die Mutter fungierte nur als Hausfrau, was sie nicht auslastete. Sie spann Wolle, übernahm Strickarbeiten, half bei Bauern und im Betrieb eines früheren Arbeitgebers ihres Mannes aus.

Der letzte Wechsel in der wirtschaftlichen Strategie der Familie, der in der Erzählung angedeutet wird, war schließlich einschneidend: Der Vater, Günther und Katharina begaben sich – wie viele andere zu dieser Zeit[10] – auf Arbeitsmigration nach Vorarlberg, während die Mutter und die schulpflichtigen Kinder in Salzburg blieben.

Vermögen und Strategien

Was lässt sich aus dem Beispiel der wechselnden Lebensunterhaltsstrategien von Elisabeth Amanns Familie verallgemeinern? Zunächst fallen die häufigen Wohnungswechsel auf. Die Eltern besaßen kein Haus oder Wohnrecht, und obwohl die Familie sonst nicht sonderlich arm war, machte sie dieser spezifische Mangel relativ anfällig für ökonomische Krisensituationen. Konnte der Handwerksberuf des Vaters keine Miete gewährleisten, so musste eine Arbeit gefunden werden, bei der die Wohnung Teil des Lohns war, auch wenn die Bedingungen und die Bezahlung ungünstiger waren. Dass vier der sieben wirtschaftlichen Episoden auf Landarbeit der Eltern (und teilweise der Kinder) beruhen, ist daher nicht überraschend, denn in der Landwirtschaft war die Wohnung als Lohnbestandteil üblich.

---

10 Ingrid Bauer: Zwischen Goldhaube und Telehaus. Modernisierung der Geschlechterverhältnisse im ländlichen Raum, in: Ernst Hanisch, Robert Kriechbaumer (Hg.): Salzburg. Zwischen Globalisierung und Goldhaube. Geschichte der österreichischen Bundesländer seit 1945, Bd. 1 (= Schriftenreihe des Forschungsinstitutes für politisch-historische Studien der Dr.-Wilfried-Haslauer-Bibliothek Salzburg, Bd. 6), Wien-Köln-Weimar 1997, S. 210–239, hier 218–222.

Als Bauernkinder verfügten die Eltern auch über die fachliche Kompetenz.

Hinsichtlich des materiellen Vermögens war die Familie also schlecht ausgestattet. Was kann über die immateriellen Vermögenswerte gesagt werden, die im Livelihood-Ansatz ins Blickfeld rücken? Die immateriellen Vermögenswerte umfassen in erster Linie Fähigkeiten und Fertigkeiten, aber auch formelle oder informelle Rechtsansprüche, deren Zuteilung entlang sozialer und kultureller Hierarchien stattfindet. Es findet sich in der Erzählung kein Hinweis auf formelle Rechtsansprüche auf materielle Leistungen. Allerdings ist aus der ersten Episode ersichtlich, dass die Familie ein informelles Anrecht auf Hilfe innerhalb des Familienkreises genoss: Die Mutter erbat gelegentlich Lebensmittelgeschenke von ihrer Schwägerin und konnte offenbar auch damit rechnen, solche Geschenke in einer Notsituation zu erhalten. Ein zweites Beispiel betrifft die Erzählerin selbst. Als begabte Schülerin hatte sie sich ausreichend „kulturelles Kapital" erworben, dass ihre Lehrerin bereit war, einen finanziellen Beitrag zu ihrer weiteren Ausbildung zu leisten und sich dafür einzusetzen, dass sie diese Ausbildung auch erhielt.

Wie sieht es mit der Verteilung und Verwertungsmöglichkeit von Fertigkeiten aus? In der englischen Terminologie wird von „capabilities" gesprochen, wobei nicht nur beruflich-fachliche Kompetenzen gemeint sind, sondern die Fähigkeit zur Verwirklichung eigener Lebensentwürfe generell; alternativ werden verschiedene Arten von Kapitalien unterschieden, wobei Fähigkeiten und Fertigkeiten der Individuen zum „Humankapital" eines Haushalts oder einer Familie zählen.[11]

Wenig überraschend ist die Zuteilung von Ausbildungschancen nach Geschlecht: Während eine Schul- und Lehrausbildung für den Sohn als angemessen erschien, wurde der Schulbesuch der offenbar hochbegabten Tochter als Luxus betrachtet. Ihre Begabung wurde vielmehr als Argument für einen verkürzten Schulbesuch verwendet, weil sie alles Nötige bereits in kürzerer Zeit erlernt hätte.

---

11   Ellis, Livelihoods, S. 7-8.

Abgesehen von der formalen Schul- und Berufsausbildung waren aber auch die Möglichkeiten, eine Fähigkeit zu nutzen oder eine Fertigkeit zu perfektionieren, durch die geschlechtsspezifische Arbeitsteilung limitiert. Je mehr sich eine Einzelperson spezialisieren kann, desto bessere Chancen hat sie, durch ihre Fähigkeiten ein Einkommen zu erwerben oder auf andere Weise einen Nutzen daraus zu ziehen.

Sich spezialisieren heißt konkret, einen größeren Teil der Arbeitskraft auf diese Tätigkeit zu verwenden, eine Tätigkeit häufiger und dauerhafter auszuführen, um besser darin zu werden und mehr Anerkennung zu erwerben. Gerade in diesem Punkt zeigt sich die unterschiedliche Chancenverteilung auf die Geschlechter. Der Erwerb einer Berufsausbildung und die dauerhafte Ausübung einer Fertigkeit wurden eher Männern zuerkannt. Frauen hingegen waren zu einer Fülle von Haushaltstätigkeiten verpflichtet, vom Kochen, Putzen und Waschen über Kinderpflege, Gartenbau und Kleintierhaltung bis hin zur Textilproduktion. Dies sind zwar alles Tätigkeiten, die Fachkenntnis voraussetzen und im Einzelnen auch als Erwerbsarbeit geleistet werden könnten. Frauen wie Katharina und ihre Mutter wurden aber darauf angelernt, alles simultan zu tun und keine Spezialisierung zu erwerben.

Ein Beispiel für diese mangelnde Spezialisierung bietet die an den wechselnden Arbeitsplätzen wiederholt gestellte Frage, ob Katharina denn kochen könne. Sie hatte zwar von klein auf gelernt, für die Familie zu kochen, aber dieses Kochen als Hausarbeit stellte noch keine Garantie für die Arbeitgeberinnen dar, dass Katharina ihren Ansprüchen an eine Köchin genügen würde. Ein anderes Beispiel einer verhinderten Spezialisierung ist die Strickarbeit der Mutter. Diese verfügte zwar über eine ausgezeichnete Fertigkeit, Strickwaren herzustellen, für die es auch eine Nachfrage gab. Ihre Rolle im Haushalt bestand aber darin, die unmittelbare Versorgung der Familie zu gewährleisten und während der Zeit auf den Bauernhöfen in Großarl und Pfarrwerfen das Naturaleinkommen (Verpflegung und Wohnung) zu erarbeiten. Ihre textile Heimarbeit gewann daher erst an Bedeutung, als die größeren Kinder wirtschaftlich selbständig wurden und das Einkommen des Vaters sich so weit stabilisierte, dass die Mutter nicht mehr für die Wohnung arbeiten musste.

Wirtschafts- und Geschlechterbeziehungen

Am Beispiel der Eltern zeigt sich exemplarisch das Machtungleichgewicht zwischen Männern und Frauen in der ländlichen Gesellschaft Mitte des 20. Jahrhunderts. Katharinas Mutter hatte ihr Arbeitsleben als mithelfende Bauerntochter begonnen; als Mutter von fünf im Haushalt lebenden Kindern war sie in Kriegs- und Krisenzeiten vom Ehemann abhängig. Aber auch später ging sie kein modernes Lohnarbeitsverhältnis ein – diese Option war ihr so fremd, dass sie sich zeitlebens mit dem zunehmend ungeliebten Ehemann arrangierte.

Die Beziehung der Eltern ist aber nicht das einzige Beispiel für die enge Verquickung von Wirtschafts- und Geschlechterbeziehungen, und nicht alle Arrangements, die uns in der Erzählung begegnen, sind unbedingt nur nachteilig für die betroffenen Frauen. Gemeinsam ist ihnen aber die Institution der Ehe als unbedingte Voraussetzung. Zwei von Katharinas Arbeitsverhältnissen waren in den Geschäftshaushalten von Witwen, die Betriebe von ihren Ehemännern geerbt hatten und diese selbständig führten. Deren wirtschaftliche Unabhängigkeit kam erst durch den Tod der Ehemänner zustande. Ein außergewöhnliches Beispiel stellt Rosa, eine Schwester des Vaters, dar. Von ihr wird erzählt, sie habe als Bäuerin ein spezielles Übereinkommen mit ihrem Ehemann geschlossen, das sie verpflichtete, einen Stammhalter zur Welt zu bringen, danach würden alle sexuellen Beziehungen zwischen den Eheleuten enden. Im Gegenzug setzte sie ihre ganze Arbeitsfähigkeit und Tüchtigkeit daran, den Bauernhof wirtschaftlich zu sanieren.

Dass eine Eheschließung auch für Katharinas Zukunft die richtige wirtschaftliche Strategie sei, daran hatten ihre Eltern keinen Zweifel – die Empfehlung, die Werbung eines kleingewachsenen, aber ökonomisch soliden Schneiders anzunehmen, oder der Ehrgeiz des Vaters, seine älteste Tochter mit einem

Bauern zu verheiraten, sprechen dafür. Diese Perspektive erklärt auch, warum die schulische Ausbildung der Tochter in den Augen der Eltern völlig nebensächlich war.

Aber auch in anderen sozialen Milieus, an denen Katharina durch ihre Arbeitsstellen teilhatte, war Mitte der 1950er Jahre die Ehe das unbedingte Ziel. Auch für die Freundinnen, die etwa als Verkäuferinnen reguläre Berufsausbildungen genossen hatten, war die Traumkarriere, Ehefrau zu werden.[12] Dabei wurden soziale Differenzen wichtig, die nicht nur zwischen Besitzenden und wenig Begüterten, sondern auch zwischen der bäuerlichen und der bürgerlichen Welt verliefen.

Im bäuerlichen Kontext gab es offenbar durchaus eine Möglichkeit für Katharina, wirtschaftlich „hinauf" zu heiraten und Bäuerin zu werden – die Verwandtschaftsbeziehungen ihrer Eltern, die selbst Bauernkinder gewesen waren, scheinen dies gewährleistet zu haben. Im bürgerlichen Milieu hingegen wurden die Grenzen der Heiratskreise einerseits mit Eifersucht bewacht: Im Hause Schaller stand Katharina stets unter Verdacht, mit den Söhnen „unstandesgemäße" Liebesbeziehungen mit Heiratsabsicht aufnehmen zu wollen, und im Haus Puchner wies die Arbeitgeberin Katharina zurecht, wenn sie für die eigene Tochter eine „unstandesgemäße" Konkurrenz auf dem Heiratsmarkt darstellte. Andererseits warnte auch Katharinas Mutter vor dem Versuch, diese soziale Grenze zu überwinden, weil eine Liebesbeziehung mit einem Bessergestellten aller Voraussicht nach nicht zu einer Ehe führen würde, sondern viel eher zur wirtschaftlichen Krisensituation und zum sozialen Stigma einer unehelichen Mutterschaft.

Fleiß und Tüchtigkeit

Im Kontrast zum weiblichen Lebensideal der Ehefrau steht Julie, die Arbeitskollegin und mütterliche Freundin Katharinas im Hause Schaller. Sie war eine unverheiratete, erwerbstätige

---

12   Bauer, Frauen, Männer, Beziehungen, 107

Frau, die mit dem Arbeitsrecht vertraut war und ihre Interessen durchzusetzen vermochte. Ihre Verhandlungsposition beruhte auf Kompetenz, Fleiß und Tüchtigkeit: Als ausgezeichnete Arbeitskraft konnte sie den Arbeitgebern drohen, das Arbeitsverhältnis zu deren Nachteil zu beenden.

Ebenso wie die Mutter Katharinas verfügte auch Julie zwar über relativ geringen sozialen Status, aber über das wichtige „soziale Kapital" von Fleiß und Tüchtigkeit. Die beiden Frauen setzten dieses Mittel aber zu unterschiedlichen Zielen ein. Für Katharinas Mutter ging es um die Erhaltung der Ehre oder, negativ definiert, um die Vermeidung der Schande, als faul oder unfähig zu gelten. In der Auffassung der Mutter war auch schon ein Arbeitsausfall durch Krankheit eine Schande – sie gehörte einer Welt an, in der Krankheit fast unausweichlich zu sozialer Deklassierung führte. Aus dieser Haltung kann beispielsweise der – aus modernerer Sicht kaum nachvollziehbare – Impuls erklärt werden, einer Arbeitgeberin der schwer erkrankten Tochter ersatzweise ihre eigenen Dienste unentgeltlich anzubieten.

Auch Julie achtete genau auf ihre Reputation und wollte sich nicht nachsagen lassen, faul zu sein; aber für sie stand nicht mehr die Angst vor der Deklassierung im Vordergrund, sondern die Durchsetzung von Ansprüchen – neben jenem auf eine angemessene Bezahlung auch auf Urlaub, Krankenstand, Versicherungsleistungen.

Vergleicht man Katharinas Mutter und Julie, die beiden wichtigsten weiblichen Bezugspersonen in der Erzählung, so verweisen sie auf den Unterschied zwischen der „traditionellen" ländlichen und der „modernen" Lohnarbeitswelt. Die beiden Frauen lebten zur selben Zeit in derselben Region, aber wirtschaftlich gesehen lebten sie in zwei verschiedenen Welten. Sie stehen beispielhaft für die Zeit des Übergangs um die Mitte des vergangenen Jahrhunderts, die wir anhand der Familiengeschichte Elisabeth Amanns ein bisschen besser erfassen und verstehen können.

„Damit es nicht verlorengeht ..."

ist ein Leitmotiv vieler Menschen, die sich im fortgeschrittenen Alter verstärkt mit ihrer Lebensgeschichte beschäftigen und selbst Erlebtes in der einen oder anderen Form zu dokumentieren versuchen. Daran orientiert sich der Titel dieser Buchreihe, die seit 1983 besteht und vom Verein „Dokumentation lebensgeschichtlicher Aufzeichnungen" herausgegeben wird. Anhand von persönlichen Lebenserinnerungen sollen Einblicke in vergangene Lebens-, Arbeits- und Beziehungsverhältnisse sowie in Mentalitäten und Denkweisen gegeben und das vielfältige Alltagswissen älterer Menschen überliefert werden. Die Bücher sollen zur Auseinandersetzung mit historischen Veränderungen in allen Gesellschaftsbereichen, mit den Lebensgeschichten anderer Menschen und mit lebensweltlichen Unterschieden zwischen Generationen, gesellschaftlichen Schichten, zwischen Frauen und Männern usw. anregen. Besonderes Augenmerk gilt den Erfahrungswelten von Menschen und Bevölkerungsgruppen, die in der Öffentlichkeit im Allgemeinen weniger Beachtung oder sogar Ausgrenzung erfahren.

Mit den lebensgeschichtlichen Editionen dieser Buchreihe wollen wir Menschen außerdem dazu ermuntern, eigene Lebenserinnerungen schriftlich festzuhalten und so für die die persönlichen Nachkommen wie für künftige Generationen aufzubewahren. Denn solche Aufzeichnungen sind auch über den privaten Familienkreis hinaus von Interesse. In vielen Bereichen der Bildungsarbeit und in verschiedenen sozial- und geisteswissenschaftlichen Fächern gewinnen autobiographische Texte als sozial-, kultur-, und zeitgeschichtliche Quellen zusehends an Bedeutung. Aus diesem Grund wurde am Institut für Wirtschafts- und Sozialgeschichte der Universität Wien die „Dokumentation lebensgeschichtlicher Aufzeichnungen" eingerichtet, ein Textarchiv, in dem schriftliche Lebensaufzeichnungen aller Art (Autobiographien, kürzere Erinnerungstexte, Tagebücher, Familiengeschichten, Chroniken usw.) gesammelt und – in kopierter Form – aufbewahrt werden.

Die Leserinnen und Leser sind eingeladen, Beiträge zu dieser Textsammlung zu leisten, indem sie eigene lebensgeschichtliche Texte oder überlieferte Aufzeichnungen von Vorfahren einsenden. Wir freuen uns auch über jeden Kontakt zu schreibfreudigen Menschen, die sich durch unser Motto angesprochen fühlen. In diesem Sinn bitten wir auch darum, das Anliegen unserer Sammlung an interessierte Personen weitergeben bzw. uns auf lebensgeschichtliche Manuskripte in Privatbesitz aufmerksam zu machen.

Kontaktadresse:
Mag. Günter Müller
Institut für Wirtschafts- u. Sozialgeschichte der Universität Wien
„Dokumentation lebensgeschichtlicher Aufzeichnungen"
Dr. Karl Lueger-Ring 1, 1010 Wien
Tel. (01) 4277/41306
E-mail: Lebensgeschichten@univie.ac.at
www.wirtges.univie.ac.at/doku
www.MenschenSchreibenGeschichte.at